EQUIPOS DE CÓMPUTO PERSONAL EN LA PRODUCTIVIDAD ED. 2019

Cómo elegir la PC adecuada para sus necesidades productivas

A. David Garza Marín

A. David Garza Marín
david@garza.com.mx
Visit my website at http://adgarza.blogspot.com

Printed in Mexico

First Printing: June 2018
Second edition: January 2019

ISBN: 9781793038388

Contenido

ACERCA DEL AUTOR

A. David Garza Marín es Ingeniero en Computación, diplomado en Tecnologías de la Información y tiene una Maestría en Administración de Negocios. Se ha dedicado al cómputo, particularmente corporativo y productivo, desde 1989. Es orador internacional y se ha presentado en diversos foros relacionados con la computación en una gran parte del continente americano, en países como Estados Unidos, Argentina, Brasil, Colombia, Chile, Perú, Costa Rica, Panamá, República Dominicana y México, entre otros. Colaboró para diversas publicaciones como eSemanal, Personal Computer México, Canales TI y el periódico El Universal, entre otros, así como con el programa tecnológico de radio Punto Final, donde tenía una sección llamada "Tips y punto". Ha sido autor y coautor de cuatro libros de computación. Programador y computólogo, en 2002 empezó a colaborar con AMD. En la UNAM ha impartido las asignaturas de "Sistemas de Información Gerencial", "Dirección Estratégica" y "Dimensión Humana y Procesos de Cambio" en la Maestría en Alta Dirección de la Facultad de Química. Es melómano y eternamente curioso.

*A mi amantísima esposa Paty, y a mis inigualables y
entrañables hijos Ileana y Fernando.*

La arquitectura de las computadoras es la ciencia y el arte de seleccionar e interconectar componentes de hardware [y software] para generar una computadora que cumpla con las expectativas funcionales, de rendimiento y costos. De esto se trata el diseño conceptual y la estructura operativa fundamental de un sistema de cómputo en la ingeniería de la computación.

—ARINDAM MALLIK

A. David Garza Marín

AGRADECIMIENTOS

Como siempre, existe una larga lista de personas a quien agradecer. Yo, en lo personal, agradezco a todos mis mentores, maestros, amigos y familia que me han apoyado en el proceso de generar la estructura, la temática y la revisión de este libro. En particular, a quienes se tomaron el tiempo para leer todo o parte del bosquejo original para darme sus observaciones. Me siento muy halagado que doctores, maestros, científicos y especialistas en Inteligencia Artificial y en Ciencias de la Computación hayan leído los avances y bocetos del texto, y enviado sus observaciones para nutrir su contenido. También prestaron sus ojos profesores, ingenieros, directores de áreas de TI y usuarios finales quienes compartieron sus observaciones, mismas que hicieron de este texto algo más rico aún.

Así, quiero agradecer a Roberto Andrade Fonseca, Aquiles Cantarell Martínez, Emiliano Capilla Mora, Mónica Casas González, Edwin Cházaro, Andrés Espinal Jiménez, Eduardo Guadarrama Gutiérrez, John Hampton, Manuel López Michelone, Jorge Rafael Martínez Peniche, Jason Mooneyham, Alejandro Pisanty Baruch, Greg Poole, Araceli Romo Cabrera, Carlos San Román, Jorge Soria Alcaraz, Marco Sotelo Figueroa, Mauricio Zajbert y Avelina Zimbrón López entre muchas otras personas por su apoyo e inspiración en la creación de este libro.

A. David Garza Marín

PREFACIO

La mayor parte de los campos de la ciencia y la ingeniería cuentan con herramientas y técnicas bien definidas para medir y comparar fenómenos de interés y para comunicar con precisión los resultados. Sin embargo, cuando se refiere al campo de la ciencia e ingeniería de la computación, existen pocos o nulos acuerdos respecto a la manera correcta de medir algo tan fundamental como el rendimiento de un sistema de cómputo. (Lilja, 2004)

Es decir, para medir el volumen de algún líquido, siempre puede hacerse a través de unidades estándar (litros, galones, etcétera). Este tipo de unidades estándar permite la comparación directa de volúmenes de distintos tipos de contenedores (el tanque de gasolina de un auto, una cisterna, una taza...). No obstante, la comparación de rendimiento de distintos sistemas de cómputo ha probado no ser tan sencilla.

El principal problema se concentra en una falta de acuerdos al respecto, incluso en ideas que podrían ser muy simples, como la métrica más apropiada para el rendimiento de una computadora. Los problemas se agravan pues hay investigadores que obtienen y reportan resultados mediante metodologías cuestionables e, incluso, incorrectas.

Parte de esta falta de rigor se debe a que diversos valores de rendimiento obtenidos desde las pasadas décadas se han logrado mediante metodologías empíricas que se basan sólo en experiencias personales, sin la ayuda de instrumentos, incluso por corazonadas, o meramente por intereses de mercado. Por esta misma razón, hay muy pocos incentivos para que los investigadores se den a la tarea de obtener y reportar resultados de una forma científica. De manera paralela, aun cuando tales investigadores llegasen a tener una metodología científica y bien estructurada, muy pocas veces las imparten a sus estudiantes para que las utilicen en sus propios experimentos. (Lilja, 2004)

El propósito de este libro es conocer los fundamentos de una adecuada configuración del equipo de cómputo personal (PC) para la productividad. Aunque se basa fuertemente en el sistema operativo de Microsoft Windows 10, los principios vertidos también pueden aprovecharse en otros sistemas operativos, como las distintas distribuciones de GNU/Linux.

En este libro se contará con herramientas para soslayar los abusos en las prácticas mercadológicas y en ofertas dominantes del mercado que han llegado a afectar la adecuada configuración del equipo PC al concentrarla exclusivamente en ciertos componentes, como el procesador o CPU. Este tipo de prácticas ha hecho que los especialistas, incluso los más avezados, caigan en trampas que reducen su visión y que pueden dañar la experiencia del usuario. Por ejemplo, el uso inescrupuloso de Benchmarks, Simulaciones o Pruebas de rendimiento como único medio para probar la viabilidad de una computadora.

Así, una de las metas primordiales de este texto es la de exponer al lector la importancia de su propia medición y percepción al utilizar los modernos equipos de cómputo. A su vez, a destacar los intereses del usuario como medio para ofrecer soluciones que tengan mayores posibilidades de satisfacer no sólo sus requerimientos de cómputo, sino, también, con la mejor inversión posible. De esta forma, el lector podrá encontrar una manera de definir las mejores soluciones de cómputo personal para sus necesidades, sin verse acorralado o abrumado por la vorágine mercadológica de la industria.

Sea, pues, este libro una referencia para quienes quieren elegir una máquina de cómputo personal para su productividad.

INTRODUCCIÓN

A LO LARGO DE MI VIDA como tecnólogo, he descubierto que no hay peor tecnología[1] que la que no se entiende. Así, procuraré proveer información en un sentido que sea de fácil acceso para el lector, sin importar su formación computacional. La forma en que está estructurado este LibroActivo permite que los lectores se dirijan a los capítulos que más les interesen de acuerdo con su grado de especialización: A quienes no cuenten con mucha formación en la materia, recomiendo que inicien desde el primer capítulo. Ahora bien, en determinadas secciones pondré la frase "LENGUAJE GENERAL" cuando se refiera a una descripción genérica de un concepto, orientado a cualquier lector. La frase "LENGUAJE TÉCNICO" destacará una sección donde el contenido sea más especializado. Si bien se utiliza un lenguaje más o menos llano, ciertamente la sección contendrá tecnicismos propios para quienes están más versados en el tema.

Este libro está totalmente concentrado en los equipos PC para productividad o uso profesional, ya sea de escritorio o portátiles, y está fuertemente orientado al Sistema Operativo Microsoft Windows 10[2]. A su vez, está separado en tres partes: En la primera se desglosa la importancia de la PC en el entorno productivo, su configuración y algunos aspectos de seguridad; en la segunda se desmenuza el tema de las pruebas de rendimiento para la elección de la solución adecuada; en la tercera se ofrecen algunos apéndices para detallar alguna información para coadyuvar con la decisión por tomar.

No se pretende que el lector tenga que hacer una inversión para poder medir el rendimiento de sus equipos, pues se destacarán aquellos programas que se ofrecen con una versión gratuita o con una versión de evaluación (ya sea con limitantes de funcionalidad o de tiempo de uso). Sin embargo, es probable que deba hacer alguna

---

[1] Ver el Apéndice F: "Tecnología" para comprender mejor este concepto.
[2] De acuerdo con el sitio StatCounter, Microsoft Windows tiene una participación mundial de mercado del 70% hasta diciembre de 2018, y Windows 10 tiene una participación de 53%, con lo que ya superó de manera importante la participación de Windows 7. Curiosamente, en la participación de mercado de los sistemas operativos para escritorio, en la misma gráfica se puede ver un fuerte aumento de participación de sistemas operativos desconocidos. Habría que ver a qué se refieren estos sistemas operativos en equipos de escritorio. Fuente: http://gs.statcounter.com/os-market-share/desktop/worldwide

inversión para adecuar o mejorar los resultados obtenidos por sus equipos de cómputo existentes.

Además de utilizar y proveer información cuantitativa, proveeré un sentido cualitativo, basado en estudios existentes, de manera que se comprenda mejor lo que los usuarios perciben a la hora de utilizar una computadora.

Este libro está dividido en tres partes:

En la **Parte 1** se encontrarán los capítulos 1 a 7, donde se comprenderán las generalidades de los equipos PC (Capítulo 1) y los componentes de la PC (Capítulo 2). También se verán algunos mitos (Capítulo 3) que hay alrededor del cómputo personal. En el Capítulo 4 se estudiarán someramente algunas leyes y principios del cómputo, así como referencias de otros autores en este mismo tema. En el Capítulo 5 se delinearán algunos casos de uso genéricos. En el Capítulo 6 se encontrarán las configuraciones recomendadas para los requerimientos delineados en el capítulo anterior. Finalmente, en el Capítulo 7 se verán algunos aspectos relacionados con la seguridad en el cómputo personal.

La **Parte 2** se concentrará en las famosas pruebas de rendimiento desde el Capítulo 8 hasta el Capítulo 16. Allí se verá la importancia del rendimiento de una computadora (Capítulo 8) y el panorama de las pruebas de rendimiento (Capítulo 9). En el Capítulo 10 se destacará algo que no muchos toman en cuenta: La percepción humana ante el "rendimiento" de una computadora. En el Capítulo 11 se verá qué acciones se pueden tomar para probar el rendimiento de una computadora y, en el Capítulo 12, se encontrará un detenido protocolo sugerido para realizar estas pruebas. En el Capítulo 13 se encontrará la descripción de algunos de los distintos programas de Benchmark disponibles en el mercado. El capítulo 14 se podrá ver cómo tener una Puntuación Mínima Actualizada de rendimiento para contar con una referencia. En el capítulo 15 se muestran los posibles pasos para actualizar equipos existentes y darles una segunda vida (en caso de ser posible) y, en el Capítulo 16, se verán las conclusiones.

En la **Parte 3** se encontrarán siete anexos que ampliarán las explicaciones respecto a los equipos de marca o genéricos, de uso profesional o de consumo, de escritorio o portátil, Windows 10 o Windows 7, o alguna otra opción, el proceso de configuración y puesta a punto de la PC, la definición de Tecnología y, finalmente, el descargo de responsabilidad y atribución.

Espero que el lector disfrute tanto de la lectura de este libro como yo de escribirlo.

PARTE UNO

Las PC en el entorno productivo

A. David Garza Marín

CAPÍTULO 1

Generalidades de las PC en el entorno productivo

[...]Un cliente que paga—por adelantado—por contratos de servicio es una fuente de ingresos más segura que un cliente que ha aprendido a usar un producto. [...]Por ello es que ha surgido otra ley: * La dependencia del cliente es más rentable que la educación del cliente.
—Niklaus Wirth

E N EL MUNDO EN QUE VIVIMOS las computadoras han cobrado una enorme importancia en una gran parte de los aspectos de nuestra vida. Hoy, más que nunca, la computadora tiene una importante influencia tanto en el éxito como en el fracaso de los procesos humanos: "Gracias a la computadora pude terminar el proyecto", "Se 'cayó' el sistema y no le puedo pagar el cheque", "La computadora se equivocó y me dio la cuenta incorrecta", "A través de Internet, pude traer la información a mi computadora", son algunas de las expresiones que es común escuchar hoy en día.

Las computadoras en la actualidad tienen mucho que ver con la vida productiva y el entretenimiento social. Se utilizan en prácticamente todas las vertientes de la creatividad humana: arquitectura, editorial, ingeniería, gobierno, agricultura, ganadería, economía, bancaria, industrial, transporte, enseres, redes sociales, etcétera. Es difícil voltear a alguna parte y que no esté una computadora involucrada (ya sea de manera evidente, u oculta) en alguna parte de un proceso.

El ámbito de la ciencia de la computación ha avanzado enormemente hasta nuestros días—lo cual es especialmente evidente en los dispositivos que nos rodean como Tabletas, Teléfonos Inteligentes y (¡así es!) los equipos de cómputo personal. En la actualidad, cada vez más procesos están basados en arquitecturas de sistemas heterogéneos donde una CPU no es suficiente para satisfacer las actuales necesidades de los usuarios (en cuanto a potencia de procesamiento y ahorro de energía). El software y hardware actual están basados en esta arquitectura heterogénea para ofrecer mayor potencia con un mayor ahorro de energía.

UNA BREVÍSIMA SEMBLANZA DEL PROCESAMIENTO DE LA INFORMACIÓN

El uso de tecnología[3] en determinado quehacer de la vida tiene la finalidad de agilizar y reducir costos. La finalidad de haber generado computadoras es exactamente la misma que se relaciona con la tecnología en general; ello explica el por qué el primer objetivo al pensar en una computadora se concentra en la rapidez. Se puede subrayar que la rapidez de una computadora dependerá mucho de lo que en ella se quiera hacer, de manera que hay que entender claramente qué finalidad tendrá la computadora para saber cómo debe configurarse. Eso lo trataremos de manera general en los Capítulos 5, 6 y 7, así como el Apéndice E.

Sin embargo, de manera general, el procesamiento de la información se ha concentrado en las unidades de procesamiento (CPU) que en la actualidad están representados por unos pequeños chips, aunque no siempre fue así. La idea detrás de una CPU se concentra en un dispositivo que ejecutase determinadas instrucciones. Las CPU, originalmente, eran diseños para funciones específicas y algunas de ellas podían ocupar espacios muy grandes. Posteriormente se generaron CPU de propósito múltiple que podían ejecutar diversas tareas. Gracias a la creación de transistores y circuitos integrados, las CPU pudieron reducir su tamaño paulatinamente hasta llegar hasta los microprocesadores[4]. La reducción de la CPU permitió la existencia de equipos realmente pequeños que, a pesar de ocupar en la actualidad apenas un pequeño espacio

---

[3] Ver el Apéndice F: "Tecnología" para tener una idea más clara de este concepto.
[4] La patente original por los microprocesadores la tiene Texas Instruments gracias al TMS 1000, la primera CPU unívoca.

en el escritorio o, incluso, en el bolsillo, cuentan con mayor potencia que la computadora, digamos, utilizada para el primer viaje a la luna[5].

LENGUAJE TÉCNICO

Debido a que aumentar la potencia de un solo procesador, CPU o microprocesador es una tarea titánica, la ciencia se empezó a decantar por la idea de utilizar dos o más procesadores idénticos para agilizar el cómputo. A esto se le conoció como Multiprocesamiento Simétrico (o SMP por sus siglas en inglés). La idea era dividir los procesos en pequeños "paquetes" conocidos como subprocesos, hilos o "threads" que se ejecutaran de manera simultánea, concurrente o paralela en los procesadores y, con ello, acelerar su procesamiento y agilizar los tiempos de respuesta[6]. El SMP requiere de procesadores idénticos (simétricos) para poder ejecutar exactamente las mismas instrucciones en ellos. Si bien, originalmente SMP se refería al uso de sistemas idénticos, la miniaturización trajo consigo la posibilidad de crear sistemas de cómputo con componentes idénticos, posteriormente, con circuitos integrados idénticos, luego con microprocesadores idénticos en una misma placa y, como es en la actualidad, microprocesadores con "núcleos" o "cores" idénticos (donde cada chip consta de varios microprocesadores). Sin embargo, todo esto es complementario: Varios sistemas pueden utilizarse en paralelo, donde cada sistema puede contener componentes idénticos, con circuitos integrados idénticos y estos, a su vez, con varios microprocesadores instalados, mismos que consten de varios núcleos cada uno. Así, los equipos de cómputo son "escalables" (es decir, pueden crecer) de acuerdo con las necesidades de cómputo.

Ahora bien, conforme el SMP se fue utilizando, se fue descubriendo que los procesadores tendían a quedarse por ciertos períodos a la espera de que algún dato les fuera suministrado para continuar con sus tareas. El dato esperado podría provenir de alguna fuente como el teclado (el usuario), las unidades de almacenamiento, la red u otros. A ese tiempo donde el procesador se queda esperando información se le conoce como "tiempo muerto", mismo que debería poderse aprovechar de alguna forma (como cuando el lector está esperando algún dato o información para continuar con alguna tarea encomendada, y aprovecha ese tiempo para avanzar en alguna otra tarea o, simplemente, tomarse un café). Ante ello, apareció una tecnología que permitiría a los procesadores aprovechar esos "tiempos muertos" y se conoció como Multihilos Simultáneos (o SMT por sus siglas en inglés). Como es de imaginarse, la ventaja de

---

[5] La IBM System/360 Modelo 75s tenía una capacidad de hasta 1MB de memoria y hasta 750KFLOPS. Los modernos teléfonos celulares alcanzan hasta 4GB de memoria y una potencia de procesamiento de 80GFLOPS. Vea el apartado de la tarjeta gráfica para comprender más a profundidad el concepto de FLOPS.

[6] Cabe subrayar que los procesadores por sí mismos son incapaces de hacer esta división de subprocesos, hilos o "threads". Ésta es una facultad de los sistemas operativos o los programas. De poco o de nada sirve tener SMP, SMT o HC si el software o el sistema operativo no está diseñado para aprovechar tales tecnologías. Verá más información al respecto en el Capítulo 3.

esta tecnología se concentra en aprovechar los "tiempos muertos" del procesador. La desventaja es que, si el procesador carece de tiempos muertos, los subprocesos, hilos o "threads" que hayan entrado a la espera de ser procesados durante esos tiempos muertos no se procesarán o tardarán mucho en ser procesados. Así, esta metodología sólo es útil cuando no existe una fuerte carga de procesamiento en la computadora.

Sin embargo, la potencia de la computadora no se encuentra tan sólo en las CPU. Existen otros tipos de procesadores que pueden realizar exigentes tareas, pero que no son simétricos a los núcleos de una CPU: procesadores como las Unidades de procesamiento gráfico (GPU), los procesadores de señales, y otros que, también, podrían aprovecharse para el procesamiento de información, aunque su modo de funcionamiento y estructura fueran distintos a los de una CPU. Esto traía la necesidad de romper con el SMP y decantarse por un procesamiento asimétrico (AMP); es decir, que no requiriera de procesadores idénticos, sino de distintos tipos de procesadores. De allí nació el concepto de Cómputo o Procesamiento Heterogéneo.

CÓMPUTO HETEROGÉNEO

En la actualidad, 2 de cada 3 dispositivos están basados en una funcionalidad conocida como Arquitectura de Sistemas Heterogéneos (HSA)[7], que es una implementación del Multiprocesamiento Asimétrico (AMP). HSA sienta sus bases más allá la funcionalidad de la CPU y la expande para obtener mayor potencia con distintos tipos de procesadores y ofrecer una mejor relación de Rendimiento por Vatio (o Watt) (punto realmente importante, dado que la reducción en el consumo de energía es vital para reducir la emisión de gases de efecto invernadero por la generación de energía eléctrica[8]). La combinación de potencias de procesamiento provenientes de distintos tipos de procesadores ofrece la posibilidad de una mayor potencia de cómputo y una reducción en el consumo de energía. Ésta, así, es la base de HSA: Combinar las distintas potencias de cómputo que hay en una computadora para obtener mejores resultados. En el capítulo 2 se tratará con mayor detalle este tema de singular importancia para la nueva tecnología.

---

[7] HSA Foundation: http://www.hsafoundation.com/
[8] Esta práctica se encumbró en el Acuerdo de París del 5 de octubre de 2016, con 172 países comprometidos, mismo que fue ratificado en la Cumbre celebrada en Argentina durante noviembre de 2018 . Fuente: http://unfccc.int/paris__agreement/items/9485.php

LAS COMPUTADORAS Y LA PRODUCTIVIDAD PERSONAL

Hoy por hoy, las diversas empresas relacionadas con el ámbito del cómputo han creado sistemas y equipos cada vez más fáciles de manejar: Equipos de escritorio, portátiles, tabletas, celulares y una enorme diversidad más. De esta forma, las computadoras han dejado de ser entes monstruosos e intimidantes para convertirse en herramientas con una enorme facilidad de uso y gama de aplicaciones productivas y de entretenimiento. Las computadoras ya no pueden mirarse de soslayo, particularmente en el ámbito productivo.

En el campo productivo, las computadoras son esenciales. Desde las microempresas hasta los grandes consorcios, la computadora puede ayudar a la administración y procesos productivos de la empresa[9]. Hay empresas que, incluso, basan por completo su funcionamiento en los equipos de cómputo. Algunas de ellas funcionan a través de los servicios proporcionados por la Internet, y la integración de otros proveedores de servicios para lograr su objetivo con una inversión interna y cantidad personal mínimos. La única limitación en el uso de las computadoras en la vida actual es, simplemente, la imaginación. Así, el campo de acción es prácticamente ilimitado. No hay manera de escapar de la informática en nuestros días, a menos que uno tome la decisión de irse a vivir a un apartado rincón del mundo, aunque no se podría asegurar que allá se carecería de algún tipo de contacto con computadoras.

Ahora que se ha tomado la decisión de hacerse de computadoras personales, lo mejor es conocer en qué consisten y cómo poder integrar la que sea más adecuada a las necesidades de la organización. Como se sabe, ésta es la finalidad primordial de este libro. Adquirir la computadora adecuada podría tener algunas complicaciones iniciales, si no se cuenta con el conocimiento. Pero una vez que conozcan las bases,

---

[9] Hay quienes piensan que, si hay desorganización en una empresa, la computadora lo arreglará. La verdad es que, si hay desorganización, la computadora magnificará esa desorganización. Una computadora no hará ni más ni menos que lo que se le pida que haga. Por ende, no arreglará, por sí sola, algún problema de la empresa, sino que únicamente podrá acelerar el desorden o, si se trabaja de manera ordenada, el orden.

quizá este libro se convierta en la mejor compañía cuando se esté en procesos de licitación, RFP[10] o adquisición independiente de equipos de cómputo.

Así como existen diversas marcas y modelos de automóviles, también existen diversas marcas y tipos de computadoras. Uno de los tipos que más éxito ha tenido en el quehacer humano es la computadora personal o PC. Este tipo de computadora fue creado por IBM a principios de la década de los años ochenta[11]. Su finalidad fue la de competir en un mercado donde las microcomputadoras de diversas marcas de arquitectura cerrada ya estaban sentando sus reales. La diferencia central de ésta es que toda su arquitectura era (y es) abierta: cualquier fabricante o persona podía crear componentes y programas para la PC. Esto estableció las bases del éxito que hoy tiene la arquitectura PC sobre otras computadoras de escritorio.

Este grado de apertura ha permitido en nuestros días que, incluso, sea muy sencillo que uno mismo integre su propia computadora—genérica u OEM[12]. Conocer cada uno de los componentes de la PC le permitirá integrar una computadora a la medida de sus necesidades, ya sea con su fabricante de computadoras preferido, o, si posee el conocimiento, integrarla a partir de componentes individuales.

La diferencia en la potencia, calidad y confiabilidad de ambos tipos de computadoras (genéricas y OEM) podría ser imperceptible. Se puede adquirir una computadora OEM o genérica cuyo poder de cómputo y confiabilidad sea equivalente en ambas. En el campo de las computadoras OEM, existen fabricantes que le permiten especificar los componentes de su máquina a la medida de sus necesidades, incluso sometidas a duras pruebas para garantizar su funcionalidad y durabilidad. Otras comercializan modelos específicos de computadoras. En ambos casos, las empresas hacen públicas las características y componentes de las máquinas. Este libro le podrá ayudar a comprender mejor los términos que se utilizan y adquirir la computadora que mejor se adapte a sus necesidades y posibilidades, tanto económicas como funcionales.

En el campo de las computadoras genéricas, existen algunas que ya están ensambladas de manera predeterminada con ciertos componentes. Es posible que sean más económicas que las OEM, aunque podrían no incluir los mejores componentes. Para el caso, los componentes se venden por separado y, una vez adquiridos, puede solicitar que el vendedor le ensamble la computadora o ensamblarla usted mismo. En el Apéndice A podrá encontrar tanto las ventajas como las desventajas de los equipos OEM frente a los genéricos y viceversa.

---

[10] RFP = Request For Proposal o Solicitud de Propuesta. Es un tipo de solicitud de licitación en el que una empresa u organización anuncia que hay fondos disponibles para algún proyecto o programa en particular. Con ello, las empresas pueden presentar ofertas para llevar el proyecto a buen fin

[11] IBM PC 5150, presentada en agosto de 1981, http://www.oldcomputers.net/ibm5150.html

[12] OEM = Original Equipment Manufacturer, Fabricante de equipo original. Se trata de los fabricantes internacionales como HP, Lenovo, Dell, Acer, Asus y otros, que fabrican equipos de cómputo bajo la garantía de manufactura de su marca y orientadas a diversas necesidades.

Por alguna extraña razón, cuando algunas personas deciden adquirir una computadora, suelen preguntar por la mejor y más potente. Ello es similar a salir a comprar un vehículo y tratar de adquirir un tractocamión, por ser el más potente y el mejor. En realidad, la decisión de compra de un automóvil está definida por tres aspectos fundamentales: qué se necesita, sus características y el presupuesto. Saber comprar un automóvil trae consigo una cultura del automóvil. El comprador toma en cuenta qué necesita, las marcas, modelos, características, capacidad y precio del modelo. En una computadora, normalmente el comprador se fija en resultados de Benchmarks[13] casi sin importar nada más. Pocas veces se toman en cuenta las características, funcionalidades, modelos, capacidades, seguridad y, menos aún, presupuestos y adaptabilidad a las necesidades de la organización.

El tipo, poder y calidad de la computadora que adquiera tendrá una estrecha relación con el tipo de productividad al que se oriente. Si se está en la rama de la arquitectura y se utiliza software de diseño como AutoCAD o eDrawings, se deberá pensar en una computadora potente con componentes certificados por los fabricantes del software (ISV[14]). Si uno se hace de una computadora sin observar semejantes puntos, la productividad podría descender a tasas alarmantes. Por otro lado, si las necesidades de cómputo son modestas y uno se hace de una potentísima computadora, se estarán "matando moscas a cañonazos". No solo se estará desperdiciando potencia y energía eléctrica, sino también dinero y recursos.

Así como existe una cultura del automóvil, debería existir una cultura informática para no salir a comprar lo *más potente* en todos los casos, sino para salir a comprar lo ideal para las necesidades (y que se anticipe cierto período de durabilidad). Para salir a comprar una computadora, previamente se deberá haber estudiado para qué se quiere y en dónde se utilizará. Con ello en mente, y a sabiendas de lo que significa cada uno de los términos de cómputo, se sabrá el tipo de máquina o componentes que se estará comprando, y se obtendrá un equipo acorde a las necesidades y presupuesto. Así, para definir la compra de un equipo de cómputo, será importante: 1) Saber cuál (o cuáles) necesidades se requiere satisfacer, 2) Conocer con qué software se podrá satisfacer lo mejor posible esa necesidad, 3) El software ESTABLECE en qué sistema operativo requiere funcionar, así como las características (normalmente, las mínimas) del equipo por adquirir, y 4) Con ello ya se podrá hacer una compra mejor asistida.

---

[13] Se trata de programas que, supuestamente, prueban la rapidez de la computadora. Profundizaremos más en esto en los capítulos 7 y 8.
[14] ISV = Independent Software Vendor o Fabricante Independiente de Software.

Entre la computadora y el usuario debe existir una cierta fusión. Algo parecido a lo que, se dice, sucedió con Paganini y su Stradivarius. Paganini no dejó que nadie fuera de él utilizara su violín favorito; lo hizo suyo y lo adaptó íntimamente a sus necesidades. Aunque en la computadora no necesariamente se deberá evitar que alguien más la utilice, cierto es que los usuarios suelen adaptarlas exactamente a sus necesidades y las convierten en una extensión de su propia imaginación. Esto último es la finalidad primordial de una computadora. De acuerdo con el software que se haya elegido y, con ello, al sistema operativo que le instale, se podrá ajustar a la computadora a las propias necesidades con distintos grados de exactitud. Lo principal es que se tenga la computadora adecuada a las necesidades.

Entremos a la parte poética: Lo recomendable es imaginarse a la computadora como un "clon" de uno mismo. Las ideas, proyectos, trabajos y demás manifestaciones de nuestra mente estarán plasmadas allí. Mediante la computadora podremos ver realizados muchos de nuestros pensamientos e ideas. Así que lo mejor es que se cuente con una computadora que se ciña a uno y a nuestras necesidades hasta en el mínimo detalle (en lo posible), para que se tenga en ella a la mejor herramienta para hacer realidad las ideas. Nadie más que uno tendrá la facultad de "darle vida" a la computadora y que, a su vez, se convierta en un vehículo de la productividad. Ello da razón a un libro que muestre lo que se debe tomar en cuenta para hacerse de un propio equipo de cómputo y que se sepa exactamente qué es lo que adquiere y porqué. Fin de la parte poética.

Por ello, es importantísimo tomar en cuenta la percepción del usuario. Por desgracia, la percepción actual es que los modernos equipos de cómputo lejos de coadyuvar a la productividad la entorpecen. En muchas ocasiones ello se debe a un inadecuado proceso de configuración de las computadoras, no sólo en lo que a hardware se refiere, sino, también, en cuanto a software.

Luis Vieira (2014) nos dice que la percepción es una mezcla en función de las expectativas del usuario, la capacidad o facilidad de uso y el rendimiento:

$$Rendimiento\ percibido = f(Rendimiento\ esperado, EU, Rendimiento\ real)$$

EU = Experiencia del Usuario

Cuando una solución está bien diseñada puede traer consigo una alta satisfacción del usuario (a pesar de que hubiera algunos pequeños problemas); por el contrario, cuando una solución está mal diseñada, la percepción será mala sin importar que integre las más altas y vanguardistas tecnologías.

Así, **el usuario es primordial**. Si se percibe que el rendimiento es mejor de lo que se esperaba, se tendrá una alta satisfacción. Por el contrario, si se percibe que está por debajo de sus expectativas, el grado de satisfacción será bajo, mínimo o, incluso, inexistente o negativo. Ello pone en perspectiva la Primera Ley del Servicio de David Maister (1985): "La satisfacción es la diferencia entre lo que se percibe y lo que se espera". Si, como indica Arindam Mallik (2007), nos basamos en que el objetivo primordial de un sistema de cómputo es satisfacer las expectativas del usuario, lo importante será ofrecer a los usuarios y las organizaciones la mejor experiencia de usuario posible con el uso adecuado de los recursos.

A. David Garza Marín

CAPÍTULO 2

Componentes de una PC

El nuevo paradigma podría conocerse como una visión holística del mundo, donde se ve al mundo como la integración de un todo en lugar de una colección de partes disociadas.
—Fritjof Capra

RECORDEMOS QUE LO QUE SE COMPRAN son computadoras completas para satisfacer las necesidades para las que serán orientadas. Lo mejor será conocer qué y cuáles componentes serían los adecuados de acuerdo con las necesidades a las que se orientarán los equipos de cómputo.

PROCESADOR

LENGUAJE GENERAL

Aunque los procesadores son una parte primordial en la ejecución del software, su eficiencia depende totalmente del tipo de aplicaciones y sistema operativo que se utilicen, así como de la configuración del resto del equipo. Hay empresas que se quieren seguir ciñendo a la Ley de Moore[15] para proponer "nuevas tecnologías"; sin

---

[15] La Ley de Moore fue formulada empíricamente el 19 de abril de 1965 por Gordon Moore, cofundador de Intel, y que establece que el número de transistores por unidad de superficie en circuitos integrados se duplicaba cada año. Este período ha sido modificado con el tiempo y en la

embargo, para una reducción por debajo de los 18nm, la materia presenta efectos cuánticos que hacen necesaria una tecnología diferente para seguir haciendo reducciones litográficas a ese nivel[16]. De ese modo, seguir por el camino simplista de una dudosamente efectiva "Ley de Moore" o montarse en una carrera basada en hercios no es la mejor forma de decidirse por una CPU. Brendan Gregg (2014) ofrece una gran visión respecto a la mal llamada "velocidad" de una CPU:

> *"La instalación de procesadores (CPU) con una mayor frecuencia de reloj podría no mejorar el rendimiento en el grado esperado, dado que la CPU podría esperar la misma cantidad de tiempo para que se complete una acción de E/S[17] de la memoria. En otras palabras, una CPU más rápida podría significar más ciclos de reloj ociosos, y, sin embargo, cumplir con la misma cantidad de instrucciones completadas."*

Es decir, sólo concentrarse en una CPU podría traer consigo adquirir más tiempo muerto. Como bien lo establecen Alberto Onetti y Lutfus Sayeed (2010) y en el sitio GreenIT (s.f.), contrario a la creencia común, los procesadores como tales no están siendo empujados a ofrecer mayores frecuencias de reloj y grandes mejoras de rendimiento a costa de lo que sea. De hecho, los fabricantes de procesadores están más interesados en reducir el consumo de energía de los procesadores sin castigar su rendimiento. El enfoque ha cambiado de ofrecer un rendimiento simple y llano a ofrecer una mejor relación de rendimiento por consumo de energía y mejores gráficos integrados[18].

Ahora bien, por más que se quiera destacar la capacidad de la CPU por sí sola, su funcionalidad es totalmente inútil si no se cuenta con el software y hardware adecuado que lo aproveche. Por ejemplo, los populares procesadores multinúcleo requieren que el software—particularmente, el sistema operativo—sea especialmente desarrollado

---

actualidad establece que se duplica cada dos años. En la actualidad está en entredicho. Ver: https://www.intel.com/content/www/us/en/silicon-innovations/moores-law-technology.html y https://gizmodo.com/how-chip-makers-are-circumventing-moores-law-to-build-s-1831268322

[16] IEEE, "The Quantum Limit to Moore's Law", IEEE Xplore Digital Library, http://ieeexplore.ieee.org/stamp/stamp.jsp?arnumber=4567410

[17] E/S: Se refiere a la Entrada y Salida. Es cualquier hardware o software que recibe y emite datos de un componente de hardware.

[18] Buildcomputers.net, "Power consumption of PC components", http://www.buildcomputers.net/power-consumption-of-pc-components.html

para aprovechar esta funcionalidad[19]. Dada la complejidad para el desarrollo de aplicaciones multinúcleo, la mayoría de ellas utilizan un solo núcleo de procesamiento, por lo que la funcionalidad de estos núcleos se ha orientado más a agilizar las capacidades multitarea que a agilizar una aplicación en particular. Claro está, existen aplicaciones, como Microsoft Excel 2016 y superiores, que aprovechan enormemente la potencia multinúcleo y que, por ende, se benefician mucho de ello. Por otro lado, un potente procesador palidecerá seriamente si no cuenta con la capacidad y rapidez adecuadas de memoria, de almacenamiento fijo adecuado, y varios otros componentes adicionales.

LENGUAJE TÉCNICO

Los modernos sistemas operativos requieren instrucciones en el procesador como PAE, SSE4, CMPXCHG16b, PrefetchW, LAHF/SAHF, AES-NI, NX-Bit[20] y Virtualización[21]. Más vale asegurarse que el procesador que se esté probando incluya todas estas instrucciones (y otras más) para asegurar la compatibilidad y fluidez de Windows 10 de 64 bits y superiores, independientemente de la fecha de fabricación del procesador[22]. A su vez, también hay que asegurarse que los procesadores solicitados tengan resueltos un par de importantes problemas de seguridad descubiertos a finales de 2017 (bautizados como Meltdown, Spectre y ForeShadow, entre otros[23]) que podrían significar una importante brecha que dé acceso a personas indeseables a información delicada en los sistemas.

---

[19] Cass, Stephen, "Multicore Processors Create Software Headaches", http://www.technologyreview.com/article/418580/multicore-processors-create-software-headaches/

[20] Ver: https://www.microsoft.com/en-us/windows/windows-10-specifications

[21] Las modernas medidas de seguridad tanto del sistema operativo como de algunas computadoras requieren que esté activada la funcionalidad de la Virtualización.

[22] El tiempo de fabricación de un procesador toma 4 meses. Por ende, exigir fechas de lanzamiento cercanas es más una estrategia de marketing que un beneficio real para los usuarios.

[23] Google Project Zero: https://googleprojectzero.blogspot.mx

PROCESADOR: NÚCLEOS Y MANEJO DE MULTIHILOS

LENGUAJE GENERAL

En lo que respecta a los procesadores, la cantidad de núcleos x86-64 se derivará del tipo de trabajo que se espera hacer en el equipo y del tipo de sistema operativo por instalar. Si es un trabajo básico a intermedio (con la apertura de 5 o 6 aplicaciones estándar al mismo tiempo [entre lo que se incluye al antivirus]), un procesador de hasta cuatro núcleos físicos hará bien el trabajo. Si la carga es de más de 5 aplicaciones al mismo tiempo, o son aplicaciones exigentes, o aquellas que integren multimedios, o las que estén desarrolladas para aprovechar multinúcleos, será mejor utilizar procesadores de 4 o más núcleos físicos y hasta con funcionalidad de SMT[24]. En la actualidad, la moderna tecnología multitareas y multiprocesos se aprovecha mucho mejor mediante núcleos físicos. Los núcleos virtuales agregados por SMT, aunque pueden ofrecer algo de rendimiento adicional, dependen mucho de la carga de actividades que tenga el procesador y de la forma en que se haya implementado el SMT. Para todo efecto práctico, es mejor preferir los núcleos físicos. Los núcleos virtuales son una adición deseable, pero si no se tiene, de igual forma el sistema funcionará bien.

LENGUAJE TÉCNICO

El Multiprocesamiento Simétrico (SMP), es aquel que se explota con procesadores o núcleos idénticos reales[25]. La tecnología SMP prácticamente multiplica el rendimiento de las aplicaciones que la utilicen o la capacidad de respuesta del equipo, puesto que cada núcleo físico agregado ejecuta un proceso de manera paralela (es

---

[24] De acuerdo con algunas pruebas de rendimiento, el SMT puede ofrecer entre 6 y 50% mayor rendimiento de acuerdo con el tipo de aplicaciones que se ejecuten. Sin embargo, también hay reportes de que el SMT puede permitir que ciertas amenazas funcionen en el equipo en ciertos procesadores. Vea: https://hothardware.com/news/intel-cpus-impacted-by-portsmash-side-channel-smt-attack-amd-cpus-likely-also-exploitable

[25] Stokes, J, "Introduction to Multithreading, Superthreading and Hyper-Threading". Obtenido de ArsTechnica: https://arstechnica.com/features/2002/10/Hyper-Threading/

decir, puede ejecutar procesamientos al mismo tiempo[26]). Ahora bien, existe una variante para ejecutar más de un hilo de manera simultánea en el procesador que es la tecnología de Multihilos Simultáneos (SMT). Se trata de un medio para aumentar la capacidad multihilo o multithreading simultáneo de una manera económica (más económica que integrar núcleos físicos) y ofrecer una mejora que, de acuerdo con su implementación, puede ser marginal o significativa en el rendimiento del equipo.

Existen distintas implementaciones de SMT, aunque las dos más conocidas son las propias de Intel (que llama Hyper-Threading) y de AMD (que simplemente denomina SMT). Ambas tecnologías, si bien tienen una apariencia similar a los ojos del usuario, están implementadas de manera distinta. Los mejores resultados con la tecnología SMT se obtienen con bajas cargas de trabajo en los procesadores (donde se pueden obtener beneficios hasta de 48% de mejora en rendimiento). En fuertes cargas de trabajo, esta tecnología tiende a palidecer, dado que depende fuertemente de los "tiempos muertos" del núcleo del procesador. Agner Fog (2017) nos indica que, al momento de este escrito, la tecnología SMT de AMD tiende a ofrecer mejores resultados que la tecnología Hyper-Threading pues la última está basada en un diseño de "puertos", donde las instrucciones de punto flotante y de enteros pueden sólo emitirse en distintos ciclos por puerto, mientras que el SMT de AMD cuenta con 10 pipelines de ejecución dedicados que permite agilizar mejor los procesos. Como sea, SMT difícilmente puede proveer los beneficios que se obtienen con SMP[27].

Hoffmanlabs (2006) nos establece que la moderna tecnología multitareas y multiprocesos se aprovecha mucho mejor mediante multiprocesamiento simétrico (SMP), que se explota con procesadores o núcleos reales. Chris Cunningham (2017) deja bien claro que el hecho de que un procesador cuente con alguna implementación de SMT es, por decirlo así, un valor agregado, pero no es tan importante como contar con núcleos físicos. Así, un procesador de dos núcleos con SMT nunca tendrá el rendimiento que puede ofrecer un procesador con cuatro núcleos físicos de características similares.

Cabe hacer notar que, como ya se refirió, existen implementaciones de SMT que podrían ser vulnerables a amenazas como PortSmash Side-Channel[28], por lo que es recomendable reconsiderar e informarse cuando se desee activar esta tecnología.

---

[26] Se trata de procesos, subprocesos (o hilos) que se ejecutan simultáneamente en distintos procesadores o núcleos de un procesador. Ver:
http://searchdatacenter.techtarget.com/definition/parallel-processing
[27] Bert Toepelt, "Analysis - - Hyper-Threading Yields 6% Speed-Up", TomsHardware,
http://www.tomshardware.com/reviews/Intel-Core-i7-Nehalem,2057-12.html
[28] Si bien las pruebas han arrojado que la implementación Hyper-Threading de Intel es la única afectada, hay que evitar dar por hecho que otras implementaciones no sean susceptibles. Es importante mantenerse informado. https://bit-tech.net/news/tech/cpus/cpus-hit-by-portsmash-side-channel-vulnerability/1/

PROCESADOR: CÓMPUTO HETEROGÉNEO

LENGUAJE GENERAL

Como ya se había explicado someramente en el Capítulo 1, el ámbito de la tecnología de cómputo ha ido evolucionando para aprovechar funcionalidades más allá de la propia capacidad de los núcleos de CPU, y ello se hace especialmente evidente en los dispositivos que ahora existen en el mercado, como las tabletas, los teléfonos celulares "inteligentes" y los equipos y sistemas de cómputo. Dos de cada tres dispositivos de cómputo que se adquieren en la actualidad están basados en una funcionalidad conocida como Arquitectura de Sistemas Heterogéneos (HSA)[29]. Y sí, dispositivos como los anteriormente mencionados, que utilizan los sistemas operativos como Windows 7 y superiores, Linux, MacOS, Android, etcétera; Microsoft[30], la comunidad GNU[31], Apple[32], Google[33] y otros utilizan diversas tecnologías para aumentar el poder de cómputo con el aprovechamiento de lo que se conoce como "cómputo heterogéneo" (una implementación del AMP, o Multiprocesamiento Asincrónico).

Aunque estas tecnologías podrían funcionar sólo en una CPU con varios núcleos, exigen que, idealmente, el hardware cuente con funcionalidad más allá del cómputo x86 o CPU (que es en el que se basan algunos benchmarks) para ofrecer toda su potencia. Esa capacidad proviene de los Compute Cores (es decir, los núcleos de cómputo integrados en otros tipos de procesadores, como los procesadores gráficos [GPU] y los Procesadores de señales digitales [DSP]), y requiere de mayor amplitud en los buses (de memoria, del sistema), y otras características. Algunas de las aplicaciones que aprovechan estas características son Internet Explorer, FireFox, Microsoft Office 2010 y superiores, LibreOffice 4.2 y superiores, aplicaciones de análisis, imagenología, aplicaciones ofimáticas, investigación de Petróleo y Gas, análisis de suelos, etcétera. Estas aplicaciones pueden echar mano de esta funcionalidad y mejorar su rendimiento con un consumo contenido de energía.

Ésta, así, es la base de HSA: *Combinar la potencia de cómputo de distintos procesadores para obtener mayor poder de cómputo con un menor consumo de energía.* En la figura siguiente se podrá apreciar como Microsoft Word 365 integra, de facto, la funcionalidad activada de aceleración por hardware para agilizar sus procesos. Lo

---

[29] HSA Foundation: http://www.hsafoundation.com/
[30] Microsoft Corp. Computer Shader Overview: http://msdn.microsoft.com/en-us/library/ff476331.aspx
[31] Khronos Group. OpenCL: The open standard for parallel programming of heterogeneous systems: https://www.khronos.org/opencl/. Microsoft Corp. Compute Shader Overview: http://msdn.microsoft.com/en-us/library/windows/desktop/ff476331%28v=vs.85%29.aspx.
[32] Apple Corp. OpenCL for OS X: https://developer.apple.com/opencl/
[33] Android RenderScript: http://developer.android.com/guide/topics/renderscript/compute.html.

mismo se puede encontrar en las demás aplicaciones de Microsoft Office a partir de la versión 2010. Con ello, se pone en evidencia que el cómputo acelerado está en boga y totalmente en uso actual.

Así, para ceñirse a este moderno esquema de cómputo heterogéneo (el cual consiste de un punto intermedio entre el cómputo serial tradicional, alguna vez reinado por una CPU unívoca, y el venidero cómputo cuántico que podría romper todas las marcas de rendimiento y prestaciones que hasta hoy hemos atestiguado), se debe tomar en cuenta la potencia del procesador gráfico y su capacidad de ejecutar código OpenCL, DirectCompute o, en su caso, CUDA[34]. Además, en las soluciones orientadas a la productividad, se agregan importantes funcionalidades de seguridad, eficiencia energética, virtualización, y amplitud de buses, entre otras características.

---

[34] La finalidad de OpenCL, DirectCompute y CUDA, entre otros, es la de aprovechar los procesadores, particularmente los gráficos, para ejecutar tareas de cálculo y apoyar la rapidez de la computadora. CUDA, en particular, es propietaria de un solo fabricante, nVidia, mientras que OpenCL es totalmente abierto (se puede usar en cualquier sistema operativo y por cualquier fabricante), y DirectCompute tiene la misma finalidad, pero sólo para entornos de Windows.

LENGUAJE TÉCNICO

Ante las limitaciones por lograr que un solo elemento pueda aumentar su potencia para ofrecer resultados con cada vez mayor agilidad y eficiencia, se han generado tecnologías para buscar alternativas al respecto. Así, luego de varias tecnologías, se llegó a la posibilidad de aprovechar aquello que reza: "Divide y vencerás". En lugar de que un proceso se ejecute de manera secuencial en la computadora, su carga de trabajo se empezó a dividir en subprocesos (también conocidos como hilos o threads) que ofrecieron la posibilidad de distribuir la ejecución entre varias unidades de procesamiento. Esto trajo a SMP (Multiprocesamiento Simétrico, por sus siglas en inglés) al mapa tecnológico a principios de la década de los años 60[35].

SMP, como su nombre lo indica, requiere de una arquitectura de sistema con múltiples procesadores o núcleos, así como un software, donde dos o más procesadores idénticos se conectan a una memoria principal compartida, y tiene acceso a todos los dispositivos de entrada y salida. Todo ello se controla con un solo sistema operativo que trata a todos los procesadores o núcleos por igual y distribuye los subprocesos entre las unidades de procesamiento disponibles. Así, el código podrá ser ejecutado sin tropiezos debido a que toda la infraestructura de procesamiento es idéntica o simétrica.

Tal y como se indicó en el Capítulo 1, conforme la potencia de los procesadores aumentó, la tecnología se encontró con que los procesadores tenían tiempos que no se aprovechaban pues se quedaban a la espera de alguna información o dato, o a la respuesta de algún componente externo. Ante ello, se agregó, mediante los Multihilos Simétricos (o SMT, por sus siglas en inglés), la posibilidad de que un procesador (o un núcleo) aceptara más de un subproceso, hilo o "thread" al mismo tiempo, con lo cual se aprovecharían los "tiempos muertos". Sin embargo, esta técnica sólo es útil cuando los tiempos muertos son significativamente altos: cuando el procesador está muy ocupado, el SMT podría ser contraproducente. Esta tecnología se utilizó por primera vez a finales de la década de los años 60[36].

Ahora bien, hubo la aparición de otros procesadores con características diametralmente distintas, pero con una impresionante potencia de procesamiento. Sus

---

[35] La primera computadora de la historia que implementó SMP fue la Burroughs D825 en 1962. http://ei.cs.vt.edu/~history/Parallel.html

[36] IBM integró SMT como parte del proyecto ACS-360 en 1968. Sin embargo, el primer procesador comercial que lo implementaría sería el DEC Alpha 21464 en 2001, mismo que se usó como base para la versión de Hyper-threading que se ha implementado en procesadores desde el Pentium 4 "Northwood" y "Prescott".

diferencias hacían que su uso fuera imposible en modo SMP, pues, como ya se indicó, esta tecnología requiere que todos los procesadores sean iguales, idénticos, simétricos. Se requería de la posibilidad de utilizar cualquier tipo de procesador y aprovechar su potencial para agilizar los procesos y reducir, con ello, el consumo de energía. Es allí donde el AMP (Multiprocesamiento Asimétrico, por sus siglas en inglés) entró en acción. El Cómputo Heterogéneo, una forma de llamar al AMP, ofrece la capacidad de distribuir la carga de procesamiento entre procesadores, sin importar que sean o no simétricos. SMP, SMT y AMP pueden convivir para ofrecer una mayor potencia de cómputo con un menor consumo de energía.

En el caso de una PC, para que se pueda ejecutar código heterogéneo, se requiere que el hardware de gráficos cumpla, al menos, con el Shader Model[37] 5 y la capacidad de paralelización con tecnologías como OpenCL[38] y Direct3D Compute Shader (también conocida como DirectCompute) sobre Windows 10[39]. El rendimiento total alcanzado por la combinación de esta potencia de procesamiento moderna, comparado con el consumo de energía que se tiene con las actuales generaciones de procesadores, ofrece una nueva forma de analizar el hardware y su rendimiento. En la actualidad, hay procesadores (conocidos como APU) que pueden llegar a ofrecer una potencia de casi 2TFLOPS[40] con un consumo de energía de 65W. Hay combinaciones de CPU y GPU que podrían permitir potencias que superen los 8TFLOPS en una sola máquina.

PROCESADOR: CARACTERÍSTICAS DE PRODUCTIVIDAD

LENGUAJE GENERAL

En cuanto a necesidades de cómputo productivo, la seguridad juega un papel primordial. Por ende, además de las capacidades de rendimiento requeridas por las aplicaciones, es sumamente importante asegurarse que la tecnología elegida incluya los servicios de productividad (en cuanto a seguridad, virtualización y prestaciones) que garanticen la continuidad en la operación con gran agilidad. La tecnología elegida, así, debe integrar servicios de virtualización por hardware, cifrado mediante AES-NI,

---

[37] El Shader Model es un sistema utilizado para programar distintos tipos de gráficos y efectos en una espectacularidad visual. Cada nueva versión de Shader Model agrega capacidades tanto visuales como de cómputo para lograr mejores resultados.
[38] OpenCL es un estándar libre creado por el grupo Khronos que permite agilizar el cómputo al combinar la potencia de distintos tipos de procesadores. Facilita el uso de los procesadores gráficos en tareas comunes.
[39] En Microsoft Windows 7 el soporte a cómputo heterogéneo es básico, aunque presente.
[40] Vea el apartado de "Procesador gráfico" para tener un detalle del significado de los TFLOPS.

servicios de arranque seguro del sistema, servicios de protección contra desbordamiento de búfer (técnica utilizada por cierto software maligno), servicios de cifrado de buses y memoria, así como la salvaguarda de fabricación continua durante, al menos, 18 meses, y garantía durante, al menos, 36 meses. Los fabricantes de procesadores tienen líneas específicas orientadas a la productividad que integran procesadores de seguridad y los ya mencionados servicios a través del hardware, con lo que la funcionalidad de TPM—entre otras características de seguridad—se puede aprovechar para mejorar la confidencialidad y la inviolabilidad de la información[41] [42].

Ahora bien, es altamente recomendable que se tomen en cuenta tecnologías de hardware y software con capacidades integradas de ahorro de energía como: reducción en el consumo de energía mediante el ajuste dinámico en la frecuencia de reloj y ajuste automatizado del voltaje (VCORE), inhabilitación de componentes del procesador que no se utilicen de acuerdo con las necesidades del sistema y del usuario, y software (sistemas operativos y aplicaciones) que integre, active y aproveche este tipo de tecnologías en el hardware. Con lo anterior, el Usuario podría ahorrar una buena cantidad de dinero en consumo de energía, reducir la generación de calor, y reducir la polución mediante la disminución de la cantidad de energía eléctrica utilizada en la operación diaria de los equipos—particularmente, si se toma en cuenta la densidad de equipos que, normalmente, están conectados en la organización.

Ahora bien, el arranque de una aplicación o de algún proceso de cómputo es el que requiere de enviones de rendimiento para tener una buena capacidad de respuesta[43]. Ante ello, se sugiere tomar en cuenta tecnologías de aceleración dinámica de reloj, lo cual garantizará el mejor rendimiento posible ante el arranque de aplicaciones y procesos en un equipo de cómputo.

Las empresas fabricantes de procesadores generan soluciones específicas para el entorno productivo. En el caso de AMD los procesadores para entorno productivo integran la palabra PRO[44] (AMD Ryzen PRO o AMD PRO A). En el caso de los procesadores Intel, los procesadores para entorno productivo son identificados como Intel Core vPro[45]. Para equipos orientados a la productividad, siempre es recomendable

---

[41] En conjunto con herramientas y sistemas operativos como Microsoft Windows 10, aunque algunas versiones anteriores permiten el acceso a algunas de estas características (particularmente, el TPM).

[42] Cabe destacar que no existe medida de seguridad inviolable e infalible, por lo que hay que estar especialmente vigilante ante los riesgos de seguridad cada vez más presentes en el ámbito del cómputo. La integración de seguridad en el hardware tiene la finalidad de agilizar procesos de seguridad, no de hacer impenetrable un sistema.

[43] Esto es similar a la corriente de arranque de los motores eléctricos: Cuando el motor arranca requiere de una enorme cantidad de energía de la que requiere cuando ya está en operación normal. Pueden verse mayores detalles en: http://www.motortico.com/biblioteca/MotorTico/2013%20NOV%20-%20Corriente%20de%20Arranque%20en%20Motores%20Electricos.pdf

[44] https://www.amd.com/es/ryzen-pro

[45] https://www.intel.la/content/www/xl/es/products/processors/core/core-vpro.html

obtener de este tipo de procesadores que aseguren que se podrán utilizar las características propias de productividad y seguridad para organizaciones como las que ya se han descrito con anterioridad.

En resumen: En cargas básicas a intermedias de cómputo, se recomiendan procesadores con hasta cuatro núcleos físicos x86-64; en cargas intermedias a avanzadas (o con multimedia), se recomiendan procesadores con cuatro o más núcleos físicos x86-64. Para el manejo de múltiples subprocesos, es mucho más eficaz hacerlo con SMP que con SMT. Con la moderna funcionalidad de las aplicaciones y sistemas operativos, donde el uso de tecnologías como OpenCL 2.0 y Direct3D Compute Shader se ha ido extendiendo, ya no solo importa tomar en cuenta el rendimiento de la CPU, también lo es la potencia de cómputo integrado en las GPGPU que agregan potencia al sistema sin aumentar el consumo de energía (siempre y cuando estén integradas a la solución de procesamiento). Ya con Windows 10 en el mercado, habrá que asegurarse que la tecnología ofrecida cumpla con DirectX 12. A su vez, se recomienda requerir tecnologías de seguridad (AES, desbordamiento de búfer, arranque seguro del sistema, seguridad en los dispositivos y TPM), de ahorro de energía y de aceleración dinámica de reloj integradas al procesador (y reconocidas por el sistema operativo) para reducir el consumo de energía y, en el caso de las portátiles, alargar la duración de la batería. Es recomendable utilizar procesadores AMD PRO (AMD Ryzen PRO o AMD PRO A) o Intel Core vPro (Intel Core i7 vPro o Intel Core i5 vPro) para asegurar la funcionalidad que se requiere para la productividad.

PROCESADOR GRÁFICO

LENGUAJE GENERAL

Los procesadores gráficos (o tarjetas gráficas) son clave en los modernos sistemas gráficos para ofrecer una agradable y eficaz experiencia visual. Aunque, por lo general, en este componente suele concentrarse el requerimiento en la memoria, a decir verdad, se trata de un procesador como cualquier otro. Por ende, su rendimiento final no sólo depende de la cantidad de la cantidad y tipo de memoria con la que cuente, sino, también, de la potencia de cómputo que ofrezca. Existen distintos tipos de procesadores gráficos y uno de sus principales aspectos es ofrecer imágenes y cómputo matemático lo más rápido posible. Para ello, su potencia matemática (entre otras cosas) tiene que ser cada vez mayor, conforme se requieren resultados visuales más ágiles. Por lo general, un procesador gráfico básico (de unos, digamos, 550GFLOPS

SP[46]) es capaz de ofrecer una adecuada experiencia de cómputo para la productividad en general, y con 512MB de VRAM[47] es posible conectar hasta 3 monitores de alta definición. Sin embargo, un procesador gráfico como éste no será capaz de procesar con buena rapidez imágenes de diseño asistido por computadora (CAD) o colaborar con importantes cálculos en los procesos. Para ello es mejor tener procesadores que sean capaces de ejecutar más de 2,000GFLOPS SP (o 2TFLOPS SP) y es posible este tipo de procesadores gráficos requieran de algún tipo de certificación. En el caso de Windows 10, es importante que estos procesadores gráficos cumplan con DirectX 12.1[48], con el WDDM 2.1[49] y con UEFI[50].

LENGUAJE TÉCNICO

Como ya se ha indicado, los procesadores gráficos ahora tienen una tarea particularmente importante en el rendimiento general del equipo. Con las modernas aplicaciones que utilizan tecnologías como OpenCL 2.x y Direct3D11 Compute Shader (o DirectCompute), el procesador gráfico agrega su poder de procesamiento a las capacidades de la CPU, lo cual convierte a estos componentes en un requisito primordial[51]. Tal como se establece en una CPU, las capacidades integradas en la GPGPU son importantes para el desempeño final del equipo muy al margen de sus capacidades gráficas. Así, es necesario que la tecnología integrada a la GPGPU cumpla, al menos, con una adhesión al estándar Shader Model 5[52] que permite que puedan

---

[46] GFLOPS SP: Miles de millones de operaciones matemáticas de precisión simple en un segundo. Se trata de una unidad de medida genérica para establecer la potencia matemática de un procesador. Un FLOP es una operación de punto decimal y la precisión simple habla de una operación que ocupa 32 bits. Entre más FLOPS es capaz de realizar el procesador en un segundo, es más rápido, independientemente de la cantidad de hercios a los que funcione.

[47] VRAM=Memoria de gráficos.

[48] DirectX 12.1: Es una tecnología de Microsoft para, entre otras cosas, dibujar más rápidamente en la tarjeta gráfica y ofrecer resultados de la manera más eficiente posible.

[49] WDDM 2.1: Es la versión del modelo de controlador (Driver Model) actual en Windows 10. El WDDM se integró en Windows a partir de Windows Vista, entre otras cosas, para ofrecer mayor estabilidad y agilidad al sistema.

[50] UEFI: La Interfaz unificada extensible de Firmware es una especificación que define una interconexión entre un sistema operativo y el firmware de una plataforma. Sustituye al clásico BIOS.

[51] PMC; Stone, John E., "OpenCL: A Parallel Programming Standard for Heterogeneous Computing Systems", http://www.ncbi.nlm.nih.gov/pmc/articles/PMC2964860/

[52] Thibieroz, Nick, "Shader Model 5.0 and Compute Shader", http://twvideo01.ubm-us.net/o1/vault/gdc09/slides/100_Handout%206.pdf

realizarse con amplitud los procesos de paralelización[53]. Este esquema requiere del uso de una cierta cantidad de memoria RAM para poder funcionar adecuadamente. Lo mínimo son 512MB, aunque lo ideal son 2GB de RAM de alta rapidez (al menos, DDR4-2666MT/s CAS17 en modo Dual Channel) para ofrecer una buena capacidad de respuesta en gráficos integrados, o 1GB de RAM GDDR5 en gráficos agregados[54].

De manera paralela, existen algunas funcionalidades gráficas propias de estos componentes como son: capacidad de conexión de 3 (o más) monitores, lo cual puede incrementar la productividad entre un 30 a un 70%[55]; capacidad de administrar el despliegue virtual de las ventanas y escritorios de manera que se haga un mejor uso del espacio en la pantalla; transmisión mediante la red interna hacia equipos certificados DLNA®[56], etcétera.

Cabe destacar, nuevamente, que con la presencia en el mercado de Microsoft Windows 10, es altamente recomendable que se requiera que el procesador gráfico cumpla totalmente con la tecnología DirectX 12. Ello puede revisarse directamente con el comando dxdiag en Windows 10, con lo que aparecería una imagen como la que a continuación se muestra.

---

[53] Luis Franco, "Parallel Series: Programación paralela con .NET Framework 4.0", Ordeeno, https://www.youtube.com/watch?v=2axRAjrXDME

[54] A este tipo de gráficos también se les conoce como "Discrete graphics", que mal-se-traducen a "Gráficos discretos". En realidad se trata de gráficos agregados a través de lo que se conoce como Tarjetas gráficas.

[55] Core Communication; Kane, Kevin, "4 Studies which Show that Using a Second Monitor Can Boost Productivity", http://www.corecommunication.ca/4-studies-which-show-that-using-a-second-monitor-can-boost-productivity/

[56] DLNA http://www.dlna.org/

En resumen: Para aprovechar las capacidades del moderno procesamiento heterogéneo, es necesario solicitar procesador gráfico que cumpla con el estándar Shader Model 6 (particularmente, con DirectX 12), que cuente con acceso al menos a 512MB de RAM (idealmente ~2GB de RAM que puede ser compartida) de alta rapidez en gráficos integrados, o de 1GB de RAM GDDR5 en gráficos agregados, y que ofrezca conectividad a través de DisplayPort 1.3 o HDMI 2.0 para ofrecer la conexión a más de un monitor.

MEMORIA

LENGUAJE GENERAL

A lo largo del tiempo, no es un secreto que los procesadores han aumentado su rendimiento muy por encima de lo que el resto de los componentes del equipo ofrecen. De hecho, esto está claramente indicado por John McCalpin, decano de la Universidad de Texas, que en su Blog establece[57]:

> *"Las CPU se han hecho mucho más rápidas en menor tiempo que la memoria de los sistemas. Conforme esto sucede, más y más programas estarán limitados en su rendimiento por la tasa de transferencia de la memoria del sistema, en lugar del rendimiento de cómputo de la CPU. Como ejemplo extremo, la mayor parte de los equipos de alto rendimiento ejecutan kernels aritméticos simples para operandos fuera de la caché a 1-2% de su rapidez máxima. Ello significa que el 98-99% del tiempo [los procesadores] se encuentran inactivos en espera de que las fallas de caché (cache misses) sean resueltas".*

Lo anterior se traduce a que el procesador puede estar pasando casi todo el tiempo a la espera de recibir de la memoria RAM algún dato que haya solicitado. En definitiva, ello puede afectar seriamente el rendimiento de un equipo. Ante lo anterior, es de suma importancia verificar la cantidad y eficiencia de la memoria que se instala en los equipos de cómputo para obtener el mejor rendimiento posible. A pesar de que la rapidez de la memoria no sea ni la sombra de la rapidez del procesador en sí, lo cierto es que su rapidez es mucho mayor que la de cualquier otro dispositivo (como unidades SSD o de Disco Duro) del sistema. Cabe hacer notar que mientras más núcleos tenga un procesador, mayor cantidad de recursos (como la memoria RAM) requerirá del

---

[57] University Of Texas, McCalpin, John, "John McCalpin's blog. Dr. Bandwidth explains all", http://sites.utexas.edu/jdm4372/2010/10/01/welcome-to-dr-bandwidths-blog/

sistema. Como regla general, con los actuales sistemas operativos de 64 bits, por cada núcleo x86-64 al menos deben instalarse 2GB de RAM (por ejemplo, 8GB en procesadores de 4 núcleos), aunque lo ideal serían 4GB de RAM por cada núcleo. Sin embargo, será altamente recomendable contar con, al menos, 8GB de RAM en modo Dual Channel (2x4GB) para satisfacer las necesidades de los sistemas operativos y software actual y del venidero, aunque con las nuevas tecnologías no es descabellado partir de 16GB (en modo Dual Channel: 2x8GB).

LENGUAJE TÉCNICO

La verdadera cantidad total de RAM recomendada dependerá de la cantidad y tipo de aplicaciones que se espere tener abiertas al mismo tiempo (donde cada requerimiento mínimo de RAM por aplicación se suma a los requerimientos de RAM del resto de las aplicaciones [donde se incluye sistema operativo y antivirus] que estén abiertas al mismo tiempo). Es decir, si Microsoft Windows 10 recomienda un mínimo de 2GB[58] de RAM para funcionar, el antivirus requiere de 1GB[59], Microsoft Word 365 requiere de 2GB[60], Microsoft Excel 365 requiere de otros 2GB y Microsoft Outlook 365 requiere de otros 2GB, y todos estos programas se abrirán al mismo tiempo, el ideal para el equipo de cómputo en cuestión sería de 9GB de RAM. Con una menor cantidad de RAM, el sistema tendería a realizar un intercambio (swapping) de memoria en el disco duro[61]. En el artículo relacionado con este tema de Computerhope (2015) se nos hace mención que el gran problema del swapping es el efecto de hiperpaginación o thrashing[62], que afecta seriamente el rendimiento del equipo, dado que el disco duro (y la unidad de Estado Sólido) es extraordinariamente lento comparado con la rapidez de la memoria RAM (menos del 1% de la rapidez de la RAM). Por ende, si el sistema no tiene una adecuada cantidad de memoria RAM, su rendimiento se verá seriamente afectado sin importar el tipo de procesador que se instale. Andrew Cunningham (2012) nos invita a que recordemos que los requerimientos mínimos del sistema nunca serán suficientes para ejecutar bien un sistema o aplicación.

---

[58] Microsoft Windows 10 System Requirements, https://www.microsoft.com/en-us/windows/windows-10-specifications#sysreqs
[59] System requirements for Norton Antivirus, https://support.norton.com/sp/en/us/home/current/solutions/v63066051_EndUserProfile_en_us
[60] Office 2016 System requirements, https://products.office.com/en/office-system-requirements
[61] Programmerinterview.com, What is the purpose of swapping in virtual memory?, http://www.programmerinterview.com/index.php/operating-systems/purpose-of-swapping/
[62] Thrashing, http://cs.gmu.edu/cne/modules/vm/blue/thrash.html

MEMORIA: RAPIDEZ DE ACCESO

LENGUAJE GENERAL

No siempre un mayor valor traerá mayor rendimiento. Por desgracia, en términos mercadológicos, se ha dado en ofrecer la memoria por su tasa de transferencia sin tomar en cuenta ningún otro dato—por ejemplo: ofrecen memoria DDR4-2666 como único argumento para decir que es algo muy superior a la DDR3-1600. Las memorias RAM, además de sus tasas de transferencia, cuentan con diversas características que pueden agilizar o lentificar su funcionamiento. Por lo general, las memorias RAM integradas de manera predeterminada en los sistemas tienen características conservadoras para mejorar, en lo posible, la estabilidad de los sistemas (particularmente, los de productividad). Ello es, definitivamente, bueno, pero también puede zaherir el rendimiento del equipo. Si tiene la posibilidad de leer los datos del Lenguaje Técnico, podrá ver cómo el Tiempo de respuesta de la memoria RAM juega un papel muy importante en la determinación de la rapidez de la memoria. En general, una mayor rapidez de respuesta de la memoria siempre apoyará de manera decidida el rendimiento del equipo. De ser posible, prefiera, al menos, memoria RAM DDR4-2400 CL17. Idealmente, con un CL inferior el rendimiento puede mejorar de manera significativa (CL15 podría idealmente agilizar el funcionamiento de la máquina en un ~10%).

Otro detalle es procurar solicitar que la memoria RAM esté configurada en modo Doble canal o Dual Channel. Ello significa que prácticamente se duplica la rapidez de transferencia de datos. Para lograr que el doble canal funcione, se debe contar con varias características:

1. Que el procesador lo soporte
2. Que la placa base lo soporte
3. Que los módulos de memoria sean simétricos (idénticos).

Si bien todos los aspectos son importantes, uno de los que más problemas genera es el último. Como el doble canal se trata de instalar dos módulos de memoria en el sistema, muchos optan por simplemente comprar un segundo módulo e instalarlo. Ello, en muchas ocasiones, puede traer una fuerte inestabilidad del sistema (pantallas azules, atascamientos del sistema, corrupción de datos) que puede llegar al nivel de no poder trabajar con la máquina. Los módulos por instalar en modo Doble Canal deben ser idénticos (misma capacidad, misma tasa de transferencia, misma latencia, misma marca y, de ser posible, hasta mismo lote). Si se observan estas características, definitivamente la computadora podrá ofrecer mejores resultados.

LENGUAJE TÉCNICO

Cabe hacer notar un punto respecto a la rapidez de acceso de la memoria[63]. Los datos en la memoria RAM casi nunca están a la mano, y es por eso que existe una latencia desde que se recibe la orden de leer los datos hasta que el primero de ellos se devuelve, pues no se puede predecir siempre dónde están los datos. Así, el acceso a los datos no es directamente proporcional a la rapidez establecida en MT/s. Para el caso que nos ocupa, la latencia que realmente importa es la que determina el tiempo para cerrar cualquier fila abierta de datos, más el tiempo para abrir la fila deseada, seguido del tiempo necesario para leer los datos que allí se encuentran. A este tiempo se le conoce como latencia CAS, y determina el tiempo que pasa desde que recibe la orden de leer hasta que se pone a disposición la primera pieza de los datos resultantes. Así, entre menor sea la latencia CAS, será más rápido el acceso a los datos. El problema es que la memoria RAM tiende a ser vendida básicamente en su rapidez en MT/s (como son 1600MT/s en DDR3 o 2666MT/s en DDR4), y si no se toma en cuenta la latencia CAS el resultado puede no ser el esperado en cuanto a rapidez real. Ahora bien, siempre será importante traducir las latencias a tiempos absolutos para tener una comparación adecuada, particularmente cuando hay diferencias en los MT/s o en las tecnologías. La rapidez de acceso se obtiene en nanosegundos (ns), de modo que, entre menos nanosegundos, la rapidez de acceso será más rápida. Así, para medir la rapidez de acceso a la memoria hágase lo siguiente:

Se obtiene el valor de latencia CAS establecido por el fabricante de la memoria RAM que se trate (por ejemplo, comúnmente la memoria DDR4 presente en equipos de productividad de 2133MT/s tiene una latencia CAS de 15 y la DDR4 de 2666 la tiene de 19. Lo anterior se representa como CAS15 y CAS19 o CL15 y CL19 respectivamente).

Se obtiene la tasa de transferencia de la memoria. La tasa de transferencia es el valor que normalmente se provee con la memoria RAM. Por ejemplo, si se dice que la memoria es DDR4-2133, el 2133 es la tasa de transferencia[64] (2133MT/s).

Se aplica la siguiente fórmula:

$$TiempoAcceso_{ns} = \left((CAS * 2) * \left(\frac{1}{TasaTransferencia} \right) \right) * 1000$$

---

[63] Sun, Colin, "Memory Bandwidth vs Latency Timings",
http://www.pcstats.com/articleview.cfm?articleID=873
[64] Algunos inescrupulosos dicen que se trata de los Hz de la memoria. Eso es falso. Los Hz de la memoria DDR son exactamente la mitad de la Tasa de Transferencia. Así, una memoria DDR4-2400 funciona a 1200MHz.

Para el caso de la memoria DDR4-2133 (CL15) y la DDR4-2666 (CL19), el resultado sería el siguiente:

$$\left((15 * 2) * \left(\frac{1}{2133}\right)\right) * 1000 = 14.06ns$$

$$\left((19 * 2) * \left(\frac{1}{2666}\right)\right) * 1000 = 14.25ns$$

Como puede verse en el ejemplo anterior, aunque los MT/s de la memoria DDR4-2666 son mayores, la combinación con la latencia hace que la rapidez de acceso sea marginalmente inferior que la memoria DDR4 de 2133MT/s. Es importante conocer esta información para evitar ser sorprendido con valores que podrían no traer beneficios directos a la productividad. Una memoria RAM DDR4-2666MT/s CAS15 sí puede ofrecer tiempos de acceso significativamente menores (11.24ns) con lo que se puede agilizar la rapidez de la máquina.

Finalmente, hay quienes ofrecen la memoria RAM en términos de transfers (DDR4-2666) o en términos de MB/s (PC4-21300). En realidad, ambos significan lo mismo. Cuando se ofrece la memoria en términos de la tasa de transferencia, se maneja, directamente, su valor después del DDR4 (DDR4-2666MT/s, en este caso). Cuando se ofrece en términos del pico teórico de transmisión de datos que es capaz de ofrecer, se multiplica la tasa de transferencia (2666 en este caso) por 8 (porque el bus de la memoria DDR es de 64 bits, o sea, 8 Bytes) con lo que la unidad de medida cambia de MT/s a MB/s. El resultado en este caso es 21,328 lo cual se redondea a 21,300MB/s. Cuando la memoria se coloca en modo Dual Channel, este pico teórico se duplica (42,656MB/s) debido a que se duplica el bus de la memoria a 128 bits (16 bytes).

En resumen: Es MUY recomendable solicitar los equipos con, al menos, 8GB de RAM (2x4GB), aunque lo ideal serían 16GB de RAM (2x8GB) PC4-21300 DDR4-2666MT/s CAS19 Dual Channel mode en equipos de escritorio, y PC4- PC4-19200

DDR4-2400MT/s CAS17 Dual Channel mode en equipos portátiles, para que el equipo pueda funcionar mínimamente bien y reducir el uso de la paginación, intercambio o swap en el disco. Entre mayor cantidad de memoria RAM, mejor. Cabe insistir en el uso del modo Doble Canal[65] pues su uso puede tener un decidido efecto positivo en la capacidad final de respuesta del equipo. En cuanto al uso de memoria DDR4, tendrá más sentido cuando alcance el esquema PC4-25600 DDR4-3200MT/s CAS19, pues una especificación menor de MT/s puede no traer beneficios tangibles en el rendimiento del equipo. Sin embargo, las memorias que se instalan en los equipos de productividad normalmente tienen ajustes muy conservadores para asegurar, en lo posible, la estabilidad.

Advertencia: Se ha estado dando la situación en que se promueven "soluciones" de caché para, aparentemente, ofrecer un mejor rendimiento con una menor cantidad de RAM física. De hecho, se ha estado malinformando de sistemas que, con una combinación de memoria caché M.2 y RAM, ofrecen aparentes "capacidades" de memoria de 20 o 24GB[66]. **Esto es incorrecto.** El uso de una memoria caché, como la 3d XPoint (ofrecida en el mercado como Optane) o alguna otra, no sustituye a la memoria RAM. La limitante de un bus M.2 establece una rapidez máxima de 4GB/s mientras que la RAM puede tener una rapidez que puede superar los 32GB/s. Lo único que se pretende hacer es agilizar el acceso al disco duro estándar con este tipo de cachés, pero ello jamás sustituirá a una buena cantidad y rapidez de memoria RAM. Se lograrán mejores accesos con unidades M.2 NVMe independientes en conjunto con, de ser necesario, una unidad de disco duro, y una buena cantidad de memoria RAM, que lo que se obtendría con una combinación "mágica" de Disco Duro y alguna "solución" como Optane o StoreMI. Evite caer en trampas mercadológicas.

UNIDAD DE ALMACENAMIENTO

LENGUAJE GENERAL

En este ámbito, es requerido hacer un profundo análisis de lo que se requiere: rapidez o capacidad[67]. Con las actuales tecnologías, es difícil elegir ambas.

---

[65] Hardware Secrets; Torres, Gabriel, "Everything You Need to Know About the Dual-, Triple, and Quad-Channel Memory Architectures", http://www.hardwaresecrets.com/article/Everything-You-Need-to-Know-About-the-Dual-Triple-and-Quad-Channel-Memory-Architectures/133/1
[66] Véase: https://www.techpowerup.com/245256/wishful-thinking-disingenious-marketing-intels-optane-being-marketed-as-dram-memory
[67] No todo se puede en la vida y en más ocasiones de las que se piensa se dan unas por otras (Quid pro quo) en el ámbito de la computación.

Si lo que se requiere es **rapidez**, la opción sería decantarse por Unidades de Estado Sólido (SATA-III o M.2, rapidez de 500MB/s E/S o más) cuyas capacidades oscilan entre 60 y 2000GB. Uno de los grandes beneficios de las unidades de Estado Sólido se concentra en su altísima rapidez de acceso (más de 250MB/s y más de 3GB/s en SSD M.2 NVMe PCIe3) y el tiempo medio entre fallas (MTBF) que se encuentra en ~1 millón de horas. Ello significa que en unas 1000 unidades se presentarán alrededor de 3 fallas dentro de la garantía cada seis meses (aproximadamente)[68]. En términos de las desventajas, la más importante se encuentra en los precios, donde se podría llegar a tener una relación de .41USD/GB (es decir, que cada GB podría costar hasta 41¢ de dólar). No obstante, conforme se están popularizando, esta relación de costo/capacidad se ha ido reduciendo.

Si lo que se requiere es **capacidad**, la opción sería decantarse por Unidades de Disco Duro (SATA-III, 7200RPM o 5400RPM), cuyas capacidades oscilan entre 320 y 6000GB. Entre sus grandes beneficios se encuentra la enorme capacidad de almacenamiento ofrecida a precios realmente bajos (con relaciones que podrían ser de .03/GB, es decir que cada GB podría costar unos 3¢ de dólar). Entre sus desventajas se encuentra la raquítica rapidez de acceso que ofrecen (hasta 120MB/s, misma rapidez que se degrada paulatinamente conforme se llena de datos hasta llegar a niveles inferiores a los 50MB/s[69]), la generación de calor (las unidades de 7200RPM tienden a generar más calor que las de 5400RPM), y el tiempo medio entre fallas (MTBF) que se encuentra en ~30 mil horas (es decir, en unas 1000 unidades se presentarán ~290 fallas dentro de la garantía cada seis meses [fallas que pueden ser menores, como errores de escritura o lectura][70]).

Si lo que se requiere es un equilibrio entre **rapidez y capacidad**, la opción sería decantarse por unidades híbridas SSD+HD (también conocidas como SSHD) (SATA-III, NAND 16GB, HD 7200RPM), cuyas capacidades se encuentran entre los 500 y 4000GB. Entre sus grandes beneficios se encuentra la enorme capacidad de almacenamiento con precios competitivos, así como la aceleración ofrecida por la integración de una memoria NAND (similar a la utilizada en las modernas unidades SSD) que oscila entre

---

[68] Hardcoreware; Nelson, Carl, "Understanding MTBF in SSD – What Does an SSD's MTBF Mean for You?", http://www.hardcoreware.net/mtbf-ssd-what-does-it-mean-for-you/
[69] La pasmosa lentitud de las unidades HDD ha traído consigo la generación de alternativas que permitan acelerar un tanto el acceso a sus datos. Si bien han existido una miríada de alternativas, en la actualidad las más conocidas son Microsoft ReadyBoost e Intel Optane. Ambas tienen la misma finalidad: ofrecer un medio alternativo para almacenar el archivo de paginación (y ofrecer una especie de memoria intermedia o caché para los datos más utilizados) para aliviar un tanto el yugo que significa para la computadora tener que utilizar el disco duro. La opción más simple y económica, debido a que puede instaurarse con alguna unidad DiskOnKey USB o SD, es Microsoft ReadyBoost. La única condición es utilizar dispositivos de alta rapidez (digamos, de 30MB/s o más).
[70] ArsTechnica; Bright, Peter, "Putting hard drive reliability to the test shows nota all disks are equal", http://arstechnica.com/information-technology/2014/01/putting-hard-drive-reliability-to-the-test-shows-not-all-disks-are-equal/

8 y 24GB que es donde, por lo general, se instala el sistema operativo y su grupo de bibliotecas, así como el archivo de paginación. El precio también parece estar bastante equilibrado (unos .05USD/GB, es decir que se podrían pagar 5¢ de dólar por cada GB). Entre las desventajas se encuentra una menor rapidez respecto a una unidad SSD nativa (pues al conectarse a un puerto SATA la tasa de transferencia no superará los 600MB/s), con los mismos efectos colaterales que un disco duro estándar conforme se va llenando de datos, la generación de calor, y un tiempo medio entre fallas (MTBF) similar al de los discos duros estándar (alrededor de 30 mil horas). Este tipo de soluciones agregan tecnologías que pueden ser aprovechadas en los modernos sistemas operativos, como Windows 10, para agilizar el acceso a datos y mejorar la confiabilidad de la información almacenada.

Como referencia general, las temperaturas idóneas de operación de los discos duros se encuentran entre los 25° y los 40°C. Si un disco opera entre 41° y 50° se considera que está en el umbral aún aceptable de operación. Por lo general, la temperatura máxima de un disco duro estándar es de 60°C. Si las temperaturas de un disco están por debajo o por encima de esos valores, serán propensos a fallas y, por ende, serán poco confiables.

En resumen: Lo que se sugiere, si el espacio para albergar las unidades de almacenamiento en el equipo es limitado, es utilizar unidades híbridas SSHD que permitan acelerar el acceso a la información en conjunto con el uso de Sistemas Operativos que puedan aprovechar mejor las capacidades de acceso del sistema. Si pueden instalarse dos unidades SATA-III o una M.2, puede colocarse una unidad SSD (M.2 o SATA-III) de baja capacidad (unos 128GB) y un Disco Duro estándar de 7200RPM de manera que el sistema operativo se instale en la unidad SSD y los datos se puedan guardar en el disco duro. Para ello, lo único que se tendría que hacer es redirigir el almacenamiento de las carpetas de documentos y otras hacia el disco duro para que allí se almacene toda la información. Sólo habría que hacer clic con el botón derecho en la carpeta seleccionada (digamos, Documentos), seleccionar Propiedades del menú contextual que aparezca, y hacer clic en la ficha Ubicación. Allí se indica la unidad de disco donde se almacenará la carpeta y Windows 10 se encargará de colocar allí toda la información que se guarde en ella. De acuerdo con las necesidades del Usuario y el uso que se le dará al equipo, podrían solicitarse unidades de 500GB a 1TB. Esta solución reflejará mucho mejor el rendimiento del sistema que el procesador en sí. Una unidad de disco de 7200RPM tendrá un mejor tiempo de respuesta, pero consumirá mayor cantidad de energía y, por ende, generará mayor cantidad de calor. Una unidad de disco de 5400RPM reducirá el consumo de energía y funcionará con una temperatura menor, pero castigará el tiempo de respuesta. Finalmente, y como comentario al margen, sería muy recomendable que se cifraran las unidades de disco con Bitlocker (o alguna otra utilería, aunque pocas razones encuentro para usar otra que no sea Bitlocker) para reducir la posibilidad de que los datos sean sustraídos del equipo sin permiso. El cifrado podría reducir el rendimiento del equipo, pero al utilizar características integradas en el harware, la lentificación podría no ser significativa— aunque sí el beneficio de tener mayor seguridad en los datos.

Si quiere utilizar una caché "inteligente" para agilizar el acceso al disco duro, existen opciones como Intel Optane, AMD StoreMI, Enmotus FuzeDrive, Romex PrimoCache, Microsoft ReadyBoost, y otras. Algunas tienen costo, y algunas otras no. Puede experimentar con estas tecnologías que, como ya se indicó en el apartado de Memoria RAM, no sustituyen a la Memoria RAM.

EL SOFTWARE

La computadora no sólo se compone de hierros, necesita un "alma" para poder ser útil.

Entremos a la parte poética: Comparémoslo, por ejemplo, con un ser humano: el cuerpo de un humano por sí solo es un ente inerte, sin vida. Una persona tiene un aliento de vida que anima a ese cuerpo, que lo hace funcional, que le permite pensar y realizar acciones.

Finalizamos la parte poética y lo mismo se aplica en el caso de una computadora, el adquirir un conjunto de hierros y pensar que "ya se tiene una buena computadora" es equivalente a decir que por adquirir un cadáver "ya se tiene un buen cuerpo y ya". En realidad, una "buena computadora" resulta de la adecuada combinación de tres elementos primordiales: El hardware (los componentes del equipo), el software (los programas, aplicaciones y datos que en ella funcionan) y el usuario (la persona que utiliza al equipo). Si alguno de estos tres elementos falta, la computadora se convierte en algo inútil: si la computadora tiene hardware y software, pero no hay usuario que la utilice o le saque provecho, es inútil; si tiene hardware y usuario, pero no se cuenta con software, es inútil; si tiene usuario y software, pero no hay hardware, es inútil.

El software es todo aquel componente etéreo de la computadora que hace que ésta realice algún proceso. También son los datos necesarios para realizar tal proceso, y los que se obtienen como resultado de él (hay otros resultados que se obtienen por otros medios, como impreso o sonoro). Existen dos tipos primordiales de software: los programas y los datos. Los primeros son secuencias funcionales que le indican a la computadora qué hacer y cómo hacerlo. Los segundos son los medios de los que se valen los programas para su funcionamiento. Los programas establecen procesos. Los datos son orígenes y resultados de los procesos. En ambos rubros, existe una enorme gama de variedades con finalidades muy específicas. Los programas pueden ser de tipo sistema, controlador y aplicación, entre otros. Los datos pueden ser del tipo estático (archivos de texto plano, de configuración, de imágenes, de sonido, etcétera), o dinámico (bases de datos, bases de datos relacionales, archivos de datos, etcétera).

En esta sección nos concentraremos en las características del software del equipo, particularmente del sistema operativo.

SISTEMA OPERATIVO

LENGUAJE GENERAL

A grandes rasgos, un sistema operativo es un software que le permite a la computadora saber con qué cuenta y cómo puede funcionar de la mejor forma posible. El sistema operativo establece la forma en que deben grabarse y leerse las diversas unidades de disco, cómo debe hacerse el despliegue de elementos en la pantalla, cómo deben enviarse señales sonoras a los dispositivos de sonido, cómo deben interpretarse los impulsos provenientes del teclado y el ratón, etcétera.

Ello, definitivamente, nos habla de una característica que no puede escapar a la definición: entre mejor se lleve a cabo tal administración, mejor será la funcionalidad de nuestra computadora. Así pues, entre mejor sea administrado el equipo y sus facultades por el sistema operativo, mayor será la calidad, eficacia y eficiencia del equipo. Sin embargo, no todos los sistemas operativos están orientados a los mismos nichos de mercado (aunque todos tienen la misma misión de controlar al equipo). Hay sistemas operativos que están orientados al mercado del hogar, otros orientados al del entretenimiento, al empresarial, al de los procesos industriales, a los procesos multimedia, a los teléfonos celulares, a las tabletas, a los sistemas incrustados, y a los procesos científicos y de misión crítica, entre otros. Aunque la anterior lista no es exclusiva (ni exhaustiva), gran parte de las tareas de la computadora se centran en tales rubros. En lo que se refiere a Microsoft Windows, se cuentan con dos[71] ediciones específicamente orientadas a la productividad: Microsoft Windows 10 Pro (para empresas micro, pequeñas y medianas), Microsoft Windows 10 Enterprise (para empresas medianas, grandes, corporativos y organizaciones grandes). Por lo general, una máquina orientada a la productividad integrará, al menos, Microsoft Windows 10 Pro.

Como regla de oro, a hardware nuevo, software nuevo. Lo más recomendable es instalar la versión reciente del Sistema Operativo (que, al momento de este escrito, en el caso de Windows 10, es la 1809) para aprovechar lo mejor posible las características

---

[71] En realidad, Microsoft Windows 10 cuenta con más de 2 ediciones orientadas a la productividad. Sin embargo, las más comunes son las que aquí se establecen. Para ver mayores detalles, visite: https://www.microsoft.com/en-us/windowsforbusiness/compare

del hardware. Ello es especialmente importante con las generaciones actuales de procesadores, pues a partir de la 7ª generación de los procesadores AMD A PRO e Intel Core vPro (modelos 9000 y 7000 respectivamente) no se puede instalar una versión anterior de Windows pues Microsoft no certifica su uso para ello. Y hay razón. Windows 7 fue lanzado en 2009 para administrar el hardware disponible en esas fechas (y, cuando mucho, hasta el 2011). Windows 10 fue lanzado en 2015 y cada cierto tiempo tiene actualizaciones en su kernel[72] para reconocer el hardware reciente y utilizarlo mejor (la versión actual es la 1809). Windows 10 1809 podrá reconocer y administrar mejor los recursos del nuevo hardware que un sistema operativo que administraría el hardware como en el 2009[73]. En general, la fecha de emisión del kernel puede dejarle entrever mucho de qué hardware podrá administrar mejor el sistema operativo (y, por ende, tener una mejor funcionalidad, pues un sistema operativo demasiado nuevo en un hardware muy viejo podría traer, también, una magra experiencia de cómputo):

Versión Kernel	Nombre comercial	Fecha de lanzamiento
6.1	Windows 7	22/octubre/2009
6.2	Windows 8	26/octubre/2012
6.3	Windows 8.1	17/octubre/2013
10	Windows 10	29/julio/2015
10 (1809 10.0.17763.195)	Windows 10	13/noviembre/2018

Luego de su lanzamiento, el kernel del sistema operativo es capaz de administrar con eficiencia hardware que haya aparecido, en promedio, hasta dos años después de la fecha en la que el kernel fue lanzado en el mercado. De hecho, la fecha de lanzamiento pone muy en evidencia el tipo de hardware sobre el que se pudo haber basado el sistema operativo para funcionar de manera óptima. Hay cierta funcionalidad integrada en el hardware que, si no es reconocida por el sistema operativo, definitivamente no se utiliza y, por ende, se desperdicia. Por ello es por lo que comprar nueva tecnología de hardware y ponerle un sistema operativo antiguo no hace sino desperdiciar supinamente la inversión.

En equipos de escritorio Microsoft Windows 10 funciona, en general, de manera nativa en procesadores AMD A de la serie 7000 en adelante y toda la línea AMD Ryzen PRO, así como en procesadores Intel Core vPro de la serie 4000 en adelante. En modelos anteriores de estos procesadores, Windows 10 puede funcionar de manera

---

[72] Kernel = Núcleo del sistema operativo. Es la parte más importante del sistema operativo, pues es la que se encarga de realizar la comunicación entre el hardware y el software.
[73] En muchas ocasiones, ésta es la razón por la cual los usuarios no perciben mejoras en el rendimiento del sistema, pues el sistema operativo tiende a omitir la administración de las nuevas características del hardware.

compatible, lo que significa que no se podrán aprovechar a cabalidad las características de este sistema operativo. En la publicación de este escrito (1 semestre de 2019), los procesadores disponibles son AMD PRO A serie 9000, AMD Ryzen PRO series 1000 y 2000, Intel Core vPro series 7000 e Intel Core vPro series 8000.

SISTEMA OPERATIVO: USO DE VERSIONES ANTERIORES

Es posible que haya algunos programas o aplicaciones que se utilicen en la organización que no puedan instalarse, sean inútiles o tengan problemas de compatibilidad con la nueva versión del sistema operativo. La primera sugerencia sería que se obtuvieran versiones actualizadas de esos programas para ser utilizados en el nuevo sistema operativo. Si esta consideración está fuera del alcance o del presupuesto, podría considerarse el uso de una máquina virtual para instalar la versión del sistema operativo que se trate y, allí, instalar el o los programas que necesite. Los equipos de cómputo para productividad (es decir, que tienen la línea de procesadores AMD PRO [A o Ryzen] o Intel Core vPro i5 o superior[74]) integran virtualización por hardware, lo cual significa que podrá utilizar máquinas virtuales para ejecutar sus programas. Tan sólo haga que aparezca el Administrador de tareas de Windows 10 y, en la ficha Rendimiento, verá si tiene habilitada la virtualización por hardware. Vea la siguiente imagen:

---

[74] Algunos procesadores de las líneas AMD no-PRO E, A o Ryzen, así como Intel Core i3, Pentium y Celeron también integran virtualización. Sería importante ver la referencia de su procesador.

Aquí es evidente que está habilitada la virtualización por hardware. Así podrá hacer uso de Hyper-V, que viene integrado en Windows 10, o de algún otro virtualizador de terceros para instalar la máquina virtual que requiera[75]. A continuación, puede ver una imagen de Windows 7 corriendo en una máquina virtual de Oracle VM VirtualBox:

---

[75] Será importante consultar con Microsoft el licenciamiento que corresponda a la instalación de un sistema operativo de esta empresa en la máquina virtual para evitar caer en incumplimiento de licencia o problemas más graves.

Y una imagen de Windows XP en el mismo virtualizador.

Podría existir la posibilidad de generar una imagen de referencia (vea el Apéndice E) con Windows 10 de 32 bits. Si bien es posible que no existan todos los drivers para este tipo de versión del sistema operativo, es muy probable que aplicaciones antiguas funcionen adecuadamente si esta versión del sistema operativo se instala en la computadora. Hay que tomar en cuenta que esta versión no funciona con el UEFI, por lo que se tiene que activar el CSM en el BIOS. También, es seguro que no se podrá tener acceso a más de 4GB de RAM en total, por lo que la memoria RAM restante se desperdiciaría. Sin embargo, en programas antiguos que aún requieren de acceso al hardware en 16 bits, será mucho mejor instalar Windows 10 de 32 bits que un Windows 7 de 32 bits.

Finalmente, poco se recomienda el uso de versiones anteriores (o downgrade) de un sistema operativo, lo cual se refiere a instalar en un equipo nuevo un sistema operativo anterior. Ésta debería ser una decisión extrema por considerar cuando existan, primordialmente, problemas de compatibilidad con hardware (componentes) o con software respecto a un sistema operativo nuevo, o cuando el esquema de licenciamiento de usar máquinas virtuales se vuelva muy oneroso, o si determinado software funciona mejor si está directamente instalado en el sistema operativo EN la computadora y no en una máquina virtual. En cuanto a hardware anacrónico, podrían haber impresoras, lectores de huella digital, tablillas de dibujo, dispositivos de conexión serial (RS-232c), digitalizadores (escáneres), y una miríada de componentes que, simplemente, carezcan de controladores en el nuevo sistema operativo y que, por ende, sea imposible utilizarlos cuando estos componentes sean importantes para la productividad empresarial. Si la incompatibilidad es por software y las opciones de su actualización o de las máquinas virtuales no son viables, entonces se debe usar una versión anterior (downgrade) el sistema operativo. Cabe hacer notar que al usar una versión anterior del sistema operativo:

- Se podrían desperdiciar ciertas funcionalidades del hardware por incapacidad de administración del kernel del sistema operativo por instalar.
- Se podría reducir la rapidez y eficiencia energética de la computadora.
- Se podrían tener problemas de estabilidad.
- Se podría tener la incapacidad de que algunos componentes de la máquina sean reconocidos por falta de controladores en el anterior sistema operativo.
- Se podría perder soporte tanto del fabricante del sistema operativo como del equipo de cómputo.
- Se podría reducir la seguridad del equipo.
- Algunos otros problemas propios del anacronismo del kernel del sistema operativo en el hardware reciente.

Ante ello, si no queda otra opción, deberá usar una versión anterior del sistema operativo en la computadora. Pero procure que ésta sea la solución extrema, la última. En lo que corresponde a Microsoft, existe una limitante importante para poder instalar un sistema operativo anterior en hardware nuevo: El procesador donde se instale debe ser, máximo, de 6ª generación[76]. Es decir, en el caso de AMD se puede instalar hasta en las APU A PRO o A serie 8000, y en el caso de Intel en las CPU Core i serie 6000[77]. Cualquier intento de instalar Microsoft Windows 7 en procesadores de modelos posteriores traerá consigo una anulación de soporte de Microsoft, con lo que no se cargarán actualizaciones del sistema operativo. Si instala Microsoft Windows 7 en procesadores AMD PRO serie 9000 o Ryzen en adelante, o en Intel Core i serie 7000 en adelante, al querer instalar las actualizaciones obtendrá un mensaje como el siguiente:

En la siguiente tabla tendrá más clara la compatibilidad de Downgrade

Procesador	Compatibilidad
AMD APU PRO hasta modelo 8000	Microsoft Windows 7 y Windows 10
AMD APU PRO a partir del modelo 9000 y AMD Ryzen PRO en todos sus modelos	Microsoft Windows 10
Intel Core vPro hasta modelo 6000	Microsoft Windows 7 y Windows 10
Intel Core vPro a partir del modelo 7000	Microsoft Windows 10

---

[76] Ello tiene que ver con el diametral cambio de arquitectura de hardware que ha ocurrido desde el 2009 que apareció Windows 7 hasta la actualidad. En gran medida, se tiene que emular la arquitectura propia del 2009 para que Windows 7 pueda funcionar en equipos nuevos. Ello trae consigo, entre otras cosas, serios problemas de lentificación del sistema que, posteriormente, son achacados a Microsoft (cuando, en realidad, el problema es haber utilizado una versión anterior del sistema operativo de la computadora).
[77] Esta limitación no existe si se requiere instalar Windows 10 de 32 bits.

Lo más recomendable es que se haga lo posible por actualizar el hardware o el software que no deja que se utilice un nuevo sistema operativo, de modo que pueda aprovechar la potencia del nuevo equipo a cabalidad. Es menester recordar que el principal problema de utilizar sistemas operativos—o software o hardware—anacrónico se centra en la seguridad. (Shinder, 2016)

Es curioso cómo algunos autores, como Ernie Smith (2017), hacen referencia que los sistemas operativos son las cucarachas de la revolución digital: Están por todos lados, se esconden en grietas de bajo nivel, y la mayoría de las veces uno no se da cuenta de que allí están hasta que atraen la atención.

SISTEMA INTEGRAL

Hay una gran cantidad de elementos que podrían tomarse en cuenta para la correcta configuración de equipos para la productividad. En cuanto a **seguridad**, los equipos solicitados deben integrar opciones adicionales de seguridad como BIOS protegidos por contraseña, cifrado de información mediante, al menos, TPM 2.0, arranque seguro del sistema, inicio de sesión mediante tarjetas de acceso y medios biométricos, etcétera. En cuanto a **características del sistema**, que se refiera a soluciones especialmente diseñadas para la productividad de oficina (y, de acuerdo con el uso o cometido, que cumplan con MIL-STD-810G o con pruebas equivalentes y aprobadas, como caída, choque funcional, vibraciones, polvo, humedad, altitud, alta temperatura, baja temperatura, choque de temperatura, arena, atmósfera explosiva y congelamiento/deshielo) con garantías de 3 (o más) años. Lo anterior, en su conjunto permitirá a El Usuario elegir un equipo completo con capacidades de rendimiento y respuesta mucho más allá de un elemento unívoco como la CPU.

Por lo general, los equipos orientados a la productividad están basados más en soportar el trajín laboral diario que en ofrecer un agradable diseño. Los monitores, por ejemplo, cuentan en sus pantallas con capas de material antirreflejante, protectores de rayos UV, protectores contra miradas intrusivas, y otras características para proteger la vista y la piel de la exposición continua por las largas jornadas laborales. Los teclados están fabricados para aguantar durísimas y extensas sesiones de trabajo, donde los símbolos de las teclas no se borran (o tardan mucho tiempo en borrarse) y tienden a ser más resistentes al maltrato. Los gabinetes están fabricados de materiales que soportan mejor caídas, temperaturas extremas, presiones, maltrato, además de facilitar, en lo posible, su proceso de mantenimiento (particularmente en los denominados "sin-herramientas" o Tool-less), así como contar con dispositivos que alertan, disminuyen o impiden su apertura por personal no autorizado. Integran componentes, desde su tarjeta madre, su memoria, sus unidades de almacenamiento, sus procesadores, y otros, especialmente diseñados para largas jornadas laborales, donde se toma en cuenta la mayor estabilidad, el menor consumo de energía. En ellos se cuentan con características de administración remota (como DMTF DASH o Intel vPro entre otros) que facilitan a los administradores de sistemas su trabajo.

Este tipo de sistemas también permiten la integración a un esquema de dominios (si se cuenta, al menos, con Microsoft Windows Pro o Professional), lo cual permite administrar los sistemas desde el Microsoft System Center y sus herramientas de Administración. Con lo anterior se pueden establecer esquemas de seguridad, de control, de actualización, de ramas, árboles y bosques de dominio y muchas otras características adicionales.

Es importante, a su vez, destacar la ergonomía como parte integral del sistema. Hay larguísimas jornadas que se tienen enfrente de una computadora y la ergonomía puede jugar un papel importantísimo en la productividad. Usar monitores de un tamaño adecuado (recomendable, más de uno de 21" de pantalla ancha), con material antirreflejante, teclados y ratones ergonómicos, así como sillas y mesas cómodas y una buena iluminación puede ser la diferencia entre una baja productividad y una alta productividad. No es recomendable tirar la sugerencia de la ergonomía a la basura. Definitivamente, los resultados podrán palparse.

Por ende, es muy importante observar que los equipos completos estén orientados a la productividad laboral. Es importante, así, asegurarse que la línea de productos que sea ofrecida pertenezca a la línea empresarial o corporativa del fabricante. Los sitios Web de los fabricantes ofrecen claras líneas de equipos orientados a la productividad de oficina.

A. David Garza Marín

CAPÍTULO 3

Mitos respecto a los componentes

*Los usuarios quieren rápidamente culpar a algo. Y
la Espada de Occam—la explicación más sencilla es
la mejor—parece caber perfectamente cuando se
trata de señalar.*
—Steven C. Seow

EL MUNDO ESTÁ LLENO de mitos y leyendas, algunas más arraigadas que otras. El ámbito de la computación no está exento de esto y es por lo que deben conocerse antes de que algún vendedor sin escrúpulos quiera ofrecernos algo basado en este tipo de prácticas.

MITO 1: UN PROCESADOR SIN SMT NO EJECUTA MULTIHILOS

Hechos: El funcionamiento de los subprocesos (o threads) es algo particularmente propio de los sistemas operativos multitarea y multiproceso. Para ello, es importante ver la documentación de los fabricantes de los sistemas operativos para tener una mejor idea de qué es un subproceso y cómo el sistema operativo aprovecha los recursos del procesador para ejecutarlos de la forma más eficiente posible.

Lenguaje técnico: Procesos y subprocesos

Cabe destacar que los procesos y los subprocesos o threads son atributos propios del Sistema Operativo y de los programas que en él funcionan. Aun cuando un programa esté basado en subprocesos, si el núcleo o kernel del sistema operativo no soporta el manejo de subprocesos, entonces no será capaz de ejecutarlos. Esto se indica claramente en el texto de Juan K. Ruiz (2017) de Microsoft que dice: "La CPU por sí sola no puede iniciar la ejecución de otro proceso, es el sistema operativo que le dice a la CPU cuándo comenzar a ejecutar un conjunto de instrucciones determinado. La CPU ejecutaría todas las instrucciones de un proceso hasta finalizar y sólo en ese momento continuaría la ejecución de otro proceso (o del propio sistema operativo)".

Así, queda claro que los subprocesos NO SON responsabilidad de la CPU, sino del programador de procesos (o Scheduler) del Sistema operativo. Ahora bien, en la página Web MSDN DevCenter de Microsoft (2017), se encuentra una importantísima definición de procesos y subprocesos:

> Una aplicación consiste de uno o varios procesos. Un **proceso**, en términos simples, es un programa en ejecución. En el contexto del proceso se ejecutan uno o varios subprocesos o threads. Un **subproceso** es la <u>unidad básica en la que el sistema operativo asigna tiempo del procesador.</u> Un subproceso puede ejecutar cualquier parte del código del proceso, incluso aquellas partes que ya se están ejecutando por otro subproceso. (Traducción propia)

Ello confluye con lo indicado por la Universidad de Stanford a través de John Ousterhout (2010) que establece:

> Subprocesos
> La mayor parte de los modernos sistemas operativos también admiten subprocesos (threads): Múltiples flujos de ejecución de un único proceso. (Traducción propia)

En referencias de Linux, Himanshu Arora (2013) nos ofrece una definición equivalente:

> Los subprocesos en Linux no son más que un flujo de ejecución del proceso. Un proceso que contiene múltiples flujos de ejecución se le conoce como proceso con múltiples subprocesos (multi-threaded). (Traducción propia)

Cabe destacar que sistemas operativos de celular, también manejan subprocesos. Ello es posible verlo en, por ejemplo, la descripción ofrecida por el propio Apple Computer (2014) del sistema operativo iOS de los iPhone o iPad:

> *Cada proceso (aplicación) en OS X o iOS está compuesto por uno o varios subprocesos, cada uno de los cuales representa una única ruta de ejecución propia del código de la aplicación. Cada aplicación comienza con un único subproceso, mismo que ejecuta la función main de la aplicación. Las aplicaciones pueden generar subprocesos adicionales, y cada uno de ellos ejecuta el código de una función específica. (Traducción propia)*

Y cabe mencionar a Android, donde Google (s.f.) nos indica también:

> *Cuando una aplicación se inicia, el sistema crea un subproceso de ejecución para la aplicación, que se denomina "principal". Este subproceso es muy importante porque está a cargo de distribuir eventos a los widgets correspondientes de la interfaz de usuario, incluidos los eventos de dibujo. También es el subproceso en el cual tu aplicación interactúa con los componentes del kit de herramientas de la IU de Android (componentes de los paquetes android.widget y android.view). Por esto, al subproceso principal también se lo suele denominar el subproceso de IU.*

Es de destacar que los procesadores de los teléfonos celulares carecen de SMT y, aun así, son capaces de ejecutar "multithreading". Ello es porque, reiteramos, los subprocesos NO DEPENDEN del procesador o de las funcionalidades del procesador, sino del Sistema Operativo. Así, cualquier referencia a que el procesador DEBE incluir multithreading es una falsedad y evidencia desconocimiento de la tecnología de cómputo.

Ahora bien, ¿cómo se ejecutan los procesos con múltiples procesos (multithreading)? La respuesta nos la dan Abraham Silberschatz, Greg Gagne y Peter Baer Galvin (2013) del Colegio de Ingeniería de la Universidad de Illinois en Chicago, a través de su área de *Ciencia de la Computadora* (Traducción Propia):

- Una tendencia en la arquitectura de computadoras es la de producir chips con múltiples núcleos, o CPU, en un solo chip.
- Una aplicación de múltiples subprocesos (multi-threaded) que se ejecute en un chip tradicional de un solo núcleo tendrá que intercalar los subprocesos, como se muestra en la [siguiente figura]. Pero en un chip multinúcleo, los

subprocesos se distribuyen en los núcleos disponibles, con lo que se realiza un verdadero procesamiento paralelo.

Ejecución concurrente en un sistema con un solo núcleo.

Ejecución paralela en un sistema multinúcleo.

Como bien se lee en la cita, el encargado de distribuir los subprocesos por los núcleos del procesador es el sistema operativo. Refirámonos al siguiente texto parafraseado de Microsoft, donde Juan Carlos Ruiz Pacheco (2017) nos explica:

"[Si se cuenta con varios thread y una sola CPU (o core),] la impresión del usuario es que se estarán ejecutando varias cosas al [mismo] tiempo, aunque, claro, esto no es así dado que en un core o núcleo de CPU sólo puede ejecutarse una cosa a la vez. Lo que está pasando realmente es que los subprocesos o threads están alternando tiempo de ejecución de una manera tan rápida que el usuario percibe que se están ejecutando simultáneamente.

[...]Si nuestra aplicación tiene dos hilos y nuestra máquina tiene dos CPU (o core), en efecto cada thread se podría ejecutar en una CPU diferente. En este caso, sí se puede hablar de ejecución en paralelo—aunque no necesariamente, pues puede darse el caso en que, debido a la necesidad del sistema de calendarizar threads de otros procesos, ambos thread se ejecuten en la misma CPU en un momento dado. En ese momento, no habría paralelismo.

[Si la máquina tiene 2 cores y la aplicación usa más de 2 thread,] Lo que sucederá es que sólo dos de esos subprocesos se estarán ejecutando en paralelo en un momento dado (aunque ya vimos que esto no es necesariamente lo que sucede), y el sistema operativo alternará la ejecución de dichos subprocesos de tal forma que todos tengan quantums[78] asignados, pero sólo podrá haber máximo 2 en paralelo."

Así, lo anterior pone de manifiesto que los múltiples subprocesos pueden beneficiarse de contar con más procesadores o núcleos. La cantidad de núcleos físicos

---

[78] Thread quantum o Quantum de subproceso. Quantum per se es una palabra latina que indica "cantidad" y, en la actualidad, se comprende como la menor medida posible de cualquier propiedad física, como energía, materia o tiempo. En este caso, es la cantidad de tiempo que el programador de tareas del sistema operativo permite a un subproceso que se ejecute antes de programar la ejecución de otro subproceso.

determinará la cantidad de subprocesos que se ejecutarán en paralelo. La moderna tecnología multitareas y multiprocesos se puede aprovechar mediante Multiprocesamiento Simétrico (SMP) (vea el capítulo 2), que se explota con procesadores o núcleos reales.

Ahora bien, la Ley de Amdahl[79] nos muestra que el aumento de desempeño real en términos de procesamiento a través de los múltiples subprocesos depende de qué tanto puede paralelizarse un programa y la cantidad de procesadores (o cores) utilizados. Sin embargo, aun cuando un programa pueda no paralelizarse, siempre existe la ejecución de tareas, que es otra forma de ejecución de múltiples subprocesos (es decir, no necesariamente se trata de un programa que se distribuye entre las CPU o cores disponibles, sino varios programas distintos que se ejecuten en los distintos núcleos disponibles). A esto se le conoce como multitarea o multitasking. Aunque la multitarea no depende de contar con varios núcleos, lo cierto es que su ejecución es más eficaz cuando se cuenta con ello (y más cuantos más núcleos se tienen y más aplicaciones se abran) y un sistema operativo capaz de reconocer los múltiples núcleos.

En cuanto a la tecnología de Multihilos Simultáneos (SMT), se trata de una alternativa a SMP que pretende aprovechar los llamados "tiempos muertos" del procesador. Eso se explica con el siguiente texto de Abraham Silberschatz, Greg Gagne y Peter Baer Galvin (2013) de la Universidad de Illinois en Chicago:

"*Una estrategia alternativa a SMP es SMT, Múltiples Subprocesos Simétricos (Symmetric Multi-Threading), en la que se utilizan varias CPU virtuales (o lógicas) en lugar de (o en combinación con) varias CPU [o cores] físicas. SMT debe ser soportado en el hardware, dado que cada CPU lógica tiene sus propios registros y maneja sus propias interrupciones (Intel se refiere a SMT como Hyper-Threading Technology). Hasta cierto punto, el Sistema Operativo no necesita saber si el procesador que está administrando es real o virtual. Por otro lado, algunas decisiones de planificación (o scheduling) pueden optimizarse si el planificador (o scheduler) conoce la asignación de procesadores virtuales a núcleos reales (analice la planificación de dos procesos intensivos en la CPU con la arquitectura que se muestra a continuación):*"

---

[79] Jenkov, Jakob (2015), Amdahl's Law, obtenido de http://tutorials.jenkov.com/java-concurrency/amdahls-law.html

Una arquitectura típica SMT

Esta alternativa de subprocesos basados en SMT, particularmente en la implementación de Hyper-Threading, está orientada a un puñado de aplicaciones especialmente compiladas con tal finalidad, por lo que es altamente probable que sean muy pocos los beneficios que se deriven de este tipo de tecnología, donde Hyper-Threading ofrece, en promedio, un 6% de mejora en rendimiento[80] y SMT de AMD puede ofrecer más de 38% de mejora en rendimiento[81] de acuerdo con la aplicación que se utilice. Hoffmanlabs (2006) nos indica que la moderna tecnología multitareas y multiprocesos se aprovecha mucho mejor mediante multiprocesamiento simétrico (SMP), que se explota con procesadores o núcleos reales. Ello nos lo establece Chris Cunningham (2017) de manera explícita y contundente en la siguiente referencia:

"Hyper-Threading y SMT son buenos. Sí, pero el software necesita ser adecuadamente optimizado para aprovechar HT/SMT. En un nivel fundamental, HT/SMT no es tan potente como tener más núcleos físicos, pues sólo se da la ilusión que se duplica un núcleo. Por esta razón, SMT es más económico que agregar la cantidad equivalente de núcleos de CPU, con lo que se reducen los precios. Por ejemplo, si se asume que la rapidez por núcleo es la misma, una CPU de 4 núcleos con SMT (8 subprocesos) podría tener el mismo rendimiento que una CPU de 4 núcleos sin SMT, pero nunca la rapidez de una CPU de 8 núcleos sin SMT.
[...]
HT/SMT es grandioso, pero contar con más núcleos físicos es mejor que tener HT/SMT. Así, si se elige entre dos CPU de precio similar, elija el que tenga más

---

[80] Bert Toepelt, "Analysis - - Hyper-Threading Yields 6% Speed-Up", TomsHardware, http://www.tomshardware.com/reviews/Intel-Core-i7-Nehalem,2057-12.html [visitado el 3 de Junio de 2016]
[81] Coelho, Rafael, Hardware Secrets, "Does Disabling SMT on a Ryzen 7 CPU Improves its Performance?", Hardware Secrets, https://www.hardwaresecrets.com/does-disabling-smt-on-a-ryzen-7-cpu-improves-performance/ [visitado el 29 de diciembre de 2018]

núcleos. Si resulta que tiene HT/SMT, pues es una buena adición." *(Traducción propia)*

Así, ciertamente podría haber beneficios con SMT, pero ello depende de la forma en que haya sido programada la aplicación o el sistema operativo. Sin embargo, los beneficios con SMP son palpables y, definitivamente, son la mejor forma de ejecutar múltiples subprocesos de manera paralela o multithreading paralelo. Cualquier mención respecto a que un procesador sin algún tipo de SMT es incapaz de ejecutar subprocesos múltiples es sólo una muestra de ignorancia del ámbito técnico relacionado con el cómputo. Cabe hacer notar que, si en licitación o RFP, es requerido que un procesador cuente con tecnología SMT (en cualquier implementación), es importante poner explícitamente ese requerimiento, pues, como ya se dijo, la ejecución de subprocesos múltiples en sí puede llevarse a cabo incluso con un solo núcleo de procesador (aunque no de manera simultánea).

MITO 2: EL TAMAÑO DE LA CACHÉ TIENE QUE SER EL MAYOR POSIBLE

Hechos: El tamaño de la caché del procesador depende más de lo que se haga en la computadora que de la caché en sí. Si se tienen tecnologías diferentes, el tamaño de la caché no establece una forma adecuada de equiparar características y, en ciertos casos, se puede utilizar para sesgar una licitación o RFP en favor de algún fabricante en particular.

Lenguaje Técnico
Funcionamiento de la caché

La caché se utiliza para agilizar el acceso a datos e instrucciones repetitivos. También es bien aprovechada cuando el procesador cuenta con una lógica de redes neuronales. Cuando una aplicación arranca o se requiere de leer o grabar datos o cualquier operación que involucre el manejo de datos, esa operación específica se mueve de un dispositivo de almacenamiento lento (disco duro, SSD, CD, etcétera) a uno más rápido que es la memoria RAM. Allí se coloca toda la información, programas, sistema operativo, etcétera, que será procesada en ese momento. Sin embargo, la memoria RAM no tiene la capacidad de alimentar al procesador con la rapidez que éste lo necesita. Digamos que un procesador de 3GHz tiene una rapidez de respuesta de 0.3ns, mientras que una memoria RAM DDR4-2666 la tiene de 14.25ns. Como puede verse, la diferencia es enorme (la RAM es ~47 veces menos eficiente). Ante ello se integró un tipo de memoria SRAM dentro del procesador que permitió mejorar la rapidez de alimentación de datos iterativos. Esta memoria se conoce como caché y tiene 2 niveles: L1 y L2 (aunque hay quienes integran L3 y hasta L4 por económicas, pero son bastante menos eficientes que las otras dos). Así, cuando un procesador requiere ejecutar una instrucción u obtener un dato, primero busca en sus registros (la memoria más cercana al procesador). Si lo que busca no está allí, entonces lo busca en la caché L1 (este proceso puede demorar de 1 a 3 ciclos de reloj, mientras tanto el procesador se quedará a la espera, sin hacer nada [tiempo muerto]). Si lo que busca no está en L1, entonces procede buscar en L2 (lo cual puede tomarle de 6 a 12 ciclos, más tiempo muerto). Si lo que busca no está en L2, entonces tiene que salir a buscar en otras memorias (que puede ser caché L3, L4, RAM, el Disco Duro o SSD, o la red, etcétera). Sólo salir de L2 le tomará al procesador docenas, cientos, miles o hasta millones de ciclos. Por ende, las memorias SRAM más importantes son L1 y L2.

La memoria SRAM de nivel 1 (Caché L1) podría tener una rapidez de respuesta de ~0.9ns. ¡Es la más rápida! Pero, también, la más costosa y la que más consume energía eléctrica. Por ende, siempre se encontrará en cantidades limitadas. La memoria SRAM de nivel 2 (Caché L2) podría tener una rapidez de respuesta de ~2.8ns. Si bien no es tan rápida como la memoria SRAM nivel 1 (es 3 veces menos rápida); ciertamente ofrece una buena capacidad de respuesta. Esta memoria SRAM es menos costosa que la L1, pero su rapidez hace que el consumo eléctrico pueda subir de manera importante. Por ende, lo recomendable es usar 512KB por cada núcleo del procesador. La caché L3 podría tener un tiempo de respuesta entre ~12.9 y ~13.75ns, lo cual es, al menos, 43 veces más lenta que el procesador, y casi al nivel de la memoria RAM que podría ser de 14.25ns.

Cabe aclarar que cuando un procesador encuentra los datos en alguna de sus cachés, a eso se le conoce como "cache hit"; si no lo encuentra, entonces es un "cache miss". Cada "miss" produce un retraso (o latencia) conforme el procesador navega entre los niveles cada vez más lentos. Ahora bien, las cachés grandes requieren de más hardware para ser implementados, así como bloques de control más amplios. Para ponerlo en perspectiva, en una celda con la estructura SRAM se requiere de 6 MOS para almacenar y acceder a 1 bit, mientras que en la DRAM (lo que conocemos como RAM o memoria estándar) se requiere de un capacitor y MOS para almacenar y acceder a 1 bit.

Es por lo que las cachés más grandes generan un costo mucho mayor, mayor área en el dado, mayor consumo de energía y mayor generación de calor. Por añadidura, mayor tamaño requiere de más bloques de control, mayor complejidad en el manejo y, por ende, la necesidad de reducir su rapidez para mejorar sus posibilidades de funcionamiento.

La eficiencia de una caché se pondrá en evidencia en los siguientes casos:

1. Almacenar temporalmente información repetitiva (como en un servidor o en máquinas virtuales)

2. Procesar largos conjuntos de datos (Cubos OLAP y otros).

3. Paliar los problemas de bus existentes en los equipos de cómputo mediante la generación de índices.

4. Manejo de información requerida por una red neuronal integrada al procesador.

Importancia de la cantidad de memoria caché en los procesadores

En un equipo de cómputo personal (PC o Laptop), el tamaño de la caché podría no ser tan relevante como la cantidad de memoria RAM instalada en el sistema. Gary H. Anthes (2000) nos explica de manera tajante en el artículo "Cache Memory" de la revista Computerworld:

> *"La caché es más importante en los servidores que en las PC de escritorio, pues los servidores tienen mucho más tráfico entre el procesador y la memoria provocado por las transacciones de los clientes." (Traducción propia)*

Es importante saber que un tamaño de caché amplio es necesario, como ya se dijo, cuando los buses no son tan eficientes para la transmisión de datos. Conforme la tecnología de la memoria mejora (como es ahora el uso de la memoria DDR4), la necesidad de cachés grandes se disminuye y permite mejorar la experiencia de cómputo con un menor consumo de energía.

M.S. Smith y Lamar Stonecypher (2011) de Bright Hub nos explican en siguiente texto:

> *"Como muchos usuarios saben por experiencia, es frustrante—si no imposible— tratar de utilizar un programa que exige [2GB] de RAM en un equipo que sólo tiene [1GB]. [...] Es totalmente posible utilizar un procesador que tiene una caché extremadamente pequeña y estar satisfecho por su rendimiento. Tal procesador no lentificará su PC de la forma en que lo hará tener poca cantidad de memoria RAM. Esto significa que, en realidad, no existe una cantidad 'mínima' de caché necesaria." (Traducción propia)*

Y los mismos autores añaden:

> *"[...]La caché ofrece un impulso general a la rapidez del procesador que es útil en casi todas las situaciones. [De acuerdo con pruebas elaboradas en el sitio de Toms Hardware, se concluyó] que un megabyte de caché tendía a ofrecer una mejora equivalente a 100MHz en un procesador. De esta forma, un procesador con una frecuencia de reloj de 2.4GHz y 4MB de caché L2 teóricamente funcionaría igual que un procesador de 2.6GHz y 2MB de caché. Obviamente, se trata de una estimación y es probable que sea imposible determinar el posible aumento de rendimiento que realmente resulta de una caché mayor." (Traducción propia)*

Ahora bien, la fuerte integración de componentes en un System-On-A-Chip (SoC) puede traer, también, una menor necesidad de integrar cachés grandes. Las diferencias arquitectónicas son importantes, por lo que, si un procesador tiene gran cantidad de caché y otro no, ello no convierte al que tiene menos caché en menos eficiente que el que tiene más. La arquitectura, así, juega un importantísimo papel en la cantidad y tipo de recursos asignados a determinada solución de cómputo: Mientras mayor sea el denominado "ancho de banda" del procesador, menor será la necesidad de memoria caché.

MITO 3: ENTRE MÁS HERCIOS, LA COMPUTADORA ES MÁS RÁPIDA

Hechos: Si bien los hercios tienen su importancia en un procesador, han sido secuestrados más como una treta mercadológica que una unidad de medida confiable de la rapidez de la computadora. Un hercio jamás ofrecerá una información o idea clara de la potencia de una computadora.

Lenguaje técnico

Al procesador usualmente se le mide por millones de instrucciones por segundo (MIPS) o por millones de operaciones matemáticas de punto flotante por segundo (MFLOPS) (aunque de forma burdamente comercial se ha dado en ser medido en hercios). Sin embargo, esto sólo sirve en el papel, dado que no se toman en cuenta otros puntos como E/S, administración de tareas, sobrecargas, interferencias y cosas por el estilo. (Osterhage, 2013) Como ya se vio en el Capítulo 2 en la sección de Procesador, los procesadores han aumentado su rendimiento muy por encima de lo que el resto de los componentes del equipo ofrecen y lo hacen con ayuda de diversas tecnologías. Tomar tan sólo el elemento de "hercios" como punto de partida para seleccionar un procesador, podría traducirse en comprar más tiempo muerto y ya. Hay una serie de puntos que pueden tomarse en cuenta para obtener un equipo que sea lo suficientemente rápido para satisfacer las expectativas del usuario (más de esto en el Capítulo 8). Una adecuada mezcla de procesador, memoria, disco, gráficos, componentes y software puede arrojar resultados mucho mejores que una máquina cuyo único aspecto destacado se haya concentrado en el procesador. Lo importante es hacer el mejor uso de los recursos para obtener los mejores resultados y concentrarse en un equipo de cómputo como una entidad holística[82] (hardware y software, y su interacción) y sistémica[83] (la totalidad del equipo) y no como un solo componente (como la CPU).

MITO 4: UNA LAPTOP ES TAN POTENTE COMO UNA PC DE ESCRITORIO

Hechos: No. Como se había visto anteriormente, no todo se puede en esta vida, y en el ámbito del cómputo esto es especialmente cierto. El Quid pro quo[84] tiene una aplicación directa en este ámbito: Si se requiere movilidad, se sacrifica rendimiento; si se requiere rendimiento, se sacrifica movilidad. Ciertamente, los modernos equipos portátiles pueden ofrecer mayor potencia que una computadora de escritorio de hace unos, digamos, 10 años, pero si se compara a dos equipos contemporáneos, un equipo portátil jamás alcanzará la potencia y rendimiento que ofrece un equipo de escritorio. Así, es sano tener en cuenta que un equipo portátil jamás será una buena opción si lo que se requiere es alto desempeño, así como un equipo de escritorio tampoco será una buena opción si lo que se requiere es de movilidad.

---

[82] El holismo es una teoría de J. C. Smuts que establece que las partes de un todo están en interconexión íntima, de manera que no podrían existir o ser comprendidas con independencia del o sin una referencia al todo. Esto, entonces, es algo muy superior a la suma de las partes, que por sí solas podrían existir sin pertenecer a un todo en particular. La integración de esta teoría en el ámbito del cómputo se ha explorado desde hace algunos años (particularmente, a partir de la década de los años 2000) para remover conceptos relacionados con sólo un componente en particular y tratar a la computadora como un todo. Esto se ha extendido hasta la TI y a diversas cuestiones relacionadas con la tecnología en particular. El holismo es lo contrario a reduccionismo.
[83] Lo sistémico está relacionado a un sistema; es decir, a una estructura que consta de elementos interrelacionados e interdependientes a la cual, de manera organizada, se le confiere un propósito. En un sistema, sus elementos influyen entre sí (de manera directa o indirecta) para mantener su actividad y la propia existencia del sistema con la finalidad de lograr su objetivo.
[84] Quid pro quo = Unas por otras. No debe usarse erróneamente como un sinónimo de reciprocidad.

Una forma de darse cuenta, particularmente—insisto—en procesadores contemporáneos, de la diferencia de rapidez de un equipo y otro es fijarse en la cantidad de W (vatios) que consume el procesador (o el equipo completo, en su caso). Un procesador de 65W ofrecerá un desempeño muy superior a uno de 15W. Sin embargo, un procesador de 15W ofrecerá la oportunidad de tener un desempeño competitivo en un equipo que ofrezca portabilidad. Si se comparan tecnologías de diferentes arquitecturas o períodos, es posible que un procesador de 15W ofrezca una rapidez similar a la de uno de 65W de hace algunos años[85]. Pero ello dependerá del tipo de programas, aplicaciones o sistemas operativos que se estén utilizando. Es importante, entonces, hacer pruebas para determinar qué formato es el que mejor le conviene y recuerde: Quid pro quo tiene un fuerte peso en el ámbito de la computación.

MITO 5: WINDOWS XP (O WINDOWS 7) ES EL MEJOR SISTEMA OPERATIVO QUE SE PUEDE USAR EN UNA PC

Hechos: No. En la actualidad el uso de Windows XP (y de cualquier versión de Windows anterior a Windows 10 1809) puede ser un factor de riesgo importante para las organizaciones.

Abundo. Si para cuando se esté leyendo este texto, el lector se encuentra entre 2001 (para Windows XP) y 2009 (para Windows 7), posiblemente este mito sea cierto, porque Windows XP y Windows 7 estaban en boga en esos tiempos. Sin embargo, si como me lo imagino, el lector no cuenta con una máquina del tiempo (y, bueno, este libro ni siquiera habría sido escrito en esos entonces), lo más seguro es que esa aseveración sea totalmente equivocada.

Como ya se indicó en el capítulo 3, el sistema operativo es, ni más ni menos, que el administrador del hardware de la computadora y, por ende, más vale que éste esté familiarizado con toda la tecnología (o, al menos, la mayor parte) que ésta integra en el hardware—de lo contrario, los resultados podrían no ser del todo halagüeños. Windows XP nació en octubre de 2001 y Windows 7 en octubre de 2009, y estuvieron orientados a administrar hardware del 2001 y 2009 (y, cuando mucho, hasta de tres años después) de manera eficiente. Un sistema operativo (y el software que en él funciona), no mejora con el tiempo, sino que envejece (a menos que esté en proceso

---

[85] AMD Phenom II X4 B99 95W (2011) vs AMD Ryzen 3 PRO 2300U 15W (2018): https://www.cpubenchmark.net/compare/AMD-Phenom-II-X4-B99-vs-AMD-Ryzen-3-PRO-2300U/387vs3263

de actualización constante). El envejecimiento no será muy evidente si no le cambia el hardware (es decir, que utilice la misma computadora todo el tiempo). Sin embargo, es posible que empiece a encontrarse con que la modernidad ya no le permite tener la productividad que se busca en esa anacrónica computadora.

Algunas de las señales del envejecimiento de un sistema operativo son: 1) Hay que instalar una miríada de actualizaciones o correcciones, 2) Se hace difícil o imposible encontrar controladores o drivers para nuevo hardware, 3) No reconoce, de facto, componentes clave del sistema (como tecnologías del procesador, capacidades de RAM, tipos de unidades o capacidades de almacenamiento, tipos de buses o componentes de conectividad, etcétera. 4) Ya no se pueden instalar nuevos programas en él, 5) Ya no se puede encontrar un medio de almacenamiento para poder instalarlo, 6) Ya no cuenta con actualizaciones, particularmente de seguridad, 7) Ya no se puede instalar en hardware moderno.

Por lo general es recomendable actualizar la versión del sistema operativo en lapsos de 3 o 4 años, donde el hardware ha avanzado lo suficiente para justificar un cambio de kernel. Es muy aconsejable que se tenga una idea muy clara de la fecha de lanzamiento del kernel del sistema operativo que le interese instalar. Si ese kernel ya tiene 3 o más años de haber sido lanzado, lo más seguro es que ya no será una buena opción en la actualidad. Será mejor que decantarse por un sistema operativo cuya fecha de lanzamiento no sea mayor a un año respecto a la fecha actual.

Es importante saber que la tecnología avanza a una tasa muy rápida y que lo que fue vanguardista hace algunos años hoy posiblemente ya no sea útil. El hardware evoluciona constantemente para mejorar las prestaciones, el rendimiento y ofrecer nuevas características de productividad, y el kernel (o núcleo) del sistema operativo debe poder administrar esas mejoras en el hardware.

Cabe indicar que, en la actualidad, mucho de lo que se integra tanto al hardware como al software está relacionado con la seguridad: Entre más viejo el hardware o el software, más susceptible será a ser vulnerado. Cabe destacar que la seguridad en el entorno productivo de una organización es clave, fundamental, irrenunciable.

Utilizar Windows XP o Windows 7 en la actualidad es un enorme riesgo de seguridad, y lo mismo concierne a cualquier versión de Windows anterior a Windows 10 1809 (la versión disponible cuando este libro fue escrito). Si se cuenta con hardware actualizado que, quizá, integre características de seguridad en los procesadores o dispositivos, será casi un hecho que tales características de seguridad serán inútiles con, no digamos Windows XP, Windows 8.1 o anteriores.

Windows XP o Windows 7 pudieron haber sido los mejores sistemas operativos de Microsoft en su momento, hasta el año que aparecieron las siguientes versiones de Windows. Pero hoy, si se me permite la expresión, es hasta irresponsable utilizarlos. Las áreas de TI de las organizaciones deberían procurar que la seguridad sea afianzada con el uso de nuevas tecnologías de cómputo y seguridad que permitan a la organización trabajar fluidamente y con el menor riesgo.

Así que no. Windows XP y Windows 7 **NO SON** los mejores sistemas operativos que se pueden usar en una PC en la actualidad.

Quizá se han llegado a instalar pues en la organización donde el lector se encuentra, cuenta con programas que aún requieren el acceso a 16 bits, y eso no es posible con sistemas operativos de 64 bits. La recomendación es que el usuario instale Windows 10 1809 de 32 bits y haga las pruebas en él (o, mejor aún, utilizar máquinas virtuales para instalar una versión antigua del sistema operativo). Esa opción podría evitar muchos dolores de cabeza y mejorar el soporte al hardware moderno.

MITO 6: 4GB DE RAM SON SUFICIENTES PARA TODO

Hechos: No, definitivamente no. 4GB tienen un fuerte impacto en la capacidad de la PC para realizar su trabajo y puede generar una cadena de sucesos que tiendan a refrenar su rendimiento. Con los modernos equipos y sistemas operativos de 64 bits se hace imprescindible pensar que el mínimo de memoria debe ser 8GB. Sin embargo, ese mínimo de memoria RAM puede ya estar en serias dudas conforme las aplicaciones y requerimientos de los usuarios van creciendo. A su vez, evite caer en la trampa mercadológica de algunos fabricantes que sugieren usar 4GB de RAM y agregar una caché de disco para paliar los problemas de velocidad inherentes a contar con tan poca cantidad de memoria RAM.

MITO 7: LA SEGURIDAD DE LA COMPUTADORA ES INFRANQUEABLE

Hechos: Ésta es una muestra más de los efectos de la mercadotecnia antiética. Simplemente, no existen medidas de seguridad inviolables e invulnerables. Es muy posible que ciertas medidas de seguridad cuesten más trabajo vulnerarlas que a otras, pero, al final, siempre podrán vulnerarse (de una u otra forma). La recomendación es que el lector se quite de la cabeza que porque un anuncio diga "La computadora más segura del mundo" crea que ello es cierto. Más bien, invito al lector a desconfiar de una máquina en cuya publicidad haga semejante aseveración. Es importante que siempre se mantenga vigilancia y con actualizaciones al día respecto a los temas de seguridad informática para reducir los riesgos—sin llegar a la paranoia, misma que podría afectar a la productividad.

Ahora bien, cabe hacer notar que toda la seguridad es "invasiva", lo cual no sólo se refiere a la computadora en sí, sino a cualquier medida de seguridad que se haya tomado. Es decir, si en la puerta una casa el dueño ha colocado varias cerraduras, no sólo al posible malhechor le costará más trabajo abrirlas, sino también al propietario de la casa. Lo mismo en su computadora: si se agregan contraseñas o cifrado de datos, ciertamente el posible malhechor tendrá más trabajo en trasponer las contraseñas o descifrar los datos, sino que el usuario también tendrá que escribir las contraseñas cada que entre en su computadora, así como que los datos tendrán que ser cifrados y descifrados cada vez. Esta "invasión" traerá consigo diferentes grados de reducción de rapidez. Como ya se había mencionado en el Mito 4, también el Quid pro quo actúa aquí: O se tienen máquinas seguras, o se tienen máquinas rápidas. Lo mejor será encontrar un equilibrio al respecto para evitar entorpecer la productividad.

MITO 8: LOS PROCESADORES SE CALIENTAN

Hechos: ¡Definitivamente sí! Son componentes electrónicos y, por ende, tienden a liberar energía en la forma de calor. Sin embargo, este mito se ha cargado, particularmente, hacia los procesadores de la empresa AMD. Es de mencionar que el consumo de energía se liga de manera prácticamente directa a la generación de calor: cada vatio (o Watt) equivale a unos 3.41BTU y cada BTU es aproximadamente .252kcal. Así, un procesador de 65W, sin importar la marca podría tender a generar un máximo de ~55.89kcal que deben ser disipados del interior del equipo de cómputo. Si la solución térmica utilizada no es la adecuada, entonces sí, podría generarse una cantidad de calor que es posible que sea percibida al tacto. Sin embargo, los procesadores pueden tener una temperatura de operación máxima que puede llegar a los ~90°C o más. Si bien ésta es una temperatura que, definitivamente, no sería agradable al tacto, para el procesador sería el tope de calor que aguantaría en su funcionamiento y, por ende, se apagaría automáticamente para evitar cualquier daño al sistema.

El anterior comportamiento se tiene sin importar la marca de procesadores que se trate. Es raro que los procesadores lleguen al tope de su operación térmica (generalmente, eso sucede cuando la solución térmica ha fallado), pero si llegan, se apagan. Ahora bien, si un procesador, cuya temperatura de operación máxima esté en los 90°C, está funcionando a, digamos, 75°C, eso no quiere decir que esté sobrecalentado, ¡está dentro de su rango de seguridad! La electrónica tiende a generar calor cuando está en funcionamiento. La única forma en que un equipo electrónico esté frío es que esté apagado, y desconectado.

El mito del sobrecalentamiento es, por lo general, una práctica mercadológica indecorosa utilizada para infundir miedo, incertidumbre y duda[86] y es utilizada para desinformar en perjuicio de algún producto o servicio y en beneficio de otro, ambos generalmente competidores.

Cabe hacer notar que no es lo mismo la temperatura del semiconductor (o del dispositivo) que la temperatura al tacto. Por lo general, se dice que un equipo está sobrecalentado cuando al tacto se percibe una temperatura alta o que pueda llegar a quemar. Ello es especialmente cierto en equipos de cómputo portátiles, donde el espacio de los componentes es muy reducido. La mayor parte de las veces, el calor puede percibirse en el área donde se apoyan las palmas de las manos, o en el área del teclado. Si es en el área donde se apoyan las palmas de las manos, lo más seguro es que sea el calor generado por la unidad de Disco Duro (que puede llegar a 60°C), y que puede producirse por diversas causas (excesivo uso del disco debido a la hiperpaginación o thrashing, un virus, lectura persistente de datos o programas, fallas en el firmware del disco, etcétera). Si es en el teclado, es posible que sea generado por el procesador (que, como dijimos, puede llegar a 90°C o más). Si es el caso, asegúrese que no estén tapadas las ranuras de flujo de aire, que el turbosoplador no se haya congestionado de polvo, que las ranuras de salida del turbosoplador no estén tapadas, que no haya un virus que esté sobreexplotando al procesador, que el modo de uso de la energía esté en Equilibrado o en Bajo consumo, que no haya algún programa que esté haciendo un uso incesante del procesador, que la imagen de referencia esté adecuadamente realizada (vea el Apéndice E), etcétera. Las causas pueden ser muchas, y lo mejor es encontrar la razón de la temperatura alta.

MITO 9: LAS CACHÉS DE DISCO PUEDEN SUSTITUIR A LA MEMORIA RAM

Hechos: ¡Por supuesto que no! A partir del 2018 se empezaron a hacer fuertes campañas para convencer a los usuarios que instalar cachés, como Intel Optane, AMD

---

[86] A esta práctica se le conoce como FUD: "Fear, Uncertainty, Doubt". Ver:
https://whatis.techtarget.com/definition/FUD-Fear-Uncertainty-and-Doubt o
https://es.wikipedia.org/wiki/Fear,_uncertainty_and_doubt

StoreMI, Enmotus FuzeDrive, Romex PrimoCaché, SanDisk ReadyCache y otros, eran la solución a los problemas de rapidez que enfrentaban las computadoras. Nada más alejado de la realidad.

La idea de cada una de estas soluciones, donde se incluye Microsoft ReadyBoost, lanzado en 2007, y AMD Radeon RAMDisk, lanzado en 2015, es la de diversificar los buses para acelerar la carga de aplicaciones o datos, pero no para sustituir a la memoria RAM. Por desgracia, mucha información incorrecta se ha dado al respecto y se ha llegado, incluso, a vender alguna de estas soluciones como si fueran sustituto de la memoria RAM[87]. Estas cachés funcionan así:

El procesador sólo procesa lo que proviene de la memoria RAM.

La memoria RAM le envía la información al procesador, y la recibe de los medios de almacenamiento o del propio procesador.

El disco duro almacena toda la información de la computadora, pero es muy lento.

La caché auxiliar almacena la información más utilizada del disco duro para agilizar la comunicación con la RAM.

La caché auxiliar puede ser cualquier dispositivo que tenga mayor rapidez (aunque, con frecuencia, menor capacidad) que el disco duro.

Así, el funcionamiento de estas propuestas tecnológicas es más o menos como sigue:

- El procesador solicita un programa o datos del disco duro.
- El disco duro provee el programa o datos y se colocan en la memoria RAM.
- Los programas administradores de las cachés de disco toman en cuenta cuántas veces se utiliza determinado programa o dato, y lo colocan en el dispositivo de caché (que, usualmente, tiene una mayor rapidez, aunque un espacio de almacenamiento muy limitado).
- La próxima vez que el procesador solicite el programa o dato que ha sido colocado en la caché, ésta lo proveerá en lugar de hacerlo desde el disco duro.
- Si son muchos los programas o datos que se utilizan con frecuencia, generalmente los menos utilizados son removidos del dispositivo de caché si es que éste se ha quedado sin espacio.

---

[87] Raevenlord, "Wishful Thinking, Disingenious Marketing: Intel's Optane Being Marketed as DRAM Memory", https://www.techpowerup.com/245256/wishful-thinking-disingenious-marketing-intels-optane-being-marketed-as-dram-memory, TechPowerUp, [visitado el 29 de diciembre de 2018]

De acuerdo con el diagrama y explicación anterior, fuertemente basados en la arquitectura de la Máquina de von Neumann[88], es imposible que una caché conectada como apoyo para el disco duro sustituya a la memoria RAM. Todas las instrucciones y datos leídos desde un disco duro (o algún dispositivo de E/S alternativo como la Red, SSD, unidades ópticas, teclado, ratón, etcétera) se colocan en la memoria RAM y desde allí son enviados para su procesamiento en el procesador. Los resultados del procesamiento son, también, recibidos por la RAM. Así, la memoria RAM es uno de los componentes más importantes de la computadora y, como Andy Betts (2018) nos lo indica en su artículo, "Agregar memoria es la forma más rápida y accesible que se puede llevar a cabo para actualizar una computadora [...] Una mejora de memoria ofrece una aceleración instantánea de rendimiento en casi todas las PC que se perciben lentas. [...] Entre mayor cantidad de RAM tenga, mejor". A su vez, como nos lo indica Beits Livneh (2014), "Entre más 'jugo' le quiera sacar a su computadora, mayor cantidad [y rapidez] de RAM debe tener".

Como ya se había explicado en el capítulo 2, tener una baja cantidad de memoria RAM puede traer consigo lentificación debido a la paginación excesiva, hiperpaginación o thrashing. Y tiene sentido. Para reiterar: La memoria RAM puede ofrecer tasas de transferencia que superan los 20GB/s, mientras que una unidad SSD conectada a un puerto M.2 PCIe 3.0 apenas puede ofrecer, a lo sumo, 4GB/s. Es por lo que está totalmente fuera de lugar (al punto de ser irresponsable) promover el uso de cachés de disco como sustituto a la memoria RAM.

---

[88] "Von Neumann Architecture", Computer Science, https://www.computerscience.gcse.guru/theory/von-neumann-architecture [visitado el 29 de diciembre de 2018]

CAPÍTULO 4

Estado del arte

Y como bien se dice: "El pasado es prólogo"; sin embargo, difícilmente se aplica a la ciencia de las computadoras, pues esta "ciencia moderna" no tiene mucho pasado en comparación con otras ciencias como la física o la química.
—*Edward Blum, Alfred Aho*

¿QUÉ EXISTE YA ESCRITO RESPECTO a la configuración de las computadoras? Como bien se indica en la cita, en realidad no hay mucho pasado en el ámbito del cómputo y hay muy pocos que se atreven a referirse a los documentos ya escritos debido a lo vertiginoso de los cambios en esta materia. Sin embargo, hay estudiosos que se han orientado a sugerir cuestiones relacionadas con la configuración de los equipos (particularmente, en el ámbito productivo) y ésta sería una excelente oportunidad de citarlos y recordarlos.

LEYES Y PRINCIPIOS

Existen muchas leyes y principios que se han establecido en el ámbito del cómputo. Entre ellas existen algunas particularmente interesantes que podríamos destacar para comprender mejor el porqué de las recomendaciones vertidas en este libro.

Ley de Amdahl (1967): "La mejora obtenida en el rendimiento de un sistema debido a la alteración de uno de sus componentes, está limitada por la fracción de tiempo en que se utiliza dicho componente". Esta ley nos permite, entre otras cosas, darnos cuenta exactamente de qué es lo que deberíamos mejorar cuando se trata de obtener mejor rendimiento en un equipo. Si estamos usando un programa que utiliza profusamente la unidad de disco y lo que mejoramos es el procesador, definitivamente los beneficios no serán muchos. Si se utiliza profusamente la memoria, hacer una mejora en los gráficos no dará los resultados esperados. Aunque esta ley es bastante más amplia que lo que aquí se explica, lo cierto es que puede dar una idea del holismo y capacidad sistémica ya mencionados en una computadora.

Ley Sun-Ni (1990): "El poder de una computadora incrementa, de manera directa, la proporción del problema generado por las limitaciones en las capacidades de la memoria". Aquí nos deja claro un aspecto que muy pocas veces se toma en cuenta en la computación: Entre mayor es la potencia del procesador, mayores límites se enfrentan con la memoria RAM (y si esos límites se enfrentan con la memoria RAM, en el resto de los componentes el efecto es aún más desolador). En más de una ocasión, las configuraciones de los equipos se concentran, de acuerdo con la mercadotecnia, en la potencia del procesador de manera unívoca. Sin embargo, si no se toman en cuenta los demás aspectos relacionados con el resto de los componentes, la experiencia del usuario será cada vez más magra.

Ley Weber-Fechner (2010): "El cambio mínimo en el estímulo necesario para producir, como respuesta, un cambio perceptible, es proporcional al estímulo existente (jnd)". Si bien ésta es, más bien, una ley sicológica, ciertamente permite establecer una parte importantísima del cómputo y que es la percepción del propio usuario. Curiosamente, cuando se trata de cómputo, el usuario muchas veces es muy poco tomado en cuenta. Con esta ley nos podemos dar una idea de cuánto cambio mínimo en rendimiento requiere una computadora para que el usuario perciba tal cambio. Para ello, Luis Vieira (2014) nos establece un punto importantísimo: "El principal concepto de la ley Weber y jnd (diferencia perceptible) tiene una aplicación directa en la interacción humano-computadora y el rendimiento. De acuerdo con datos de investigaciones de tiempo de los humanos, una buena regla de oro es basarse en una tasa de 20% de la duración en cuestión. Para ponerlo en términos simples: para generar una mejora perceptible para los usuarios, tal mejora debería ser mínimo del 20%." Así, si la inversión que se hará no traerá consigo una mejora mínima del 20%, quizá no tenga sentido hacer la inversión (a menos que se requiera hacer la inversión debido al mal estado del equipo actual).

Ley del servicio de Maister (1985): "La satisfacción es la diferencia entre lo que fue percibido y lo que se esperaba: Satisfacción = Percepción − Expectativa". Nuevamente, ésta no es una ley de cómputo, pero sí una para explicarnos el por qué los usuarios se quejan con la experiencia de un equipo de cómputo. Si por pensar como computólogos se hace una configuración basada simplemente en el conocimiento de los componentes (o, particularmente, del procesador) sin hacer un análisis completo de qué necesita el usuario, su satisfacción podría quedar muy por debajo de sus expectativas. Cabe destacar lo dicho por Steven Seow (2008): "Mientras que el hardware y el software se mejoran continuamente, las capacidades humanas de percepción se mantienen inamovibles". Ciertamente, si el valor que se obtiene en Satisfacción en la fórmula de Maister es 0 (cero) o superior, el usuario estará satisfecho o más que ello. Pero si el valor es negativo será cuando el usuario muestre un desencanto, disgusto e insatisfacción por lo obtenido. Jakob Anderson (2014) nos comparte que existe una fórmula alternativa ofrecida por Ilya Grigorik, más orientada al cómputo en sí, la ecuación es la siguiente: *Rendimiento percibido = f(Rendimiento esperado, EU, Rendimiento real)*. La parte EU (Experiencia de Usuario) es el pegamento entre las expectativas y el silicio. El autor establece que "el rendimiento no se trata sólo de milisegundos, cuadros y megabytes. También se trata de la forma en que esos milisegundos, cuadros y megabytes son traducidos A LA PERCEPCIÓN DEL USUARIO. Así, es importante tener en cuenta la percepción del usuario pues, como Wolfgang Osterhage (2013) nos lo indica: "La percepción negativa en tiempos de respuesta no solo juega un papel sicológico, sino que también afecta la productividad diaria."

Ley de Wirth (1995): "El software se hace cada vez más lento de lo que el hardware se hace más rápido."

RENDIMIENTO

En el ámbito del rendimiento, encontramos las siguientes citas:

Wolfgang Osterhage (2013) nos dice: "Al final, la actualización del hardware existente con frecuencia no es la panacea cuando se tienen problemas de rendimiento." (Traducción propia)

Brendan Gregg (2014) también nos comparte: "La frecuencia de reloj es comúnmente comercializada como la principal característica del procesador, pero ello es engañoso." (Traducción propia)

Ilya Grigorik (2014) nos dice: "La rapidez es una característica." (Traducción propia)

"Primera ley de Meister: Satisfacción es la diferencia entre lo que se percibe y lo que se esperaba." (Traducción propia) (Maister, 1985, p. 2)

Niklaus Wirth (1995) pone en perspectiva el por qué no necesariamente el software contribuye efectivamente para obtener el mejor rendimiento del equipo y lleva a pensar que el hardware lo es todo:

"Las presiones de tiempo son, probablemente, la mayor razón detrás del surgimiento del software voluminoso o bloatware. Las presiones del tiempo que padecen los diseñadores desalientan una planeación cuidadosa. También desalienta la mejora de soluciones aceptables; en su lugar, alienta las adiciones y correcciones rápidamente concebidas para el software. La presión del tiempo gradualmente corrompe los estándares de calidad y perfección de un ingeniero. Tiene un efecto de detrimento en las personas, así como en los productos.

El hecho de que el fabricante cuyo producto sale primero al mercado generalmente es más exitoso que el competidor que llega después, aunque con un mejor diseño, es otra contribución al detrimento de la industria del cómputo. La tendencia de adoptar lo 'primero' como el estándar de facto es un fenómeno deplorable, basado en la misma presión de tiempo.

La buena ingeniería se caracteriza por un refinamiento gradual y pausado de los productos que traen consigo mejores rendimientos bajo ciertas circunstancias y con recursos dados. Sin embargo, las limitaciones de los recursos del software se ignoran supinamente: Frecuentemente se cree que los rápidos aumentos en la rapidez de los procesadores y el tamaño de la memoria compensarán el descuidado diseño de software. Los hábitos meticulosos de ingeniería no son rentables en el corto plazo, lo cual es una razón por la cual el software juega un dudoso papel en las disciplinas establecidas de ingeniería." (Traducción propia)

En este mismo tenor, Steven Seow (2008) indica claramente cuál será la impresión de un usuario ante el rendimiento de un equipo, y ello se centra en expectativas generadas por la propia experiencia:

"Sin alguna referencia, como experiencias vividas o similares, la percepción no tendría sentido. De hecho, modelos cuantitativos de medidas de tiempo contienen un componente que representa una memoria referencial. [...] En el contexto del cómputo, cuando un usuario establece que algo es lento o rápido, siempre podrá contarse con que la percepción actual confluya con algo que esté en la memoria, como experiencias vividas, expectativas, y cosas así. Estas pruebas de rendimiento perceptuales permiten al usuario decidir cómo caracterizar la duración percibida. Por ejemplo, si un usuario recuerda que una aplicación de software típicamente carga por completo en unos cinco segundos, y en una ocasión la aplicación se tarda el doble para arrancar, el usuario detectará la diferencia y sospechará que algo malo.

Lo que se establece en la memoria como expectativa se establecerá como el *umbral de tolerancia*, fuera de la cual las duraciones serán juzgadas como lentas." (Traducción propia)

Y Wolfgang W. Osterhage nos hace una interesante observación:
"Cuando se habla de rendimiento, la gente usualmente se refiere al rendimiento del sistema solo—y para simplificarlo nuevamente: a la potencia del hardware, esto es, el procesador y la memoria principal. Ésta es la razón por la que no se le ha dado la importancia adecuada al rendimiento durante las últimas décadas. En algún momento, el hardware se hizo tan accesible que, por ejemplo, la optimación mediante técnicas de programación no parece tener sentido, dado que el trabajo humano se ha vuelto cada vez más costoso. Aparecieron el hardware y sus extensiones y, como resultado, los sistemas fueron rápidos nuevamente, incluso se configura de tal forma que los problemas de rendimiento simplemente no se evidencian." (Traducción propia) (Osterhage, 2013)

PRUEBAS DE RENDIMIENTO (BENCHMARKS)

Finalmente, hay muchas cosas que se han publicado alrededor de las pruebas de rendimiento o benchmarks. Veamos lo que se ha publicado al respecto:
"[...]Las pruebas de rendimiento pueden caracterizarse por qué tan orientadas están a la CPU o a la E/S." (Traducción propia) (Traeger, Zadok, Joukov, & Wright, 2008, p. 5) y agregan "La mayor parte de las pruebas de rendimiento [...] se ejecutan en un sistema vacío, lo que puede hacer que los resultados difieran de una configuración real." (Traducción propia) (Traeger, Zadok, Joukov, & Wright, 2008, p. 6) y concluye: "En este artículo estudiamos 415 pruebas de rendimiento de sistemas de archivos y almacenamiento de 106 documentos recientes. Descubrimos que la mayor parte de las pruebas de rendimiento populares tienen errores y muchos de los documentos de investigación no proveen una clara indicación del rendimiento real." (Traeger, Zadok, Joukov, & Wright, 2008, p. 1)
Ahora bien, también se ha escrito respecto a las posibles "modificaciones" para obtener resultados benéficos para ellos: "Muchos desarrolladores de software consideran a los compiladores de Intel los mejores en muchos aspectos, incluso por la optimización del código, y los utilizan para programas que son críticos para el rendimiento. Intel también provee un montón de bibliotecas de función optimizadas para diversas aplicaciones profesionales. Con frecuencia, simplemente no hay

alternativas similares. Pero los mismos desarrolladores de software se dieron cuenta que los compiladores y bibliotecas de Intel suelen trabajar sospechosamente lento en procesadores fabricados por otras empresas. [...]Agner Fog, el experimentado desarrollador de software e investigador, conocido por sus manuales[89] de optimización y microarquitecturas, [...] informó a Intel los resultados de su investigación del compilador[90] que produjeron las citadas conclusiones. A ello le siguió un enorme intercambio de mensajes, donde la compañía negó que el problema existiera, aun cuando Fog continuó probando que sí existía. Otros expertos también se quejaron del mismo problema y recibieron una respuesta similar. La situación no cambió aun cuando apareció la versión 11.1.054 misma que se liberó después del acuerdo[91] firmado con AMD." (Traducción propia) (XBT Labs, 2010)

Podríamos explicarnos el anterior comportamiento por lo siguiente: **Una prueba sintética es un programa artificial que está construido para confluir con las características de una gran cantidad de programas.** La idea es la de generar un programa simple donde la frecuencia de ejecución de instrucciones en la prueba de rendimiento confluya con la frecuencia de ejecución en una gran cantidad de pruebas de rendimiento. Uno de sus principales problemas es que **estos programas no realizan algún tipo de cómputo que le sea útil al usuario.** Por ende, no reflejan el comportamiento normal de la computadora o los programas que en ella funcionan. Las optimaciones de hardware y compilación que se realizan en este tipo de programas pueden inflar los resultados con la única finalidad de obtener un mayor puntaje aparente y ser usado como herramienta de comercialización o marketing. (IMD, 2007)

Y, a pesar de ello, se siguen usando las Pruebas de rendimiento o Benchmark. Hay una explicación: "Dependencia de ruta. Éste es un término, originalmente acuñado en el ámbito económico, que trata de explicar el por qué es mejor continuar con una práctica que históricamente se ha realizado, aun cuando existan nuevas formas de realizar las cosas. Lo anterior es porque existe tanta costumbre por hacer o usar algo, que cambiar esa costumbre costaría mucho dinero y tiempo." (Investopedia, 2015)

Y se concluye con lo siguiente: A pesar de lo que se pretenda establecer, NINGÚN benchmark expone el rendimiento de un sistema como tal. Lo único que hace es exponer qué tan rápido funciona el programa de prueba de rendimiento (benchmark) utilizado en esa computadora y, en muchas ocasiones, muestra marcas que, se garantiza, no se pueden exceder con ese programa (pero nunca mostrará las capacidades reales del equipo). (Olds, Benchmarks are $%#&@!!: Secrets and solutions from a reformed benchmarketer, 2011) Ante ello, Anon Et Al lo resume de la siguiente forma: "Para finalizar, reiteramos nuestra actitud arrogante respecto a esto:

---

[89] Fog, Agner, "Software optimization resources" http://www.agner.org/optimize/
[90] Fog, Agner, "Agner's CPU blog", http://www.agner.org/optimize/blog/read.php?i=49
[91] USA; Securities And Exchange Commission, "FORMK 8–K AMD Intel Settlement Agreement – Full", http://www.amd.com/Documents/AMD_Intel_Settlement_Agreement_-_Full.pdf

'El rendimiento real podría variar de acuerdo con los hábitos de conducción, condiciones del camino y longitudes de las colas – Utilice estos números sólo con propósitos de referencia vaga'. Sin más rodeos, existen las mentiras, las malditas mentiras y, luego, están las medidas de rendimiento." (Traducción propia) (1985)

A. David Garza Marín

CAPÍTULO 5

Casos de uso genéricos

La nueva tecnología no es buena o mala por sí misma. Todo se concentra en la forma en que la gente la utiliza.
—David Wong

POR ALGUNA RAZÓN QUE no alcanzo a comprender, cuando se piensa en adquirir computadoras se tiende a preguntar: "¿Cuál es la mejor?". Esta pregunta es muy confusa, porque la respuesta (que es igual de confusa para quien formuló la primera pregunta) siempre es: "¿Para qué la necesitas?" o "¿La mejor para qué?". Preguntar "¿Cuál es la mejor computadora?" así como así, equivaldría a decir "Voy a comprar un auto, ¿cuál es el mejor?", o "Busco un empleado, ¿cuál es el mejor?", o hasta "Quisiera tener una relación de pareja, ¿cuál es la mejor pareja?". Simplemente, es una pregunta imposible de contestar, pues, aunque existe un velado contexto (una computadora, un auto, un empleado o una relación de pareja), en realidad es importante hacer un profundo análisis de las necesidades para hacerse de una mejor idea.

Si bien en este capítulo procuraré dar una idea de algunos casos de uso, la realidad es que los detalles dependerán exclusivamente de las necesidades propias, mismas que llevarán a hacer una u otra configuración. En este capítulo sólo se algunos casos de uso genéricos, pero las verdaderas necesidades deberán determinarse con un estudio de las necesidades propias en la empresa. Las configuraciones sugeridas para los casos de uso que aquí se describirán, se encontrarán en el Capítulo 6.

CASOS DE USO

Es probable que algunos de estos casos de uso puedan servir como generalización en ámbitos productivos. Sin embargo, en ciertas circunstancias, será mejor hacer una definición más detallada y apropiada para el entorno productivo de la Organización. Si el equipo por evaluar deberá satisfacer distintas necesidades de usuario, será mejor definir cuáles serán esas necesidades generales para tener una mejor idea del comportamiento esperado del equipo en determinadas circunstancias. Esto trae consigo un concienzudo análisis de las necesidades de la organización respecto las tareas que realizará la computadora. Para ello, deberá determinarse claramente si la computadora será utilizada en uno o varios de los siguientes contextos productivos:

- Se utilizará con los actuales Sistemas Operativos (Windows 10 1809 o las distribuciones de GNU/Linux)
- Se utilizará con Sistemas Operativos anteriores, como Windows 7, Windows 8.1, o alguna distribución o versión anterior de GNU/Linux, o con Windows en modo de 32 bits.

Productividad básica

Este tipo de productividad supone no más de cinco aplicaciones básicas abiertas al mismo tiempo, entre ellas:

- Antivirus
- Procesamiento/edición de textos
- Correo electrónico
- Uso convencional de hojas de cálculo
- Aplicaciones basadas en Web[92]
- Navegación Web[93]

Productividad estándar

Este tipo de productividad supone hasta 10 aplicaciones abiertas al mismo tiempo, entre ellas:

- Las mismas ya indicadas en "Productividad básica"
- Aplicaciones ofimáticas
  - o procesamiento de textos avanzado con manejo de imágenes
  - o hojas de cálculo con fórmulas medianamente complejas y algunas secuencias de comandos (scripts)
  - o presentaciones
  - o manejo básico de bases de datos
- Navegación o aplicaciones Web con hasta 15 fichas/pestañas abiertas

---

[92] Habrá que tomar en cuenta la cantidad de fichas/pestañas que se tengan abiertas en el navegador Web. Cada ficha abierta requiere de recursos del sistema. Para este caso, no se recomiendan más de seis fichas abiertas.
[93] Ídem

- Conferencias Web (Web conferencing)
- Visualización y edición simple de imágenes y videos
- Educación
  - Se asume en este último rubro un profuso uso de vídeos, imágenes, animaciones, accesos Web y aplicaciones.
- Conexión optativa de más de un monitor al equipo

Productividad avanzada

En este tipo de productividad puede esperarse tener más de 10 aplicaciones abiertas o algunas aplicaciones especializadas, como:

- Las mismas que la productividad estándar
- Fuerte uso especializado de hojas de cálculo
  - Uso profundo de scripts o macros
  - Intercomunicación de hojas de cálculo
  - Análisis y procesamiento de información
  - Profusos cálculos y actualizaciones de datos
- Fuerte navegación o uso de aplicaciones Web
  - Más de 15 fichas abiertas en el navegador
  - Automatización en el navegador
  - Uso de backoffice
- Conexión obligatoria de más de un monitor al equipo

Productividad especializada

En este tipo de productividad el equipo de cómputo debe permitir al usuario el fluido desarrollo de sus actividades, como:

- Desarrollo de aplicaciones
  - Uso de lenguajes y entornos de programación
  - Uso de virtualización para hacer pruebas de concepto o funcionalidad
  - Entornos de prueba controlados
  - Manejo de bases de datos
  - Acceso a herramientas, dispositivos y recursos propios para el desarrollo de aplicaciones.
- Aplicaciones certificadas
  - CAD
  - Diseño
  - Manejo de imágenes
  - Animaciones
- Aplicaciones de ingeniería y científicas
  - Aplicaciones de exploración petrolera como Schlumberger
  - Cómputo científico
  - Investigación
  - Realidad virtual

Otros criterios

Es probable que se tengan que evaluar algunos otros criterios para determinar el equipo de cómputo ideal, a saber:

- ¿Cuántas computadoras se piensan adquirir? En respuesta a esto, habrá que calcular el consumo de energía de todos esos equipos. En la actualidad[94], los consumos son como sigue:
  - PC de escritorio: 200W/hora en promedio
  - PC de escritorio de bajo consumo: 100W/hora en promedio
  - Equipo portátil: Entre 50 y 100W/hora en promedio
  - Equipos apagados: Entre 1 y 15% del consumo total del equipo (éste es el efecto de "vampiro").
- ¿Se requerirá de bajo consumo de energía?
- ¿El espacio que ocupará el equipo debe ser tomado en cuenta?
- ¿Se requiere de movilidad o portabilidad?
- ¿Es importante el tiempo de duración de la batería?
- ¿Es importante el peso del equipo?
- ¿Es importante la resistencia a ambientes polvosos, ruidosos o de condiciones extremas?
- ¿Es importante que tenga medidas de seguridad físicas y lógicas?
- ¿Es importante que tenga características ergonómicas?
- ¿Es importante que el servicio del fabricante sea lo más ágil posible?
- ¿Debería cumplir con ciertos lineamientos de diseño y apariencia en nombre de la imagen corporativa?
- ¿Qué tan técnico es el personal que manejará el equipo?
- ¿Qué tanto se espera homogeneidad de acuerdo con los criterios de gobernanza?
- ¿Qué tanta conectividad se espera con los dispositivos ya existentes en la empresa o los que estén por ser agregados?

Todos estos—y otros más—le ayudarán a darse una mejor idea del tipo de configuración que podría esperar de un equipo de cómputo para tener mejores probabilidades de satisfacer las necesidades de los usuarios.

Precauciones

Es frecuente que los usuarios de una organización soliciten configuraciones de equipos que claramente exceden por mucho sus necesidades. Muchas ocasiones se ha descubierto que lo hacen porque quieren tener lo último de lo último, sin tomar en cuenta sus verdaderas necesidades. Es importante evaluar las necesidades reales de los usuarios y procurar que la configuración quede ligeramente sobrada, de manera que se aumente la probabilidad de que el equipo provisto dure, al menos, 3 años con un buen grado de productividad.

---

[94] Energuide.be. "How much power does a computer use? And how much CO2 does that represent?", Obtenido de: https://www.energuide.be/en/questions-answers/how-much-power-does-a-computer-use-and-how-much-co2-does-that-represent/54/

CAPÍTULO 6

Configuraciones generales de hardware para los requerimientos de cómputo 2019

"La rapidez del procesador es sólo una de las cosas que determinan el rendimiento percibido del sistema. También la rapidez de la memoria, la de los buses, la del disco duro y la del vídeo juegan un papel en esto. [...] El más rápido procesador no servirá de mucha ayuda en un sistema con problemas de E/S o que tiene un adaptador de vídeo lento."
—Ron Morse

CIERTAMENTE, ESO DE UN TAMAÑO se ajusta a todo es algo que, particularmente, no tiene sentido en el ámbito de la computación. A decir verdad, antaño, cuando una necesidad de cómputo surgía, se construía una computadora especialmente para satisfacer semejante propósito. En la actualidad, con la proliferación de equipos de cómputo, ya no es necesario lanzarse a construir todo un equipo de cómputo nuevo. Sin embargo, lo que sí es importante es saber cómo configurar los equipos de acuerdo con las necesidades que, en parte, se expusieron en el Capítulo 5, "Casos de uso genéricos", así como las descripciones plasmadas en el capítulo 2, "Componentes de una PC".

Por desgracia, los jugadores y los equipos de cómputo construidos para estos fines han enrarecido seriamente el mercado de los equipos de cómputo para la productividad: La mayor parte de las evaluaciones que existen respecto a tecnologías de cómputo se concentran en ejecutarles pruebas de rendimiento o benchmarks, muchas veces equivocados. He sido testigo en diversas ocasiones de pruebas y evaluaciones que se hacen a procesadores de productividad o para servidores basados en puntuaciones obtenidas de pruebas orientadas a juegos. Cabe subrayar que las necesidades de cómputo que se tienen en los juegos son muy distintas a las que se tienen en la productividad. En los juegos, las pruebas se concentran en la potencia procesador (hasta cuatro núcleos y el tamaño de la caché), así como la potencia del procesador gráfico. En esto queda muy de lado la potencia de comunicación a la memoria RAM, lo cual se demuestra con diversas pruebas donde se ha desestimado el beneficio del doble canal y otras características. ¿La diferencia? La mayor parte de las veces, los jugadores sólo ejecutan una o dos aplicaciones (el juego y algún programa de comunicación) que, por supuesto, ven pocos beneficios en la capacidad multitarea.

En cambio, en el ámbito de la productividad la historia puede ser muy diferente. Aquí la comunicación con la memoria RAM, así como con las unidades de almacenamiento masivo puede jugar un papel muy importante. Incluso, no es poco común que se ejecuten varias aplicaciones al mismo tiempo, lo cual agrega la necesidad de monitores o pantallas que permitan agilizar la productividad[95]. Así, en este capítulo veremos las configuraciones mínimas recomendadas de acuerdo con la disponibilidad existente en 2019 de hardware y software, así, como ya se dijo, los casos de uso expuestos en el Capítulo 5. Estas configuraciones mínimas cumplirán con lo indicado en los casos de uso del Capítulo 5, pero siempre será bueno observar que el usuario puede tender a aumentar sus requerimientos conforme pase el tiempo.

Todas las configuraciones son mínimas y con ellas se puede dar respuesta a las necesidades delineadas en el Capítulo 5. Han sido pensadas con una cierta holgura para procurar que la productividad esperada decaiga poco durante, al menos, unos tres años de trabajo. Sin embargo, las condiciones del software o los requerimientos del usuario podrían cambiar, por lo que siempre existirá la probabilidad de que el hardware recomendado requiera de alguna actualización. En el Capítulo 15, "Adecuación o actualización de los equipos existentes", se encontrarán sugerencias para mejorar los equipos y evaluar si es adecuada una inversión para su actualización.

---

[95] Existen distintos cálculos, pero, en general, un segundo monitor puede acelerar la productividad de una persona entre 45 y 65%, y eso poco o nada tiene que ver con elementos de hardware como procesador, memoria, gráficos o disco duro.

PRODUCTIVIDAD BÁSICA

Para este tipo de productividad, lo mínimo recomendable en equipos estándar de escritorio es lo siguiente:

- **Procesador:** Hasta Quad Core x86-64 de hasta 65W con tecnologías de seguridad, virtualización y soporte y certificaciones propios para la productividad[96]
- **RAM:** 8GB DDR4-2400MT/s Dual Channel (2x4GB)
- **Gráficos:** Integrados o independientes con tecnología DirectX 12 y, al menos, dos salidas gráficas (HDMI 2.x o DisplayPort 1.3)[97]
- **Southbridge:** Especialmente diseñado para productividad con soporte a Administración Fuera de Banda (OOBM)
- **Unidad de almacenamiento:** Disco duro estándar de 7200RPM de la menor capacidad disponible, o SSD de ~120GB.
- **Unidad óptica:** Optativa CD/DVD RW
- **Formato del gabinete:** USFF (1 Litro) o SFF[98]
- **Pantalla:** Plana (FPD) de 21.5 pulgadas (LED) con resolución mínima de 1600 x 900.
- **Puertos USB:** 3.x (4) y 2.0 (4)
- **NIC:** Integrada 10/100/1000
- **WiFi:** Opcional 802.11 b/g/n/ac
- **Administración:** Que cumpla con OOBM (DMTF DASH o Intel vPro)
- **Seguridad:** Integrada por un procesador de seguridad, TPM 2.0, AES-NI, Secure Boot.
- **Fuente de energía:** Certificada 80Plus, que soporte la configuración completa del equipo.
- **Garantía:** Un año en sitio

En equipos portátiles, lo que se recomienda es lo siguiente:

- **Procesador:** Dual Core x86-64 de hasta 15W con tecnologías de seguridad, virtualización y soporte y certificaciones propios para la productividad. En procesadores Dual Core, es altamente recomendable que cuenten con tecnologías SMT.
- **RAM:** 8GB DDR4-2400MT/s Dual Channel (2x4GB)
- **Gráficos:** Integrados DirectX 12 con dos salidas gráficas (HDMI 2.x o DisplayPort 1.3)

---

[96] Si piensa utilizar Windows 7 en el equipo, será mejor que se asegure que el procesador que le entreguen sea hasta de 6ª generación tanto en AMD como en Intel. De otra forma, Windows 7 podría no funcionar adecuadamente.
[97] A partir de 2015 fue descontinuada la conexión VGA. Ahora es cada vez más difícil encontrar computadoras con ese tipo de conexiones y, de encontrarse, cabe saber que son emuladas a través de convertidores. Ello puede traer incompatibilidades con multiplexores.
[98] USFF = Ultra Small Form Factor. SFF = Small Form Factor

- **Unidad de almacenamiento**: Disco duro estándar de 7200RPM de la menor capacidad disponible, o SSD de ~120GB.
- **Unidad óptica**: Optativa Interna o Externa CD/DVD RW
- **Estándares**: De acuerdo con el MIL-STD-810G: Caídas, Golpes, Vibraciones (Cats 4 y 24), Polvo, Humedad, Altitud, Alta temperatura, Baja temperatura y Golpe de temperatura.
- **Pantalla**: Plana (FPD) de 14 o 15.6 pulgadas (LED) con resolución mínima de 1366 x 768, antirreflejante con protección de emisiones.
- **Puertos USB**: 3.x (2) y 2.0 (2)
- **NIC**: Integrada 10/100/1000
- **WiFi**: IEEE 802.11 b/g/n
- **Administración**: Que cumpla con Administración en Banda
- **Seguridad**: Integrada por un procesador de seguridad, TPM 2.0, AES-NI, Secure Boot.
- **Adicional**: Opcional: Estación de acoplamiento (Docking) o expansión mediante USB 3.2 (Lightningbolt o Thunderbolt).
- **Garantía**: Un año en sitio

PRODUCTIVIDAD ESTÁNDAR

Para este tipo de productividad, lo que se recomienda en equipos estándar de escritorio es lo siguiente:

- **Procesador**: Quad Core x86-64 de hasta 65W con tecnologías de seguridad, virtualización y soporte y certificaciones propios para la productividad[99]
- **RAM**: 8GB DDR4-2666MT/s Dual Channel (2x4GB)
- **Gráficos**: Integrados o independientes con tecnología DirectX 12.1 y, al menos, tres salidas gráficas (HDMI 2.x o DisplayPort 1.3)
- **Southbridge**: Especialmente diseñado para productividad con soporte a Administración Fuera de Banda (OOBM)
- **Unidad de almacenamiento**: Disco duro estándar de 7200RPM o SSHD de 500+GB, o SSD de ~250GB.
- **Unidad óptica**: Optativa CD/DVD RW
- **Formato del gabinete**: USFF (1 Litro) o SFF
- **Pantalla**: Plana (FPD) de 21.5 pulgadas (LED) con resolución mínima de 1920 x 1080.
- **Puertos USB**: 3.x (6) y 2.0 (4)
- **NIC**: Integrada 10/100/1000

---

[99] Nuevamente, si piensa utilizar Windows 7 en el equipo, será mejor que se asegure que el procesador que le entreguen sea hasta de 6ª generación tanto en AMD como en Intel. De otra forma, Windows 7 podría no funcionar adecuadamente.

- **WiFi**: Opcional 802.11 b/g/n/ac
- **Administración**: Que cumpla con OOBM (DMTF DASH o Intel vPro)
- **Seguridad**: Integrada por un procesador de seguridad, TPM 2.0, AES-NI, Secure Boot.
- **Fuente de energía**: Certificada 80Plus Silver, que soporte la configuración completa del equipo.
- **Garantía**: Tres años en sitio

En equipos portátiles, lo que se recomienda es lo siguiente:
- **Procesador**: Quad Core x86-64 de hasta 15W con tecnologías de seguridad, virtualización y soporte y certificaciones propios para la productividad
- **RAM:** 8GB DDR4-2400MT/s Dual Channel (2x4GB)
- **Gráficos**: Integrados DirectX 12.1 con dos salidas gráficas (HDMI 2.x o DisplayPort 1.3)
- **Unidad de almacenamiento**: Disco duro estándar de 7200RPM o SSHD de 500GB, o SSD de ~250GB.
- **Unidad óptica**: Optativa Interna o Externa CD/DVD RW
- **Estándares**: De acuerdo con el MIL-STD-810G: Caídas, Golpes, Vibraciones (Cats 4 y 24), Polvo, Humedad, Altitud, Alta temperatura, Baja temperatura, Golpe de temperatura, Arena, Atmósfera explosiva y Congelamiento/descongelamiento.
- **Pantalla**: Plana (FPD) de 14 o 15.6 pulgadas (LED) con resolución mínima de 1600 x 900, antirreflejante con protección de emisiones.
- **Puertos USB:** 3.x (2) y 2.0 (2)
- **NIC**: Integrada 10/100/1000
- **WiFi**: IEEE 802.11 b/g/n/ac
- **Administración**: Que cumpla con Administración Fuera de Banda (OOBM: DMTF DASH o Intel vPro)
- **Seguridad**: Integrada por un procesador de seguridad, TPM 2.0, AES-NI, Secure Boot. Optativamente, que integre seguridad en la pantalla contra miradas indiscretas.
- **Adicional**: Opcional: Estación de acoplamiento (Docking) o expansión mediante USB 3.2 (Lightningbolt o Thunderbolt).
- **Garantía**: Tres años en sitio

PRODUCTIVIDAD AVANZADA

Para este tipo de productividad, lo que se recomienda en equipos de productividad avanzada de escritorio es lo siguiente:

- **Procesador**: Quad Core o más con SMT x86-64 de hasta 65W con tecnologías de seguridad, virtualización y soporte y certificaciones propios para la productividad
- **RAM:** 16GB DDR4-2666MT/s Dual Channel (2x8GB)
- **Gráficos:** Integrados o independientes con tecnología DirectX 12.1 y, al menos, capacidad de tres salidas gráficas (HDMI 2.x o DisplayPort 1.3)
- **Southbridge:** Especialmente diseñado para productividad con soporte a Administración Fuera de Banda (OOBM)
- **Unidad de almacenamiento**: SSD M.2 PCIe de 500GB + Disco duro estándar de 7200RPM de 1TB.
- **Unidad óptica**: Optativa interna o externa CD/DVD RW
- **Formato del gabinete**: SFF o MT[100]
- **Pantalla**: 2 x Plana (FPD) de 23 pulgadas (LED) con resolución mínima de 1920 x 1080.
- **Puertos USB**: 3.x (6) y 2.0 (4)
- **NIC**: Integrada 10/100/1000
- **WiFi**: Recomendada 802.11 b/g/n/ac
- **Administración**: Que cumpla con OOBM (DMTF DASH o Intel vPro)
- **Seguridad**: Integrada por un procesador de seguridad, TPM 2.0, AES-NI, Secure Boot.
- **Fuente de energía**: Certificada 80Plus Gold, que soporte la configuración completa del equipo.
- **Garantía**: Tres+ años en sitio

En equipos portátiles, lo que se recomienda es lo siguiente:
- **Procesador**: Quad Core x86-64 con SMT de hasta 15W con tecnologías de seguridad, virtualización, soporte y certificaciones propias para la productividad
- **RAM:** 16GB DDR4-2400MT/s Dual Channel (2x8GB)
- **Gráficos:** Integrados DirectX 12.1 con dos salidas gráficas (HDMI 2.x o DisplayPort 1.3)
- **Unidad de almacenamiento**: SSD M.2 PCIe de 500GB. Deseable + Disco duro estándar de 7200RPM 1TB.
- **Unidad óptica**: Optativa Interna o Externa CD/DVD RW
- **Estándares**: De acuerdo con el MIL-STD-810G: Caídas, Golpes, Vibraciones (Cats 4 y 24), Polvo, Humedad, Altitud, Alta temperatura, Baja temperatura, Golpe de temperatura, Arena, Atmósfera explosiva y Congelamiento/descongelamiento.
- **Pantalla**: Plana (FPD) de 14 o 15.6 pulgadas (LED) con resolución mínima de 1920 x 1080, antirreflejante con protección de emisiones radiactivas.
- **Puertos USB**: 3.x (2) y 2.0 (2)
- **NIC**: Integrada 10/100/1000
- **WiFi**: IEEE 802.11 b/g/n/ac

---

[100] SFF = Small Form Factor. MT = Mini Torre.

- **Administración**: Que cumpla con Administración Fuera de Banda (OOBM: DMTF DASH o Intel vPro)
- **Seguridad**: Integrada por un procesador de seguridad, TPM 2.0, AES-NI, Secure Boot. Se recomienda que se solicite protección contra miradas indiscretas en la pantalla.
- **Adicional**: Opcional: Estación de acoplamiento (Docking) o expansión mediante USB 3.2 (Lightningbolt o Thunderbolt).
- **Garantía**: Tres+ años en sitio

PRODUCTIVIDAD ESPECIALIZADA

Para este tipo de productividad es muy difícil establecer qué tipo de configuración se requiera, dado que depende muchísimo del tipo de aplicaciones que se utilizarán. Sin embargo, a continuación se destacan las características que deberían tomarse en cuenta para este tipo de configuraciones:

- **Procesador**: Six Core o más con SMT x86-64 de hasta 95W con tecnologías de seguridad, virtualización y soporte y certificaciones propias para la productividad
- **RAM:** 16 o más GB DDR4-2666MT/s Dual Channel (2x8GB), preferible con ECC.
- **Gráficos:** Integrados o independientes con tecnología DirectX 12.1 y, al menos, tres salidas gráficas (HDMI 2.x o DisplayPort 1.3). Cabe verificar si el software por utilizar requiere de certificaciones, ante lo cual deberán utilizarse gráficos independientes con este tipo de certificaciones, ya sea AMD Radeon PRO o nVidia Quadro.
- **Southbridge:** Especialmente diseñado para productividad con soporte a Administración Fuera de Banda (OOBM)
- **Unidad de almacenamiento**: SSD M.2 PCIe de 500GB + Discos duros estándar de 7200RPM con capacidades de 1TB o más.
- **Unidad óptica:** Optativa interna o externa CD/DVD RW
- **Formato del gabinete:** SFF o MT[101]
- **Pantalla**: 2 o más Plana (FPD) de 23 o más pulgadas (LED) con resolución mínima de 1920 x 1080 o superior.
- **Puertos USB:** 3.x (6) y 2.0 (4)
- **NIC:** Integrada 10/100/1000
- **WiFi**: Recomendada 802.11 b/g/n/ac
- **Administración**: Que cumpla con OOBM (DMTF DASH o Intel vPro)
- **Seguridad**: Integrada por un procesador de seguridad, TPM 2.0, AES-NI, Secure Boot.

---

[101] SFF = Small Form Factor. MT = Mini Torre.

- **Fuente de energía**: Cabe verificar si se requieren fuentes de energía redundantes.
- **Garantía**: Tres+ años en sitio

En equipos portátiles, lo que se recomienda es lo siguiente:

- **Procesador**: Quad Core o más x86-64 con SMT de hasta 45W con tecnologías de seguridad, virtualización y soporte y certificaciones propios para la productividad
- **RAM**: 16 o 32 GB DDR4-2400MT/s Dual Channel (2x8GB o 2x16GB)
- **Gráficos**: Integrados DirectX 12.1 con dos salidas gráficas (HDMI 2.x o DisplayPort 1.3). Cabe verificar si el software por utilizar requiere de gráficos certificados, ante lo cual se deberán utilizar gráficos AMD Radeon PRO Mobile o nVidia Quadro Mobile.
- **Unidad de almacenamiento**: SSD M.2 PCIe de 500GB + Disco duro estándar de 7200RPM 1TB o más.
- **Unidad óptica**: Optativa Interna o Externa CD/DVD RW
- **Estándares**: De acuerdo con el MIL-STD-810G: Caídas, Golpes, Vibraciones (Cats 4 y 24), Polvo, Humedad, Altitud, Alta temperatura, Baja temperatura, Golpe de temperatura, Arena, Atmósfera explosiva y Congelamiento/descongelamiento.
- **Pantalla**: Plana (FPD) de 14 o 15.6 pulgadas (LED) con resolución mínima de 1920 x 1080, antirreflejante con protección de emisiones.
- **Puertos USB**: 3.x (2) y 2.0 (2)
- **NIC**: Integrada 10/100/1000
- **WiFi**: IEEE 802.11 b/g/n/ac
- **Administración**: Que cumpla con Administración Fuera de Banda (OOBM: DMTF DASH o Intel vPro)
- **Seguridad**: Integrada por un procesador de seguridad, TPM 2.0, AES-NI, Secure Boot. Se recomienda que la pantalla tenga protección contra miradas indiscretas.
- **Adicional**: Opcional: Estación de acoplamiento (Docking) o expansión mediante USB 3.2 (Lightningbolt o Thunderbolt).
- **Garantía**: Tres+ años en sitio

NOTAS FINALES

Particularmente, en estas configuraciones para requerimientos especializados, será importante consultar tanto al usuario, sus requerimientos y los requerimientos del software que utilizará para determinar el tipo de computadora por solicitar. Sólo hay que tomar en cuenta:

- Entre más núcleos (cores) tenga el procesador, mayor cantidad y rapidez de memoria RAM se necesitará. Es posible que el procesador también tenga mayor cantidad de canales de memoria y lo recomendable es poblarlos todos (es decir, si un procesador indica que tiene 4 canales de memoria, lo mínimo que hay que poner son 4 pastillas de memoria. Así, si instalará 32GB, en lugar de 2x16GB serían 4x8GB.
- Entre más núcleos (cores) tenga el procesador, mayor será el consumo de energía. Hay procesadores de 32 núcleos cuyo consumo de energía llega a (o supera los) 180W. Ante ello, la fuente de energía debe crecer a 750W o más.
- Entre mayor potencia de tarjeta gráfica requiera, mayor potencia requerirá de la fuente de energía. Hay tarjetas gráficas que requieren de más de 300W, por lo que las fuentes de energía requeridas deben ser de 750W o más. Si al consumo de energía de la tarjeta gráfica se le agrega un procesador con consumos de 180W o más, la fuente de energía podría necesitar crecer hasta más de 1000W[102].
- En una computadora con una fuente de energía que carezca de conexiones adicionales para una tarjeta gráfica potente, es importante saber que la tarjeta gráfica no deberá consumir más de 75W para que pueda funcionar en la computadora sin una conexión adicional. Será importante, además, verificar en el manual o área de soporte de su fabricante si se permite la conexión de tarjetas gráficas de 75W en las ranuras PCIe 3.0.
- Por lo general, las Estaciones de Trabajo portátiles suelen ser voluminosas y pesadas, y con fuentes de energía externas que pueden ser de 120W o más. Además, la batería de este tipo de computadoras no suele durar mucho sin conexión (cuando mucho, un par de horas). Con todo, no son capaces de igualar el rendimiento de una Estación de Trabajo de escritorio.

---

[102] Puede darse una idea de la potencia que requerirá la fuente de energía con un sencillo calculador de fuentes de energía ofrecido por OuterVision: https://outervision.com/power-supply-calculator

A. David Garza Marín

CAPÍTULO 7

Aspectos de seguridad

"Uno de los principales riesgos en la computación
es pensar que los riesgos no existen. El otro es
tratar de resolver todos los riesgos."
—Stephane Nappo

L AS COMPUTADORAS NO SON MÁGICAS. Definitivamente, jamás podrán resolver cosas que el usuario no haya resuelto de antemano. Una computadora no es segura por sí sola, lo que la hace segura es el tipo de manejo que se le da. En este capítulo veremos algunos útiles conceptos y sugerencias de seguridad.

CON TODA SEGURIDAD

La seguridad es un aspecto importante dentro de los equipos de cómputo productivos. Más que la computadora, lo más valioso es la información que contiene. Así, es vital cuidar la información contenida en la computadora y, para ello, hay varias configuraciones que se pueden realizar.

Como ya se indicó en el Capítulo 3, Mito 7, no existe seguridad inviolable, invulnerable o infranqueable. Cualquier medida de seguridad que se adopta tiene la finalidad de disuadir (no de inhibir) al atacante de llevar a cabo su invasión en nuestros sistemas. Hay medidas de seguridad más efectivas que otras, pero absolutamente ninguna es inviolable, invulnerable o infranqueable[103]. Lo que sí es que todas las medidas de seguridad son invasivas (lo cual también se explicó en el Capítulo 3), y eso significa que no sólo tenderán a entorpecer las acciones de un atacante, sino que también entorpecerán la productividad del usuario. Cada que se tiene que escribir una contraseña para realizar determinada tarea, se está entorpeciendo la productividad. Si se cifra una unidad de almacenamiento de datos, se reduce la rapidez con la que los datos y programas se leen y se graban. Si se establecen medidas de seguridad para encender y apagar la computadora, a veces se tienen que escribir diversas contraseñas, o utilizar dispositivos o utilizar biométricos (o una combinación de ellas) para poder utilizar la máquina o realizar determinadas tareas.

El establecimiento de medidas de seguridad coadyuva a reducir sensiblemente los riesgos, y su estudio debe ser sujeto de mucha seriedad para lograr el mejor equilibrio posible entre protección y rendimiento. Aunque es muy probable que ya se sepa, la seguridad se establece por algo que se sabe, algo que se tiene, o algo que se es (o una combinación de ellos). En el primer caso, lo más común son las contraseñas.

Contraseñas

Mucho se ha escrito alrededor de la generación de contraseñas en las computadoras y los dispositivos. Se ha hablado de establecer contraseñas que mezclen letras (mayúsculas y minúsculas), guarismos y símbolos y que tengan determinadas longitudes. Hay tratados enormes que nos hablan al respecto e, incluso, hay programas y aplicaciones que se hacen cargo de la administración de contraseñas.

Chris Hoffman (2018) nos lleva por todo un tratado relacionado con las contraseñas y el uso de programas administradores de contraseñas (que también se incluyen en algunos equipos para la productividad). De acuerdo con las sugerencias tradicionales, para que una contraseña se considere fuerte, debe:

- **Constar de, mínimo, 12 caracteres**: Escribir una contraseña que tenga una longitud adecuada para ser considerada segura es algo que está siempre en debate. No hay, expresamente, una longitud mínima en la que todos estén de acuerdo, pero pocos argumentarán que escribir 12 a 14 caracteres no podría considerarse como "contraseña fuerte". Entre mayor cantidad de caracteres, será mejor para la seguridad, pero peor para la productividad (sobre todo si se tiene que escribir varias veces).

---

[103] Existen especialistas en el ámbito de la seguridad que pueden refutar lo dicho, particularmente porque hay medidas de seguridad que requerirían de enormes potencias de cómputo, mismas que provocarían que la búsqueda de claves no fuera computable. Sin embargo, existen otras formas de violar la seguridad, como la ingeniería social que es más eficaz de lo que se cree.

- **Incluir guarismos, símbolos, letras en mayúscula y minúscula**: Con una mezcla de caracteres se dificulta que una contraseña pueda ser rota mediante fuerza bruta computacional.
- **No usar una palabra de diccionario o una combinación de ellas**: Hay palabras que son obvias, así como sus combinaciones. Cualquier palabra por sí sola es incorrecta para una contraseña. Por ejemplo: "casa" es una terrible contraseña. "Casa roja" también lo es.
- **No hay que confiarse de sustituciones obvias**: Es común utilizar sustitutos para las letras. "c454" tampoco es una contraseña fuerte porque se reemplazaron las aes con 4 y la s con 5. Eso es muy obvio.

Para el caso, lo mejor es utilizar una mezcla como "LaCasaEnorme$1234" cumple con todos los requerimientos: Tiene más de 12 caracteres, incluye mayúsculas y minúsculas, un símbolo y algunos guarismos. Sin embargo, es bastante obvia (y muy de diccionario): Sólo hay un símbolo, todos los números están al final y están en un orden fácil de adivinar.

Hay sugerencias de generar contraseñas como 3o(t&gSp&3hZ4#t9 que son bastante buenas, pero, ¡para recordarlas es un suplicio! Quizá una fórmula más simple para generar una contraseña sería recordar una frase como "La primera casa en la que viví estaba en la Calle 3. Pagaba $5 mil pesos de renta al mes". Esa oración podría convertirse en una contraseña si se utilizan los primeros caracteres de cada palabra, por lo que la contraseña podría ser **LpcelqveelC3.P$5mpdram**. Ésta es, definitivamente, una contraseña fuerte: tiene 22 caracteres y combina mayúsculas, minúsculas, guarismos y símbolos. Quizá una contraseña aún más fuerte podría combinar más las mayúsculas y minúsculas y tener más símbolos y guarismos, pero es bastante buena.

Existen otras sugerencias que proponen una técnica conocida como "tirar el dado[104]" en la que la entropía juega un papel importante. La idea es la de escribir al menos 6 palabras inconexas pero fáciles de recordar (sin tener que mezclar caracteres ni nada) de manera que la entropía hará que el tiempo para descifrar semejantes contraseñas sea lo suficientemente largo (hasta varios años) como para provocar el desinterés del atacante.

La llave

En el rubro de "algo que se tiene" se encuentran aquellos que se usan como "llaves" de acceso, como administradores de contraseñas, tarjetas, dispositivos y otros elementos de los que se hace uso para poder tener acceso. Ejemplos de estas llaves son: la credencial (o badge) que se utiliza para acceder al trabajo, la NetKey que se usa en bancos y algunos otros sitios, el SecurID para conectarse a una VPN u otros lugares, una tarjeta de crédito para poder hacer compras o pagos, una identificación o permiso

---

[104] **Ver:** http://world.std.com/~reinhold/diceware.html

escrito que autoriza a ingresar a algún lugar o llevar a cabo alguna actividad (como poder votar con la credencial para votar o el ID en ciertos países), o una llave como tal para abrir una puerta. Todos son ejemplos de seguridad mediante "algo que se tiene". En algunos equipos de cómputo esto también funciona. Pueden generarse unidades de memoria USB o tarjetas de acceso (u otros medios) que se introducen en o acercan a la computadora con el objeto de reforzar las medidas de seguridad. Si se pierde "lo que se tiene" se necesita reponer (pero dar de baja el anterior para evitar el mal uso). A veces, los procesos para la reposición de algo que se tiene son largos y tediosos, y tienen la finalidad de reducir al mínimo la posibilidad de hacer un mal uso de ello. Algunos dispositivos son realmente costosos, pero integran medidas de seguridad bastante eficientes para reducir al mínimo los riesgos.

En este rubro están incluidos los administradores de contraseñas porque fungen como "algo que se tiene". Ese tipo de programas utiliza claves (como cualquier otro dispositivo que se tenga) para tener acceso a determinados sitios, programas o características. Si se tiene ese programa configurado con las contraseñas, entonces se convierte en "algo que se tiene". "Algo que se sabe" siempre estará en la mente de las personas.

Biométricos

En el rubro de "algo que se es" entran los biométricos de diferentes tipos: Los lectores de huella digital, los lectores del ojo, los reconocimientos faciales, y hasta el reconocimiento de la voz, entre otros, son elementos que entran en este rubro. Los biométricos permiten la identificación con sensores que permiten reconocer a la persona y cada vez son más populares. Se integran en algunas de las computadoras de uso profesional, algunas de las computadoras de consumo, algunas tabletas, algunos teléfonos celulares, etcétera. Incluso, el propio Windows 10 ya integra una funcionalidad conocida como Windows Hello que permite el uso de este tipo de dispositivos (y el reconocimiento facial) para iniciar sesión en el equipo.

Con todo lo anterior en mente, quizá la mejor solución en seguridad sea la combinación de, al menos, dos tipos de validación, como contraseña y biométrico, o contraseña y algo que se tenga, o algo que se tenga y biométrico. Así será más complejo que alguien pueda acceder al equipo sin autorización del usuario.

BIOS/UEFI, BITLOCKER Y VIRTUALIZACIÓN

Mantener actualizado el BIOS/UEFI es clave para la seguridad del equipo. Es importante mantenerlo actualizado a la última versión disponible. Casi siempre estas actualizaciones mejoran esquemas de rendimiento o de seguridad y, en algunos casos, resuelven algunos problemas.

Otro aspecto importante es establecer una contraseña de administrador en el BIOS/UEFI. Esto dificultará que terceros puedan entrar a hacer modificaciones o actualizaciones al BIOS sin la autorización de las áreas a cargo. Algunos BIOS/UEFI también agregan la posibilidad de una contraseña de arranque. Esto sería recomendado para reducir, a su vez, la posibilidad de que el equipo sea accedido sin permiso y antes que cargue el sistema operativo. Más detalles de la actualización y configuración del BIOS/UEFI en el Apéndice E.

Bitlocker

Pero ¡ojo! De acuerdo con las características propias de la máquina, esto no mantendrá a salvo a los datos del equipo si la unidad de almacenamiento masivo no está cifrada. Con o sin contraseña de BIOS/UEFI, siempre podrá abrirse la computadora, sacar la unidad de almacenamiento masivo y conectarla en una segunda computadora. Ninguna contraseña evitará que se pueda acceder a toda la información si esta unidad no está cifrada. Lo recomendable es que se cifre la unidad de almacenamiento masivo con Bitlocker, una funcionalidad integrada en Windows 10 Pro, y superiores para cifrar (por hardware) la información de la unidad de almacenamiento masivo (y hasta unidades extraíbles). Bitlocker en Windows 10 requiere de TPM 2.0, por lo que es necesario asegurarse que el equipo cuente con ese tipo de módulo de seguridad. Dado que el cifrado es por hardware, la pérdida de rendimiento es marginal (hasta un 10 o 15%), lo cual no afecta la productividad de manera perceptible.

Activación de la Virtualización por hardware

Se deberá buscar la opción de Virtualización por Hardware (que puede aparecer como AMD-V, Intel-VT, SVM, Virtualization, Virtualization Technology, o algo similar) en el configurador del BIOS/UEFI y activarla en caso de que no esté activada de facto. Windows 10 requiere de esta característica activada para poder utilizar sus tecnologías de seguridad como Secure Boot, Device Guard y otras. En caso de que no se instale Windows 10, activar la virtualización coadyuvará a que otros servicios del sistema operativo puedan funcionar con mayor agilidad, como la emulación de 32 bits en caso de instalar una versión de 64 bits del sistema operativo. La única razón por la que no debería activarse esta opción es si se instalará Windows XP. En sistemas operativos como Windows 7 o superiores, si no se activa la virtualización por hardware, se emulará parcialmente por software (con lo que el rendimiento se podría afectar).

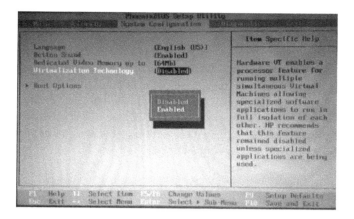

UEFI Y SECURE BOOT

Es importante configurar el modo de arranque del sistema. Por lo general, este tipo de configuración se encuentra en alguna Opción de Arranque (Boot) del BIOS/UEFI. Allí se encontrará una configuración como la que se muestra a continuación:

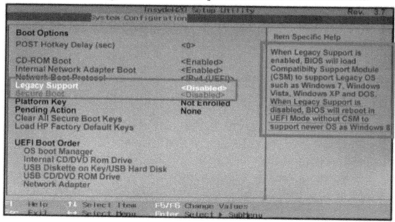

Soporte Legacy o CSM

El soporte "Legacy" o "Heredado" sólo debe dejarse activado si 1) Se instalará Windows 7 o anteriores. 2) Se instalará GNU/Linux que en su documentación no integra soporte a UEFI, o 3) Si se instalará cualquier versión de Windows en modo de 32 bits. El soporte "Legacy" puede ser que aparezca como CSM (Módulo de Soporte a

Compatibilidad, por sus siglas en inglés) o, simplemente, Legacy. Al dejar activado el modo "Legacy", es muy probable que el formato de la unidad de almacenamiento se establezca en MBR (Registro de Arranque Maestro, por sus siglas en inglés). MBR es un esquema que se presentó desde 1983 donde una tabla de partición se graba en el sector de arranque del disco, al inicio de la unidad de almacenamiento. La capacidad máxima de una unidad de almacenamiento con MBR es de 2TB. Además, su esquema de organización de archivos es muy limitado y puede lentificar seriamente el acceso a la información.

Soporte UEFI: MBR vs GPT

Si instalará Windows 10[105] de 64 bits, no hay razón para dejar el soporte de legado. El modo UEFI permite, entre otras cosas, que las unidades de almacenamiento aprovechen los beneficios de GPT (Tabla de Partición GUID, por sus siglas en inglés). Esta tecnología permite un acceso más ágil a la información, así como permitir el uso de unidades de almacenamiento mayores a 2TB (por el momento, su límite son 18EB). GPT, además, agrega redundancia por lo que es más difícil que se pierda información en la unidad de almacenamiento masivo.

Soporte UEFI: Secure Boot

Ahora bien, hay dos opciones para configurar UEFI: UEFI sin Secure Boot y UEFI con Secure Boot. Secure Boot es un estándar desarrollado por miembros de la industria de las PC para coadyuvar a asegurarse que la computadora arranque a través del software en el que confía el fabricante de la PC. Cuando la PC arranca, el firmware verifica la "firma[106]" de cada pieza de software de arranque, entre los que se incluyen los controladores de firmware (ROM), aplicaciones EFI, y el sistema operativo. Si las firmas están correctas, la PC arrancará y el firmware le otorgará el control al sistema operativo. Secure Boot evita que algún tipo de malware sofisticado y peligroso— conocido como rootkit—pueda cargar cuando arranca el sistema. Los rootkit utilizan los mismos privilegios que el sistema operativo y arrancan antes que él, lo que significa que pueden permanecer ocultos. Los rootkit con frecuencia son parte de todo un paquete de malware que puede grabar y pasar por alto las claves de acceso locales, guardar contraseñas y teclazos, transferir archivos privados y capturar datos criptográficos.

Secure Boot requiere una PC con un chip de firmware UEFI que cumpla con las especificaciones de UEFI versión 2.3.1, Errata C o superior, y que tenga instalado Windows 8.1 o Windows 10, o alguna versión de GNU/Linux compatible con UEFI.

---

[105] En realidad, UEFI está nativamente soportado desde Windows 8.0, aunque las recientes versiones de Secure Boot requieren, al menos, Windows 8.1.

[106] En general, las "firmas" son códigos hash o SHA que fungen como huella digital única del software o del hardware. Aunque pueden existir otros tipos de firmas.

Hay pocas razones por las que se quiera desactivar Secure Boot en UEFI, pero es posible que se requiera desactivar cuando se utilicen tarjetas gráficas antiguas, hardware incompatible o sistemas operativos incompatibles, o versiones de Windows de 32 bits o anteriores a 8.1. Antes de decidirse a deshabilitar UEFI, es importante tomar en consideración si ello es necesario. Es posible que el fabricante de la computadora actualice de vez en vez la lista de hardware confiable, los controladores y el sistema operativo de la máquina (Brink, 2018). La recomendación es que se deje activado Secure Boot.

Administración Fuera de Banda

Si se ha requerido que el equipo tenga soporte para Administración Fuera de Banda (OOBM), como DMTF DASH[107] o Intel vPro, será importante decidir si se activará o no. En algunos casos, activar OOBM traerá consigo que la IP asignada a la máquina ya no sea liberada, con el objetivo de que el equipo esté siempre accesible en la red (este apagado o no). Si utilizará OOBM, active la opción[108]. Si no la utilizará, déjela desactivada.

Hyper-Threading (SMT)

Existen reportes de una vulnerabilidad, PortSmash[109], que afecta el SMT en los procesadores (particularmente la implementación de Hyper-Threading). A pesar de que ha pasado algún tiempo desde que se hizo este reporte, no se han encontrado evidencias de que también ataque al SMT de otras marcas de procesadores. La recomendación es de deshabilitar Hyper-Threading en el BIOS en los procesadores de hasta 9ª generación y anteriores, en caso de que se tengan procesadores con tecnología Hyper-Threading, y mantenerse muy atento a las noticias para saber si lo mismo se requeriría hacer con otros procesadores que integren otras implementaciones de SMT.

Otras medidas

Por lo general, los fabricantes agregan otras medidas de seguridad a sus equipos orientados a la productividad. Es altamente recomendable informarse detenidamente de qué medidas de seguridad se integran en los equipos para comprenderlos, evaluarlos y, en su caso, aprovecharlos en beneficio de la organización.

---

[107] Algunos fabricantes tienen esta opción nombrada como AMD DASH, lo cual es incorrecto. DASH es un estándar de la DMTF, consorcio al que pertenecen AMD, Intel, Dell, HP, Lenovo, y muchos otros fabricantes.
[108] Habilitar DMTF DASH o Intel vPro requiere de procesos específicos, más allá de activar o desactivar la opción en el BIOS/UEFI. Cada uno tiene sus procedimientos. Es importante consultar con el fabricante para conocer los pasos para habilitar DMTF DASH o Intel vPro, sus beneficios y sus desventajas.
[109] Ver: https://bit-tech.net/news/tech/cpus/cpus-hit-by-portsmash-side-channel-vulnerability/1/

UBICACIÓN Y CERCADO

Entre las medidas de seguridad que se ofrecen en algunos de estos equipos se encuentra la posibilidad de ubicarlos y cercarlos. Existen servicios con tecnología de persistencia que, al ser activados en la computadora, permiten saber dónde se encuentran los equipos e, incluso, desactivarlos si se salen de cierta zona virtual demarcada lógicamente, y reactivarlos cuando vuelven a la cerca virtual. Esta capacidad de localización de equipos puede llegar al punto de no importar si se formatea la computadora, el equipo de todas formas sería localizado con el objetivo de ubicarlo y, quizá, hasta recuperarlo mediante servicios especializados para ese fin.

En este tipo de servicios lo que también pueden ofrecerse las capacidades de recuperar la información y bloquear el equipo e inutilizarlo. Existen diversos proveedores que ofrecen este tipo de servicios, pero los dos más representativos serían Absolute Software e Intel vPro. La tecnología de persistencia hace que prácticamente sea imposible inhibir la localización de la computadora (a menos, claro está, que sea destruida). Sin embargo, aunque esta tecnología prácticamente se halle en la computadora de productividad desde que se adquiere, generalmente no viene activada. Tal activación se hace a petición expresa de los usuarios y suele ofrecerse el servicio por una renta mensual que, de acuerdo con el servicio contratado, podría ofrecerse el acceso a una consola de administración en la Nube donde, incluso, se puedan hacer inventarios y reportes de los equipos supervisados. Hay que consultar al fabricante para saber si se tiene disponibilidad de servicios como estos en caso que sean de interés para la seguridad de la información de la Organización.

BUENAS PRÁCTICAS

Una de las primeras buenas prácticas es: Si no se va a usar, hay que evitar dejarlo activado. Es decir, cada componente o funcionalidad que se deja activada advertida o inadvertidamente, pero que no se usará (puertos USB, OOBM, puertos seriales, puertos PCIe, etcétera), siempre enfrentarán la posibilidad de ser aprovechados para ser explotados como hueco de seguridad. Por ende, lo mejor será desactivarlos desde BIOS/UEFI. Hay fabricantes que ofrecen interfaces para activar o desactivar componentes de la máquina sin tener que entrar al BIOS/UEFI.

Jamás hay que levantarse del lugar y dejar la computadora con la sesión abierta. En Windows tan sólo hay que usar la combinación Windows+L para que se bloquee la computadora. Hay ocasiones que, aunque sean sólo unos segundos, es suficiente para que alguien malintencionado lleve a cabo alguna acción fuera de lugar en la máquina desprotegida.

Jamás hay que colocar las contraseñas en lugares visibles. Es una clara invitación a los ojos curiosos que podrían ser nocivos para la seguridad. Lo mismo se aplica para las notas "pegatinas" virtuales que se dejan en el escritorio y que suelen contener nombres y contraseñas a la vista de ojos curiosos.

Jamás hay que deshabilitar las características de seguridad del equipo en nombre de la eficiencia. Si se requiere de mayor eficiencia, entonces se deberá solicitar una mejora en el equipo (mayor cantidad de memoria RAM, unidades de estado sólido y, en su caso, procesadores más potentes).

Jamás hay que deshacerse de un equipo de cómputo así como así. Existen herramientas que permiten el borrado seguro de las unidades de almacenamiento masivo. Sin embargo, a pesar de este tipo de borrado, existe la vaga posibilidad de que con ciertos instrumentos especializados se pueda recuperar cierta información. Hay quienes llegan al extremo de deshacerse del equipo pero sin la unidad de almacenamiento masivo, misma que proceden a destruir físicamente. Si la información que se guarda es vital o extremadamente delicada y es del interés de terceros, aún con una unidad destruida existe alguna posibilidad de recuperar algo de la información. Sin caer en la paranoia, lo mejor es hacer un borrado seguro de la unidad de almacenamiento y, en su caso, destruirla en pedazos muy, muy pequeños de modo que sea prácticamente imposible obtener la información de ese medio.

Lo mejor es concentrarse en lo básico: proteger, primero, lo que más importa para el negocio y alistarse para reaccionar adecuadamente ante las amenazas que surjan. Hay que pensar en la integridad de los datos, pero también en la integridad del negocio o las actividades de la organización, en el conocimiento, la experiencia de los clientes o usuarios, la obediencia de las medidas y manuales, y la reputación. (Cyber Startup Observatory, s.f.)

PARTE DOS

Las Pruebas de rendimiento

A. David Garza Marín

CAPÍTULO 8

La importancia del rendimiento en una computadora

> *"Cuando se habla de Rendimiento, la gente usualmente se refiere [...] al procesador. Se adquirió hardware y extensiones de éste con la esperanza de que el sistema fuera rápido nuevamente. Sin embargo, la experiencia del usuario final ha sido diferente."*
> —Wolfgang W. Osterhage

¿QUÉ TANTO PUEDE CONTRIBUIR a la productividad que el usuario se fije más en el equipo completo que en el hecho de integrar un determinado procesador? A final de cuentas, la computadora es mucho más que un procesador, es una entidad orientada a ofrecer eficaces servicios de información (cualesquiera que estos sean: textos, hojas de cálculo, administración de datos, imágenes, vídeos, juegos, sonidos o música, etcétera), donde el grado de satisfacción depende de mucho más que del procesador que contiene el equipo de cómputo. De hecho, aun cuando los actuales procesadores tienen una enorme potencia de cómputo, la experiencia de los usuarios ante los denominados "Equipos PC" suele no ser la mejor. Lo anterior se debe a que, aparte de requerirse de cierta potencia en el procesador, lo que se requiere es que el resto de los componentes esté acorde con esa potencia. Cuando la atención se fija tan solo en el procesador, sin tomar en cuenta que el resto del equipo realmente esté acondicionado para responder a la potencia que ofrece, los resultados, normalmente, son desastrosos: memorias mal configuradas, discos duros de baja rapidez, sistemas operativos y aplicaciones que desperdician la potencia y prestaciones del equipo, etcétera.

En un estudio de Maestría que elaboré en 2015[110], se puso en perspectiva cuál es el concepto que más importa a los compradores de equipo de cómputo en general. La mayor parte de las respuestas recibidas se orientan a aspectos técnicos como Procesador y Memoria. No obstante, los aspectos relacionados con Rendimiento y Precio ponen en perspectiva que se busca el mejor equilibrio entre estos dos conceptos, mismos que tienen una igual participación de respuestas. Si se agrega que la marca de la computadora acapara un 30% de las respuestas, podemos concluir que primeros cinco aspectos engloban el 66% de la atención total.

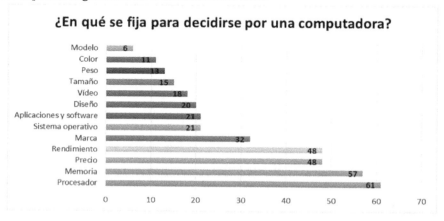

¿En qué se fija para decidirse por una computadora?

Si bien los procesadores, la memoria, el precio, el rendimiento y la marca son los elementos más mencionados, ello no significa que sean los más importantes. Así Es interesante analizar el peso de importancia que tiene cada aspecto en las respuestas de los participantes:

---

[110] Garza, David. (2015) "Rendimiento de las computadoras y la percepción humana.", Universidad de Negocios. ResearchGate:
https://www.researchgate.net/publication/303838253_Rendimiento_de_las_computadoras_y_percepcion_humana

Con lo anterior, aunque la memoria ocupa el segundo lugar de menciones, tiene menos importancia que el rendimiento en sí del equipo. Así, el rendimiento general del equipo es el segundo aspecto en orden de importancia en el que se fijan los participantes a la hora de adquirir equipos de cómputo. No obstante, en términos de importancia, es evidente que la consideración correspondiente al procesador es significativamente mayor que el rendimiento en general del equipo, lo cual parece, a todas luces, fuera de lugar. Al analizar los datos con métodos de minería de datos se arroja que el procesador sigue teniendo un peso importante en la decisión de compra de un equipo de cómputo. Es increíble ver que el software de aplicación no reviste, nunca, lo más importante para el usuario, aun cuando es lo que le dará la productividad.

En ese mismo estudio saltó algo a la vista: Aunque los usuarios estén a gusto con el rendimiento de sus computadoras, en una nueva computadora buscaría algo más rápido (y, con ello, se concentran en el procesador). A continuación, se muestra las respuestas dadas por los usuarios respecto a su equipo actual:

	No me gusta para nada	Ni modo, es lo que hay	Me hace el trabajo	Sí, me gusta bastante	Es lo máximo	Total	Weighted Average
(no label)	0.00% 0	6.90% 4	22.41% 13	56.90% 33	13.79% 8	58	3.78

Como se puede ver, más del 70% de los usuarios entrevistados indicaron que les gustaba o encantaba el rendimiento de su máquina. Sin embargo, al preguntar qué buscarían en una nueva computadora, fueron las siguientes:

	Nada importante	Menos importante	Importante	Muy importante	Lo más importante	Total	Weighted Average
Un procesador más potente	0.00% 0	16.13% 5	25.81% 8	12.90% 4	45.16% 14	31	3.87
Mayor velocidad del equipo	0.00% 0	7.41% 2	14.81% 4	44.44% 12	33.33% 9	27	4.04
Una mayor cantidad de memoria RAM	0.00% 0	12.50% 3	25.00% 6	50.00% 12	12.50% 3	24	3.63
Una mayor duración de batería	5.56% 1	0.00% 0	61.11% 11	33.33% 6	0.00% 0	18	3.22
Una unidad de estado sólido	0.00% 0	14.29% 2	28.57% 4	28.57% 4	28.57% 4	14	3.71
Una mejor versión de sistema operativo	15.38% 2	23.08% 3	23.08% 3	23.08% 3	15.38% 2	13	3.00
Una pantalla más grande	58.33% 7	8.33% 1	16.67% 2	16.67% 2	0.00% 0	12	1.92
Un tamaño más compacto	9.09% 1	45.45% 5	36.36% 4	9.09% 1	0.00% 0	11	2.45
Una mayor capacidad/rendimiento para jugar	18.18% 2	18.18% 2	9.09% 1	9.09% 1	45.45% 5	11	3.45
Un mayor espacio de disco duro	10.00% 1	10.00% 1	30.00% 3	10.00% 1	40.00% 4	10	3.60
Una mayor cantidad de puertos USB	10.00% 1	40.00% 4	20.00% 2	10.00% 1	20.00% 2	10	2.90
Un equipo más ligero	10.00% 1	50.00% 5	10.00% 1	10.00% 1	20.00% 2	10	2.80
Un modelo más bonito	75.00% 6	25.00% 2	0.00% 0	0.00% 0	0.00% 0	8	1.25
Nada, mi equipo está bien	12.50% 1	12.50% 1	0.00% 0	12.50% 1	62.50% 5	8	4.00
Un menor consumo de electricidad	0.00% 0	14.29% 1	42.86% 3	14.29% 1	28.57% 2	7	3.57
Un equipo que emita menos calor	0.00% 0	14.29% 1	28.57% 2	42.86% 3	14.29% 1	7	3.57
Una mejor calidad de imagen y sonido	16.67% 1	16.67% 1	16.67% 1	0.00% 0	50.00% 3	6	3.50
Mejores utilerías de administración o productividad	33.33% 1	0.00% 0	66.67% 2	0.00% 0	0.00% 0	3	2.33
Un color más adecuado a mi gusto	100.00% 2	0.00% 0	0.00% 0	0.00% 0	0.00% 0	2	1.00

¡Vaya! Resulta que la mayoría se concentró en mayor rapidez del equipo y un procesador más potente. Es decir, aunque ya 70% estaba a gusto con el rendimiento de su equipo existente, en un equipo nuevo buscarían mayor rendimiento. ¿Qué se puede inferir de esto? Lo que me viene a la mente es una cualidad del pensamiento conocida como "Pensamiento mágico" (2013) que, al contrario del *pensamiento objetivo*, tiende a hacer que la persona espere más, aunque tenga ante sí lo que sacia sus requerimientos. Es decir, la mayoría de estas personas quieren más, aunque ya estén saciadas. Interesante pensamiento que pone en evidencia el impacto mercadológico del que somos víctimas.

En este estudio se incluyeron personas que decían tener o que carecían de conocimientos en el área de cómputo, y en ambos casos, aunque decían tener el equipo que satisfacía sus necesidades, buscaban en un nuevo equipo mayor rendimiento. Si bien se hubiera esperado que quienes tienen conocimientos de cómputo no tuvieran ese pensamiento mágico, pues se esperaría que hicieran un análisis más detenido que el proveniente de la publicidad. La verdad es que las presiones de tiempo y el estrés laboral dejan poco espacio para hacer análisis y, por ende, parece que muchas veces se toman decisiones simplemente por "¿qué es lo nuevo que presentaron en cómputo?". Ya en este rubro, Henry Newman (2015) escribió: "Muchas organizaciones parecen comprar hardware basados en pruebas de rendimiento en lugar de comprender sus cargas de trabajo y hacer la adquisición de acuerdo con sus requerimientos y, claro está, su presupuesto".

RENDIMIENTO

Una de las mejores formas de deshacerse del "pensamiento mágico" es comprender las cosas lo más cabalmente posible. Un buen punto de partida puede ser definir la palabra "Rendimiento". Si bien existe una plétora de definiciones, la que mejor refleja esta palabra es el Diccionario de Negocios:[111] Rendimiento: "Realización de una tarea dada que se mide de acuerdo con estándares preestablecidos de precisión, integridad, costo y rapidez". Para hacerla un poco más completa, esta definición quedaría como "Realización de una tarea dada que se mide de acuerdo con estándares preestablecidos de integridad, exactitud, precisión, rapidez y costo".

Integridad (Completeness): Cuando se habla de integridad, se trata del estado o condición de tener todas las partes necesarias o apropiadas. Como se puede inferir, aquí se trata de algo más que "rapidez"; se trata de verificar que se cuente con todo lo que se ha requerido y ello sólo se sabrá si realmente se tiene un registro de requerimientos tanto de hardware como de software del equipo.

Exactitud (Accuracy): Se refiere a cuán cerca del valor esperado o real se encuentra el resultado obtenido (es el sesgo de una estimación). Cuanto menor es el sesgo, más exacto es el resultado. Es decir, si se ha hecho una licitación o un RFQ de equipo, la Exactitud permitirá determinar qué tanto el equipo se ha acercado a lo que se ha

---

[111] http://www.businessdictionary.com/definition/performance.html

requerido tanto en términos de hardware como en términos de rapidez. Pueden verse mayores detalles en la norma ISO 5725-1[112].

Precisión (Precision): Se refiere a la dispersión de los valores obtenidos luego de repetidas mediciones de una magnitud: Entre menos dispersión, mayor precisión (o menor la desviación estándar). La precisión no es lo mismo que exactitud. Se puede ser muy preciso, pero nada exacto (obtener resultados similares, consistentes, pero que esos resultados no sean los que se esperan). Aquí se puede analizar si el equipo, en distintas mediciones, obtiene resultados de resistencia, rapidez y otros aspectos consistentes. Un equipo exacto y preciso siempre tendrá una mejor ponderación que uno que no cumpla con estos esquemas.

Rapidez[113] (Speed): Para el caso que nos ocupa, SIEMPRE es la relación entre el tiempo empleado y la tarea dada (que, en términos de física, es una distancia; pero en términos de cómputo, es algún proceso). La rapidez nunca se representa con puntuaciones o calificaciones, a menos que los criterios para obtener semejantes puntuaciones sean claros, explícitos y repetibles. No obstante, nada de eso sustituirá al hecho de que, si una tarea se termina en menos tiempo, será más rápida.

Costo (Cost): En general, se trata de lo que debe pagarse por algo. Para determinar si el costo es adecuado se toman consideraciones como: calidad de los materiales y componentes, satisfacción de requerimientos, riesgos, oportunidad y viabilidad. Por lo general, un costo se considerará alto si el bien por adquirir no cumple con la calidad esperada de materiales y componentes, no satisface los requerimientos, se perciben altos riesgos si el bien se adquiere, no se tiene el momento oportuno o no se tiene la viabilidad o los fondos suficientes para su adquisición.

Como es evidente, un programa de Benchmark, Simulación o "Prueba de rendimiento" no cumple con absolutamente ninguna de las condiciones para determinar el rendimiento del equipo. En realidad, el análisis debe ser bastante más profundo para poder determinar si un equipo tiene el rendimiento que de él se espera.

---

[112] Ver: https://www.iso.org/obp/ui/#iso:std:iso:5725:-1:ed-1:v1:en:sec:5
[113] En muchas ocasiones se utiliza el término "Velocidad" como sinónimo de Rapidez. En términos físicos, son cosas diferentes: Mientras que la rapidez es una magnitud escalar que relaciona distancia recorrida en un lapso, la velocidad es una magnitud vectorial que relaciona el desplazamiento con el tiempo. En términos de computación, hay varios componentes que pueden medirse para determinar su rapidez individual, pero, al final del día, lo que realmente le interesa al usuario es la cantidad de tiempo que se tardó determinado proceso en ser realizado, lo cual habla de rapidez y no de velocidad. Sin embargo, medir esto se ha convertido en un verdadero reto, porque hay ciertos programas que utilizan más determinados componentes que otros. Para el caso, lo ideal sería adquirir alguna solución de cómputo que tuviera los componentes más rápidos en todos los rubros. Sin embargo, su costo podría ser prohibitivo. Es por lo que se recomienda analizar, con detenimiento, cuál será el común denominador del tipo de tareas que se llevarán a cabo en el equipo para, entonces, adquirir aquél que tenga el mejor equilibrio posible entre rapidez, integridad, exactitud, precisión y costo.

MEDIDAS DE RAPIDEZ

Como ya se indicó en la introducción del libro, inspirada en una acertada exposición contextual de David Lija, la mayor parte de los campos de la ciencia y la ingeniería cuentan con herramientas y técnicas bien definidas para medir y comparar fenómenos de interés y para comunicar los resultados con precisión. Sin embargo, en el campo de la ciencia e ingeniería de la computación hay, sorpresivamente, casi nulos acuerdos en cómo medir algo tan fundamental como el rendimiento de un sistema de cómputo.

El problema inicia con una carencia de acuerdos en este campo, incluso en las más simples ideas, como el uso de la métrica más apropiada para medir el rendimiento. Los problemas se agravan cuando muchas empresas (que persiguen particularmente sus propios intereses) obtienen y reportan resultados mediante el uso de cuestionables y, en muchos casos, incorrectas metodologías.

Parte de esta falta de rigor para medir y reportar los resultados de rendimiento se debe al hecho de que hay una total falta de control en este ámbito, y cada quién ofrece resultados como mejor le parece: algunos con puntajes, otros con corazonadas, otros con valores abstractos. Lo anterior se realiza mediante técnicas de "medición" hechas a la medida (muchas veces, del propio fabricante o de los patrocinadores) basadas en la intuición, experiencia y corazonadas—sin la ayuda de instrumentos de medición precisos (Lilja, 2004).

Otro de los problemas que se tienen en el ámbito de cómputo es que existen tantas diferentes medidas de "velocidad" que es difícil determinar qué es lo que se quiere medir: ¿IOPS? ¿Hercios? ¿FLOPS? ¿MB/s? ¿RPM? ¿MT/s? Considérese la siguiente frase: "el tiempo de respuesta promedio de E/S de un disco es de 1 ms". ¿Ello es bueno o es malo? Su interpretación es difícil, pues el que una métrica sea "buena" o "mala" dependerá de las expectativas de rendimiento que se tengan.

La subjetividad puede convertirse en objetividad cuando se tienen objetivos claros, como el tiempo de respuesta esperada, o que el resultado se encuentre dentro de determinado rango. Para los usuarios estándar, esto significa "Tiempo": Es más rápido si se tarda menos. Punto. Pero ¿en qué medida "tardarse menos" es significativo para el usuario. ¿Qué pasa si un proceso se tarda un minuto en una computadora y 54 segundos en otra? ¿Y qué pasa si por esos 6 segundos de diferencia el costo sube al doble? ¿Vale pagar por esa diferencia?

Ya Luis Vieira nos menciona al respecto (2014):

> *Muchas de las mediciones que hacemos no se realizan con instrumentos físicos objetivos sino con una aproximación mental subjetiva.*

> *Comprender la capacidad de los usuarios para detectar diferencias en tiempo es de gran importancia cuando se definen objetivos de rendimiento. Es necesario saber si el objetivo al que se apunta será siquiera perceptible, o el ROI (Retorno de Inversión) de sus esfuerzos será fuertemente cuestionado.*
>
> *Por otro lado, también es importante saber qué tanta degradación de rendimiento se puede permitir antes de que los usuarios la perciban. A esto se le conoce como permiso de regresión.*
>
> *Ley Weber-Fechner*
>
> *La Ley de Weber, que posteriormente evolucionó a Ley Weber-Fechner[114], involucra un concepto clave que se llama diferencia apenas perceptible, típicamente referida como jnd[115] (por sus siglas en inglés).*
>
> *Jnd es la magnitud mínima de incremento o reducción de una propiedad de un estímulo (la brillantez de un foco, el volumen de un sonido, etcétera) que es detectable o, como su nombre lo indica, perceptible.*
>
> *La regla del 20%*
>
> *Los principales conceptos de la ley Weber-Fechner tienen un uso directo en la interacción y rendimiento entre el humano y la computadora. De acuerdo con datos de una investigación de tiempos humanos, una buena regla de oro es utilizar una tasa del 20% de la duración en cuestión.*
>
> *Para poner las cosas en términos sencillos: para crear una mejora perceptible de rendimiento, que sea percibida como tal por sus usuarios, tal mejora debería ser, al menos, del 20%.*

Como es claro, la ley Weber-Fechner[116] coadyuva enormemente para anticipar las reacciones del usuario ante un nuevo equipo de cómputo. Cabe destacar que si a un nuevo equipo de cómputo se le pone un sistema operativo antiguo (por ejemplo, Windows 7 en un equipo actual), la experiencia del usuario podría no ser buena, debido a que Windows 7 no aprovechará los beneficios tecnológicos ofrecidos con la nueva adquisición.

Con lo anterior, es claro que un usuario no notará diferencia si algo se hace en 54 segundos o si se hace en un minuto. El usuario sí empezará a notar diferencia si algo se hace en 48 segundos en lugar de un minuto. Esta diferencia también permite establecer un ámbito de tolerancia, si es que se está pidiendo determinada rapidez en

---

[114] Psychofphysics and Just-Noticeable Difference: http://www.cs.umd.edu/class/fall2012/cmsc828d/reportfiles/buntain4.pdf
[115] jnd = Just Noticeable Difference o Diferencia apenas perceptible.
[116] La ley Weber-Fechner es una ley de percepción basada en la magnitud. Se define como "La mínima modificación necesaria en el estímulo para producir, como respuesta, la percepción de cambio, es proporcional al estímulo existente".

un equipo: Si se pide que algo se tarde 60 segundos, la degradación de rendimiento permitida podría ser hasta de 12 segundos (es decir, 72 segundos). Si no se quiere llegar a ese extremo, podría establecerse una degradación de rendimiento permitida del 10% (es decir, 6 segundos) y el usuario definitivamente no percibirá diferencia alguna.

Así, ¿a qué le llama "rápido" el usuario? A que sea más rápido. ¿Qué es más rápido? Algo que se haga en, al menos, 20% menos de tiempo de lo que se tiene en la actualidad. Por ejemplo, si en la actualidad un usuario ejecuta una hoja de cálculo que se tarda hora y media en ser procesada, para que el usuario perciba mayor rapidez, la misma hoja de cálculo debería ser calculada en una nueva máquina en, máximo, una hora y doce minutos. Si el usuario espera que la hoja sea calculada en 1 hora, puede permitirse una degradación de rendimiento de 6 minutos (al 10%) y el usuario no notará una diferencia.

LA LEY WEBER-FECHNER Y LA ADQUISICIÓN DE EQUIPO NUEVO

Hay dos razones primordiales por las que se requiere adquirir equipo nuevo: 1) Por obsolescencia o fallas del equipo actual o 2) por agilizar los procesos actuales. Conocer la ley Weber-Fechner nos permite conocer con qué frecuencia, mínimo, se requiere cambiar de computadoras. De acuerdo con distintas pruebas de rendimiento en el mercado, los microprocesadores, en cada nueva familia, mejoran su rendimiento un promedio de 7.5%[117]. Eso significa que cada 3 años se verá una mejora de rendimiento de 22.5%, lo cual será claramente perceptible por el usuario. Otra buena noticia es que al hacer los cambios cada tres años, basados en la misma línea de configuración (al menos, de procesadores), el precio no aumentará significativamente[118] y la nueva inversión podría ayudar enormemente a calcular el ROI con mayor facilidad. Por otro lado, luego de tres años es muy factible encontrar mejoras tecnológicas significativas en los campos de la seguridad, de los buses (tecnologías de memoria, de almacenamiento masivo, de ahorro de energía, etcétera) que traerían mayores beneficios a la organización.

---

[117] Se toma en cuenta exactamente la misma marca y modelo de procesador a lo largo de, al menos, 5 generaciones. Por ejemplo, los procesadores A8 PRO desde los modelos 3000 hasta los 9000, o los Core i5 desde los modelos 2000 hasta los 7000. Existen saltos enormes por cambio tecnológico que pueden dar diferencias de rendimiento de más de 40%, tal como ocurre con los procesadores A8 PRO serie 9000 y los Ryzen 3 PRO serie 1000, o los Core i5 serie 7000 y los Core i5 serie 8000.
[118] En términos de US Dólares.

Es así como la ley Weber-Fechner puede ayudarnos a tomar mejores decisiones a la hora de adquirir equipos de cómputo. El secreto, entonces, es tiempo.

TIEMPOS MUERTOS DE LOS USUARIOS

Para ejemplificar lo anterior, una simple medición de tiempos muertos[119] de los usuarios permitirá tener una idea de cuánto se podría estar perdiendo en productividad y, por ende, qué tanto podrían beneficiar equipos nuevos. Si bien no se trata de que los colaboradores se la pasen todo el tiempo pegados a sus lugares de trabajo, ciertamente hay ocasiones en las que hay pérdidas por el tiempo en que las computadoras se tardan en realizar algún proceso.

Tan sólo hay que medir cuánto tiempo el usuario se la pasa esperando a que la computadora haga algo. Tomar estos tiempos, que podría requerir de un estudio realizado in situ durante una semana, se podrían evidenciar tales tiempos muertos. En estos tiempos muertos no se incluyen los descansos recomendados durante la jornada laboral (Conlin & Barber, 2017) en los que, quizá, la técnica Pomodoro pueda ser de ayuda. (Cirillo, 2018) Sólo se incluyen los tiempos de espera provocados por una computadora poco adecuada.

Para este caso, se utilizaría un cronómetro para medir:

- Cuánto tiempo el usuario espera para que la máquina encienda.
- Cuánto tiempo pasa desde que el usuario teclea su contraseña y la sesión se inicia.
- Cuánto tiempo se tarda cada programa que utiliza el usuario en abrirse.
- Cuánto tiempo se tarda en abrir los documentos o archivos que necesita para su trabajo.
- Cuánto tiempo se tarda, en su caso, en conectarse a los sitios Web (Intranet, Extranet, Internet) que requiere para hacer su trabajo.
- Cuánto tiempo se tarda cada programa en realizar los procesos necesarios para hacer su trabajo.
- Cuánto tiempo se tarda el programa en responder a las peticiones del usuario ya que está en funcionamiento.
- Cuánto tiempo se tarda la máquina en realizar sus procesos de mantenimiento (actualizaciones, correcciones, etcétera).

Una vez que se tienen los tiempos, se puede hacer una suma de todos ellos para darse cuenta cuánto tiempo muerto (achacable a la computadora) tiene el colaborador.

---

[119] Se denomina "tiempo muerto" al período en improductivo provocado por inactividad o falta de aprovechamiento. También se podría usar "tiempo de espera" como sinónimo, pero sólo en este caso.

Si se es un poco más exquisito, ese tiempo muerto podría confrontarse con los emolumentos del colaborador para saber cuánto dinero se está invirtiendo por los tiempos muertos involuntarios provocados por una computadora inadecuada. A ello se le puede sumar la cantidad de energía eléctrica que consume la computadora y algunos otros aspectos. Quizá el resultado dé algo en qué pensar.

QUÉ COMPUTADORA PUEDE COADYUVAR

Aquí, reitero, entra en juego la ley Weber-Fechner (Nutter, 2010), donde los nuevos equipos de cómputo que se elijan deberían reducir los tiempos muertos involuntarios de los colaboradores provocados por una computadora inadecuada en, al menos, 20%.

Por ejemplo, si se descubre que los tiempos muertos diarios suman alrededor de 30 minutos (es un número conservador), lo mínimo que debería esperarse que se reduzcan los tiempos muertos es en 6 minutos, con lo que los tiempos muertos totales quedarían en 24 minutos. Por supuesto que, si la solución de cómputo elegida reduce los tiempos muertos en más de eso, será bastante mejor, pero, también, habrá que esperar que el costo será mayor (a veces, significativamente mayor).

En principio, la integración de nueva tecnología en la Organización deberá estar orientada a reducir los tiempos muertos, reducir costos y mejorar la productividad. Es por lo que es clave tomar en cuenta los tiempos muertos.

A. David Garza Marín

CAPÍTULO 9

Panorama de las "pruebas de rendimiento"

"Existen las mentiras, las malditas mentiras y, luego, hay pruebas de rendimiento."
—Anon Et. Al.

N UN ENFOQUE CIENTÍFICO, HOLÍSTICO, sistémico, cualitativo y cuantitativo, un programa de Benchmark, Simulación o Prueba de rendimiento se utilizaría para experimentar y obtener resultados exactos, medibles y comprobables. La ejecución de pruebas de rendimiento realizadas de manera seria y científica es, nada menos que, una rama específica de la ciencia de la computación, dado que puede producir resultados que podrían ser matemáticamente procesados y analizados. Con estos análisis se podría coadyuvar a tomar algunas decisiones relevantes respecto a las arquitecturas de procesadores, diseño de compiladores, uso de aplicaciones y cosas por el estilo. De hecho, un experimento científico con el apoyo de las pruebas de rendimiento debe seguir las mismas reglas básicas de cualquier actividad científica: modestia (evitar ser muy ambicioso con lo que se quiere iniciar) y sentido común, carecer de prejuicios y tendencias, un objetivo bien fijado para obtener resultados exactos y precisos, capacidad de reproducción de los experimentos, relevancia, concisión, intercambio de información, y cita de fuentes o referencias. Una prueba de rendimiento, así, debería devolver resultados documentados y cuantitativos que permitan, científicamente, analizar la mejor forma de aprovechar los recursos para obtener los mejores resultados posibles. Además, la prueba de rendimiento comprende diversas evaluaciones entre las que se incluye el tipo de componentes, su capacidad de interacción, y varios otros factores que van más allá de encerrarlo en una supuesta prueba de "rapidez".

Todo lo citado en el párrafo anterior es, ni más ni menos, el holismo.

El problema es que lo que se ha popularizado es el enfoque del Benchmarketing, mismo que sirve a intereses comerciales. El Benchmarketing obtiene sus subsidios (subvenciones, patrocinios... Dinero) de las empresas que son las que pagan para que su producto salga mejor calificado que los demás. El Benchmarketing tiene un solo objetivo: Demostrar que el componente o software del fabricante A es "mejor" (más rápido, más poderoso, con mejor rendimiento, con una mejor tasa de precio/rendimiento, con mejor puntaje) que la del fabricante B. Esto provoca una total falta de credibilidad en los resultados.

De acuerdo con los intereses del proveedor, pueden ofrecerse programas de pruebas de rendimiento que hagan mediciones artificiales de manera que los resultados sólo sirvan para "pasar una prueba", pero que podrían no satisfacer las necesidades reales de los usuarios. Existen una gran variedad de ejemplos—no sólo en el ámbito del cómputo[120]—donde se alteran artificialmente los resultados para ofrecer una falsa sensación de "cumplimiento". Sin embargo, la realidad puede ser muy diferente (Martin, 2013), y más si simplemente se ejecutan tales pruebas porque algún proveedor insistió en que ésas, y sólo ésas se ejecutaran (Gregg, 2013). De hecho, las famosas pruebas de rendimiento automatizadas propenden al siguiente error: "Se ejecuta la prueba de rendimiento en A, que en realidad mide B, y se concluye que se midió C". (Gregg, 2014)

La inspiración básica de este enfoque es una corriente griega conocida como Sofismo. El Sofismo ha tenido sus adeptos en todas las eras, pero los griegos lo convirtieron en todo un arte. Quienes hacen Benchmarketing continúan con esta tradición con diversos grados de éxito. Eso, sin embargo, no tiene la finalidad de apoyar al usuario, sino a los intereses de los patrocinadores e impulsar las ventas de sus productos, a establecer posicionamientos de mercado y a tergiversar la realidad. Este tipo de herramientas, de hecho, se ejecutan en tiempos muy cortos, devuelven números sin mayor explicación y exactitud, y carecen de referencias y criterios respecto a lo que se pretende del uso de los equipos. La explicación a esto último es que, si el programa de pruebas de rendimiento ofreciera referencias, entonces actuaría a favor del usuario; pero como lo que se pretende es que actúe a favor de la comercialización, el único "umbral" que se ofrece es: "Entre mayor el número, mejor", aunque ello, en sí, no le diga al usuario si ese resultado es bueno o malo para sus necesidades.

Cabe hacer notar que la mayor parte de estos benchmarketings se orientan al reduccionismo, donde—normalmente—se destaca el poder de un componente, un dispositivo o una sección (normalmente, la CPU) en la computadora. Sin embargo, existe una enorme cantidad de documentos y referencias que ponen en evidencia que

---

[120] EPA, "Volkswagen Light Duty Diesel Vehicle Violations from Model Years 2009-2016", http://www.epa.gov/vw

la potencia del procesador, de manera unívoca, ya está por encima de los requerimientos de los usuarios. Ya se vio la referencia del Dr. McCalpin en el Capítulo 2, en el subtema "Memoria".

Así, los programas de pruebas de rendimiento comerciales intentan "calificar" el rendimiento de una computadora de acuerdo con un conjunto fijo de pruebas que se ejecutan automáticamente y en secuencias que, normalmente, no reflejan la forma en que el equipo será utilizado de manera cotidiana.

Es sorprendente saber lo complejo que es el correcto proceso de realización de pruebas de rendimiento, pues existen diversas posibilidades de obtener resultados equivocados, así como caer en omisiones. En el documento "A Nine Year Study of File System and Storage Benchmarking", sus autores Traeger, Zadok, Joukov y Wright (2008) lo resumen bastante bien:

> En este artículo hicimos las pruebas con 415 programas de rendimiento de sistemas de archivos y almacenamiento a partir de 106 documentos recientes. Encontramos que las pruebas más populares tenían fallas y que muchos documentos de investigación no ofrecían una clara indicación del rendimiento real.

En este documento pueden verse anotaciones de que los programas de pruebas de rendimiento deberían explicar qué es lo que prueban y por qué, además de facilitar algún tipo de referencia del rendimiento esperado. Y es que ningún programa de pruebas de rendimiento (o su resultado) puede responder fehacientemente a las siguientes preguntas: ¿Qué significan esos números o métricas? ¿Qué ponderación se utiliza? ¿Qué código está inscrito? ¿Qué bibliotecas se usaron? ¿Qué beneficio me reviste el resultado? ¿Qué valor de referencia es el adecuado? ¿Qué provoca las diferencias entre resultados? ¿Por qué de una versión a otra cambian tan significativamente los resultados? ¿Qué es lo que se pretende experimentar en cada prueba y en qué se aplica en mi ámbito productivo? Las interrogantes podrían continuar ad nauseam, pero lo cierto es que ningún programa de estos puede responder a cabalidad a cada una de ellas. Normalmente, las respuestas se dan con falacias como "son pruebas del mundo real", "son pruebas estándar de la industria", "muchos las usan" y varias otras. Y otro problema es que "la mayor parte de las pruebas de rendimiento [...] se ejecutan en un sistema vacío, lo que puede hacer que los resultados difieran de una configuración real." (Traeger, Zadok, Joukov, & Wright, 2008)

Brendan Gregg nos ofrece en su libro "Systems Performance: Enterprise and the Cloud" (2014) una interesante tabla que nos permite ver la enorme diferencia que existe en tiempos de respuesta del microprocesador comparado con el resto de los componentes del equipo. La prueba se basa en un microprocesador cualquiera que funciona a una frecuencia de reloj de 3GHz. En la columna "Equivalente humano" se ha establecido una medida inicial de tiempo que permite hacer más comprensible para el lector lo que significarían para la computadora los valores que se encuentran en la columna "Tiempo de respuesta". La columna "Veces respecto a la CPU" indica qué tanto más tardado es el componente de la fila indicada respecto a la CPU. Cabe hacer notar que el "Tiempo de respuesta" del procesador sólo se refiere a un núcleo, por lo que si se realizan tareas de paralelización los tiempos pueden diferir significativamente.

Componente	Tiempo de respuesta	Equivalente humano	Veces respecto a la CPU
1 ciclo de CPU (Hz)	0.3 ns	1 s	
Caché L1	0.9 ns	3 s	3x
Caché L2	2.8 ns	9 s	9x
Caché L3	12.9 ns	43 s	43x
RAM*	14.25 ns	48 s	48x
SSD	50–150 µs	2 – 6 días	166.6Kx–500Kx
HDD	1 – 10 ms	1 – 12 meses	3.33Mx–33.3Mx
Pantalla	9 – 68 ms	11 meses – 7 años	30Mx–227Mx
CD/DVD	30 ms	>3 años	100Mx
Red	48 ms	5.5 años	173Mx
Conexión (DSL)	100 ms	11.5 años	333.3Mx
Arranque del sistema	40 s	4.6 milenios	133Gx
Reinicio del sistema	2 min	13.7 milenios	400Gx

* Se tomó en cuenta memoria RAM DDR4-2666MT/s CL19

Análisis del cuadro:

- Para darse una idea de la rapidez del microprocesador en sí, hay estudios que indican que el ojo humano puede captar una imagen[121] cada ~66ms (es decir, unas 15 imágenes por segundo[122]). Si se toma en cuenta el tiempo sugerido por el MIT[123], durante ese período un microprocesador de 3GHz de un solo núcleo habría ejecutado 39 millones de ciclos y pretendido procesar 312 millones de operaciones.

---

[121] Si bien el ojo no ve en función de "cuadros por segundo", ciertamente esta referencia permite tener una idea de los valores que se encuentran en el cuadro.
[122] Esto, de acuerdo con el teorema Nyquist-Shannon, nos permite explicarnos por qué las películas muestran 24 cuadros por segundo.
[123] El MIT tiene un estudio que establece que podría tomarle al ojo humano tan sólo 13ms para ver una imagen, lo cual indicaría que vemos unas 77 imágenes por segundo. MIT News; Trafton, Anne, "In the blink of an eye", http://newsoffice.mit.edu/2014/in-the-blink-of-an-eye-0116

- Otra referencia podría ser la velocidad de la luz: La luz viaja alrededor de 30cm en 1ns[124]. En ese período, un procesador de 3GHz de un solo núcleo habría ejecutado 3.3 ciclos y pretendido procesar 26.4 operaciones.
- Nótese que el acceso a la RAM es 47 veces menos eficiente que el procesador. Tan solo este aspecto pone en perspectiva que casi la mitad de tiempo, un procesador de 3GHz de un núcleo estaría inactivo si tiene que aguardar datos provenientes de la RAM.
- También, nótese que el acceso al disco duro estándar es, al menos, 3.3 millones de veces menos eficiente que el microprocesador. Éste es el verdadero problema de una computadora con poca memoria RAM, dado que el sistema tendería a utilizar (o sobreutilizar) el disco duro para emular memoria RAM adicional (en un concepto que se llama "paginación"). Así, cuando se abren aplicaciones de productividad, el mayor problema de lentitud se concentra en no haber instalado suficiente memoria RAM en el sistema y, por ende, obligar al sistema a paginar en el disco duro.
- Cabe subrayar que la pantalla tampoco se salva de la lentitud. Su tiempo de respuesta es, al menos, 30 millones de veces menos eficiente que la del procesador.

Con lo anterior se comprueba por qué la configuración debe ser holística y sistémica, y por qué los programas de pruebas de rendimiento no ofrecen una idea clara de la rapidez a la que se realizan determinadas tareas. En algunos casos, los resultados pueden alterarse seriamente por agregar cantidades enormes de memoria caché al procesador y, así, ejecutar los códigos de las pruebas de rendimiento en ese espacio de memoria.

---

[124] Speed Of Light, http://www.speed-light.info/speed_of_light_variable.htm

A. David Garza Marín

CAPÍTULO 10

La percepción humana

"Mientras que el hardware y el software se mejoran continuamente, las capacidades humanas de percepción se mantienen inamovibles."
—*Steven Seow*

ADA VEZ QUE SE BUSCA una computadora que ofrezca mayor rapidez, en general las pruebas que se hacen se concentran en la computadora y pocas o nulas veces se voltea a ver al usuario. Si volteamos nuestra vista hacia los programas de pruebas de rendimiento, sus puntuaciones están orientadas a la computadora, nunca al usuario. Es decir, sus puntuaciones no ofrecen una idea clara al usuario del tipo de rendimiento que podría esperar de este equipo.

Ahora bien, es de destacar que, en muchas ocasiones, la percepción del usuario es que los modernos equipos de cómputo lejos de contribuir con la productividad la entorpecen. También es de notar que ello se debe, como ya se ha visto, a un inadecuado proceso de configuración y pruebas.

En este sentido la percepción del usuario juega un papel importantísimo. Es de destacar que la percepción del usuario es una mezcla de expectativas, facilidad de uso, capacidades y rapidez del equipo de cómputo entregado. Cuando una solución de cómputo está bien diseñada, puede traer una alta satisfacción del usuario (aunque pueda haber algunos pequeños problemas); por el contrario, cuando la solución está mal diseñada, la percepción será mala sin importar que el equipo de cómputo integre las más altas y vanguardistas tecnologías (Vieira, 2014).

Así, el usuario es primordial. Si el usuario percibe que el equipo que se le entregó no es mejor y más rápido que el que tenía anteriormente[125], es altamente probable que su productividad se deteriorará, no sólo por la máquina en sí, sino por un sentido de

---

[125] Ver el capítulo 8, "La importancia del rendimiento en una computadora", en lo relacionado con la ley Weber-Fechner y la regla de oro del 20%.

valoración insuficiente a su trabajo. Ilya Grigorik (2014) nos lo expone en un interesante concepto:

> *Rendimiento no es sólo milisegundos, cuadros y megabytes. También se refiere a cómo esos milisegundos, cuadros y megabytes se traducen en la forma en que el usuario percibe la aplicación.*

Es de subrayar que cada aplicación dicta su propio conjunto de requerimientos de acuerdo con los criterios de negocios, el contexto, la expectativa del usuario y las constantes perceptuales de tiempo de procesamiento totalmente orientadas al usuario[126]. Recordemos que la expectativa del usuario se relaciona enormemente con la ley de Maister de la satisfacción: Satisfacción es la diferencia entre lo que se percibe y lo que se esperaba. (Maister, 1985) Sin importar qué tanto se acelere la vida, o al menos la percepción de su aceleración, nuestros tiempos de reacción permanecen constantes. Si tomamos en cuenta que un usuario promedio ve alrededor de 15 imágenes por segundo, la siguiente tabla[127] nos puede dar una idea clara del tiempo de respuesta normalmente esperado por un usuario[128], sin importar el tipo de aplicación (instalada en el equipo u online) o el medio (laptop, desktop o dispositivo móvil).

Tiempo y percepción del usuario

Retardo	Percepción del usuario
0 – 100 ms	Instantáneo
100 – 500 ms	Inmediato
500 – 1000 ms	Rápido
1 – 10 segundos	Se percibe lentitud, pero no se pierde la atención del usuario.
+10 segundos	El proceso requiere de algún aviso que indique el avance del proceso y el tiempo esperado para finalizarlo. Si no se tiene ese aviso, lo más seguro es que el usuario se alterará o pensará que el equipo se ha trabado.

Análisis del cuadro:

- En el primer caso, el usuario habría visto apenas poco más de una imagen. Es por lo que percibirá que el resultado fue instantáneo.

---

[126] Existen distintos estudios estandarizados con tiempos de respuesta objetivos: MIL-STD 1472G, ESD/MITRE, TAFIM y R. B. Miller, entre otros.
[127] Basada en el Estandar Militar MIL-1472G
[128] Puede evaluar por sí mismo los tiempos de respuesta de un usuario y hacer sus propias mediciones con ayuda de la página Human Benchmark, que mide los períodos de reacción de los usuarios de una manera simple, pero convincente. Véalo en: http://www.humanbenchmark.com/tests/reactiontime

- En el segundo caso, el usuario habrá visto poco más de 7 imágenes. Es por lo que percibirá el resultado como inmediato.
- En el tercer caso, el usuario habrá visto 15 imágenes. Eso le parecerá rápido.
- En el cuarto caso, el usuario podría percibir que la máquina no responde con mucha prontitud, pero no será un pretexto suficiente para abortar el trabajo.
- En el quinto caso, es indispensable agregar cuadros o mensajes donde se indique el avance del proceso e, idealmente, el tiempo restante aproximado para terminarlo. Si no hay un mensaje de este tipo, el usuario simplemente se irritará o pensará que el equipo o la aplicación se ha trabado, con lo que se pondrá en riesgo la integridad de la información al provocar un apagado forzado del equipo o de la aplicación. A este tipo de prácticas para reducir la irritación del usuario ante la espera se le conoce como "Ingeniería del tiempo", y Steven Seow tiene un libro muy interesante al respecto (Seow, 2008).

Esta tabla definitivamente ofrece una idea más clara de los tiempos de respuesta y medidas comúnmente esperadas por los usuarios a la hora de realizar algún proceso, y su impacto perceptual. A esto, entonces, se le conoce como "Benchmark perceptual".

A. David Garza Marín

CAPÍTULO 11

Acciones por tomar para probar el rendimiento

"El rendimiento del sistema es el estudio del sistema completo, donde se incluyen todos los componentes físicos y toda la pila de software."
—Brendan Gregg

OMO YA SE HA INDICADO en capítulos anteriores, existe un terrible problema a la hora de ejecutar un programa automatizado de simulación o prueba de rendimiento: no sabemos qué mide. La idea de este capítulo es comprender a cabalidad qué es lo que queremos medir y cómo, si es posible, podríamos medirlo. Pero, primero, pongámonos en sintonía.

TIPOS DE PRUEBAS

A grandes rasgos, existen dos tipos de pruebas de rendimiento[129]: sintéticas y de aplicación.

Las pruebas sintéticas son aquellas que están diseñadas para probar aspectos individuales de la máquina, como el microprocesador, la memoria, el disco, los gráficos, etcétera. En estas pruebas se ejecutan códigos inexpugnables para obtener una supuesta puntuación del componente evaluado o de su conjunto. Como, por lo general, cada elemento se puntúa con diferentes escalas, es difícil determinar cuál es la rapidez conjunta. Aunque una regla es que la rapidez final será igual a la del

---

[129] A decir verdad, ambas pruebas son sintéticas, pues su automatización jamás simulará el tiempo real en que un usuario maneja la computadora.

elemento menos rápido, a decir verdad, esta regla sólo será cierta si sabemos exactamente qué recursos son los que más utiliza la aplicación que será usada con mayor frecuencia en la máquina y cuál de todos los componentes que utiliza es el menos rápido.

El problema con las pruebas sintéticas es que siempre dan resultados sin sentido dado que no miden tareas, digamos, "reales". Por ejemplo, las puntuaciones que se obtienen del microprocesador representarían lo que para el programa en cuestión significaría la "máxima rapidez", pero ello no significa que sea la rapidez que se obtenga en el mundo real con las aplicaciones que se utilicen. Ello es especialmente cierto con los microprocesadores que constan de varios núcleos. Las pruebas sintéticas podrían estar elaboradas para hacer uso de todos los núcleos a la vez, pero muchas aplicaciones no están diseñadas con ello en mente, especialmente las que ya tienen cierto tiempo de haber sido elaboradas. Es posible que este tipo de microprocesadores pueda mostrar todo su potencial en situaciones de alto rendimiento, como en bases de datos, hojas de cálculo, o al hacer uso de una fuerte multitarea. El usuario promedio podría no percibir una diferencia en rendimiento a pesar de que las puntuaciones sean diametralmente diferentes[130].

A las pruebas de aplicación también se han dado en llamar "Pruebas naturales" o "Pruebas del mundo real", dado que se realizan con base en aplicaciones como Microsoft Word, Microsoft Excel, LibreOffice, Adobe Photoshop y algunas otras aplicaciones de uso común. Sin embargo, hay que tener mucho cuidado con estas definiciones engañosas: Las pruebas de aplicación sólo tendrán algún tipo de sentido si el usuario utilizará exactamente las mismas aplicaciones con las mismas versiones y exactamente los mismos procesos que se estén probando, exactamente de la forma en que se están probando y con el mismo tipo de datos y archivos que se usaron en la prueba. Cualquier diferencia puede traer resultados distintos y, por ende, una experiencia distinta para el usuario. Hay que evitar caer en la trampa de las pruebas que se autodenominan "del mundo real".

Como ya se había mencionado, lo mejor es utilizar las aplicaciones locales con una carga de datos propia para poder probar el tiempo que se tarda en la ejecución. Si bien éste podría ser un proceso engorroso, la buena noticia es que estos procesos se podrían automatizar[131] para tener una idea más cercana a la realidad de lo que obtendrá la organización.

---

[130] Ver las notas de PassMark en el rubro de las CPU bajo el título "Real Life Performance Comparison": https://www.cpubenchmark.net/graph_notes.html

[131] Existen diversos programas de automatización, pero uno que se destaca es AutoIt. Su gran beneficio es que es freeware y utiliza un lenguaje parecido al BASIC para programarse. Sin embargo, existen herramientas que han sido creadas para facilitar el uso de este programa y en el mismo sitio de AutoIt se integra una referencia a manera de libro de texto para aprender sus generalidades. Ver mayores detalles en: https://www.autoitscript.com/site/autoit/

CONDICIONES

En el artículo "Performance Anti-Patterns", Bart Smaalders (2006) ofrece algunas condiciones que deberían cumplirse para determinar cómo y por qué serán realizadas las pruebas. Así, una buena prueba de rendimiento debería ser:

- **Repetible**, de manera que los experimentos de comparación puedan realizarse nuevamente con relativa facilidad y con un grado razonable de exactitud y precisión.
- **Observable**, de tal suerte que si se obtiene un resultado magro, quien realice la prueba tenga alguna pista para saber el por qué. Pocas cosas son tan frustrantes como una compleja prueba de rendimiento que da por resultado sólo un puntaje sin informar al usuario de los detalles del por qué se obtuvo ese puntaje.
- **Transportable**, de modo que sea posible hacer comparaciones entre los competidores (incluso si los resultados provienen de versiones anteriores). Cuando se lleva un registro del rendimiento obtenido en versiones anteriores se puede tener una idea para comprender el propio desarrollo del rendimiento.
- **Fácilmente presentada**, de forma que sea fácil para la audiencia comprender las comparativas en una presentación breve.
- **Realista**, de modo que las medidas obtenidas reflejen lo más cercanamente la realidad de lo que el usuario obtendrá.
- **Ejecutable**, de manera que se puedan inferir los efectos en caso de que se realice algún cambio. Si toma días obtener los resultados de la prueba, será difícil conseguir algo como esto.

No todos los programas de pruebas automatizadas de rendimiento elegidos cumplirán con todos los criterios. Es por lo que lo más recomendable es evitar llevar a cabo o utilizar una sola prueba automatizada de rendimiento. Habría que utilizar varias, al menos unas cuatro pruebas de manera que, en su conjunto, puedan responder a todos los criterios. Smaalders nos invita a elegir programas de pruebas automatizadas de rendimiento que representen, lo más fielmente, las necesidades del usuario final pues, si no, podría favorecerse a una solución equivocada. También **nos insta a resistirnos a la tentación de hacer optimizaciones en favor de obtener mejores puntuaciones en los programas de pruebas automatizadas de rendimiento**. La tentación de hacerlo siempre es mucha, y está especialmente fomentada por sitios de entusiastas que realizan forzados de reloj, configuraciones especiales, modificación de controladores, modificación de parámetros en el BIOS/UEFI y en otras cosas para obtener puntajes dudosamente altos. El problema es que el resultado obtenido reflejara las mejoras realizadas, pero no al común denominador de las configuraciones que se obtendrán, por lo que la experiencia del usuario podría ser terrible y ello podría llegar a afectar la confianza de los usuarios en la marca, en el proveedor o en el área de TI.

Por lo general, los programas de pruebas automatizadas de rendimiento destacarán algún aspecto en particular para lo que han sido programadas a expensas de otros aspectos que no se midan (y que podrían ser importantes para el usuario final).

Así, en una prueba efectiva se debería saber: Cómo se realizará, qué se medirá y el análisis y conclusiones que de ello derivarán. En lo tocante al análisis, es importante saber (o comprender):

- **Una referencia**; es decir, el mínimo resultado esperado[132].
- **Qué es lo que se probará** (uno o varios programas, o uno o varios componentes).
- **Cuáles son los factores limitantes** (no es el mismo programa que se usará o la misma versión, no es la configuración adecuada, no es la versión del sistema operativo, la unidad de almacenamiento no será la misma que la que se entregará, etcétera).
- **Cualquier perturbación que podría afectar los resultados** (variaciones en la tensión eléctrica, ambientes ruidosos, red lenta, tipo de memoria distinto, tipo de pantalla distinto, etcétera).
- **Los detalles del sistema probado** (microprocesador, RAM [cantidad, rapidez, tipo, características, configuración], unidad de almacenamiento, sistema operativo, aplicaciones, modelo del equipo, tipo de pantalla y el tipo de conexión al que se ha acoplado...)
- **El precio** (o, al menos, su promedio) del sistema probado.
- **A qué conclusiones se busca llegar** al obtener los resultados.

La referencia puede obtenerse desde algún sitio público (como UL) o generarse localmente con alguna computadora en uso que tenga la configuración adecuada para las tareas que se realizan, de modo que los resultados obtenidos en ella funjan como referencia. Será importante, a su vez, tomar nota de los detalles de configuración de esta computadora que use como referencia (de nueva cuenta, microprocesador, RAM [cantidad, rapidez, tipo, características, configuración], unidad de almacenamiento, sistema operativo, aplicaciones, modelo del equipo, tipo de pantalla y el tipo de conexión al que se ha acoplado, etcétera) para tener una idea precisa al respecto.

---

[132] Como se indicó en el Capítulo 8, "La importancia del rendimiento en una computadora", es aquí donde puede considerarse una razón degradación de rendimiento, siempre y cuando sea benéfica para los intereses de la organización. Es decir, si la referencia mínima es de 100, pero una computadora da un resultado de 90 y su precio es significativamente menor, la relación de precio/rendimiento podría traer un equipo con un rendimiento esperado, pero con un costo mucho más asequible para la organización.

CAPÍTULO 12

Protocolo para las pruebas de rendimiento

*"La mayor parte de las pruebas de rendimiento
[...] se ejecutan en un sistema vacío, lo que puede
hacer que los resultados difieran de una
configuración real."*
—*Traeger, Zadok, Joukov y Wright*

A CONTINUACIÓN SE ENCONTRARÁ UN PROTOCOLO modelo para llevar a cabo pruebas de rendimiento y asegurar, en lo posible, resultados equitativos, justos y lo más acercados posible a la realidad.

DEFINIR QUIÉN REALIZARÁ Y QUIÉN ATESTIGUARÁ EL PROCESO DE PRUEBAS DE RENDIMIENTO

Se recomienda que para los procesos de configuración y ejecución de las pruebas de rendimiento no se deje solo a quien realizará la prueba. Si quien realizará la prueba es algún tercero, se requiere nombrar a alguien que testifique y que anote lo movimientos que realice quien haga la prueba (incluso, sus procesos de configuración y puesta a punto). Como se mencionó en el Capítulo 11, "Acciones por tomar para probar el rendimiento", en muchas ocasiones se cede a la tentación de hacer "configuraciones especiales" con la finalidad de obtener un mejor resultado en la o las prueba(s). El proceso de configuración debería ser un proceso abierto, evidente, claro, reproducible. Si quien va a hacer la prueba se niega a compartir los detalles del proceso de configuración, será mejor que se haga una anotación al respecto pues algo dudoso podría estar ocurriendo allí. Una vez que se haga la configuración, el testigo también deberá anotar cualquier cambio o modificación que realice quien haga la prueba luego de ejecutar cada prueba de rendimiento. Si se cuenta con un protocolo de pruebas detallado, quien realice la prueba no deberá violarlo para ganar la contienda. Quien ejecute la prueba y el testigo no deberán ser la misma persona, en especial si, como ya se dijo, quien ejecute la prueba es un externo.

DEFINIR CONFIGURACIONES COMUNES

No importa la marca del hardware ofrecido, todas las máquinas deberán cumplir con el criterio mínimo exigido en la configuración.

- Si fueron solicitados microprocesadores con cuatro núcleos físicos (y, en su caso, con SMT), todos los equipos deberán tener este tipo de procesadores.
- Si se pidió cierta cantidad, características y configuración de memoria RAM, se deberá verificar que todos los equipos tengan exactamente la misma configuración. En su caso, habrá que tomar nota de cualquier diferencia[133]:
  - Tamaño[134]
  - Tasa de transferencia (MT/s)
  - Sincronizaciones y latencias (CAS, RAS, tRAS, tRC, Frecuencia).
  - Canal simple o Doble canal
- Si se solicitó cierto tipo de unidad de almacenamiento masivo, debe verificarse que todas las computadoras lo incluyan (habrá que tomar en cuenta cualquier diferencia de transferencia, tiempo de búsqueda y de escritura. Conocer la marca y modelo de la unidad de almacenamiento puede arrojar algunos datos interesantes si se consulta su documentación en el sitio Web del fabricante) [135].
  - Discos duros estándar: 5400RPM, 7200RPM, 10000RPM, SSHD.
  - SSD: SATA-III, M.2 SATA, M.2 PCIe, o NVMe.

---

[133] Las diferencias en características, tiempos y configuración de canales podrían traer variaciones de rendimiento hasta del ~30%.
[134] Luego de 8GB, de acuerdo con el tipo de prueba de rendimiento, podría no haber mucha diferencia en los resultados de la prueba. Si la prueba que se ejecutará manejará una enorme cantidad de datos, entonces la cantidad de memoria también influirá en el resultado de la prueba.
[135] Durante las pruebas de rendimiento, el tamaño de la unidad de almacenamiento podría no ser importante luego de 500GB en el caso de los discos duros, y de 256GB en el caso de las SSD. Lo que realmente importa es la tasa de transferencia, los tiempos de búsqueda y los de escritura.

- El chip gráfico que cumpla con el Shader Model 6.1 (DirectX 12.1) para Windows 10.
  - Si se usará Windows 7, debe cumplir con Shader Model 5 (DirectX 11)
- La pantalla deberá tener exactamente las mismas características en cada computadora[136].
  - Tiempos de refresco
  - Tiempos de respuesta (ms)
  - Resolución (mayores resoluciones podrían dar resultados bajos en las pruebas de rendimiento)
  - Profundidad de color
  - Tipo de conexión (VGA, HDMI, DVI o DisplayPort, y sus versiones).
- El sistema operativo deberá ser de la misma versión y compilación
  - En Windows podrá ver la versión y compilación al teclear winver y oprimir Enter en el cuadro de Cortana, o al oprimir la combinación Windows+R para que aparezca la ventana Ejecutar y escribir winver y oprimir Enter allí.
- **Toda computadora deberá tener instalados sólo los controladores o drivers actuales aprobados por el fabricante del equipo.** *No se debe permitir el uso de controladores especiales o modificados provistos exclusivamente por el fabricante de alguno de los componentes de la máquina pues se pueden alterar los resultados.* Hay que evitar el uso de controladores distintos a los que el fabricante del equipo tiene validados y disponibles en su sitio Web o en sus herramientas de configuración. Si bien un controlador alterado puede ofrecer un puntaje alto en una prueba automatizada de rendimiento, su estabilidad y su funcionalidad no estará certificada por el fabricante del equipo y, seguramente, no será el controlador que se proveerá con el equipo que será entregado.
- Toda computadora deberá estar configurada en el modo de energía Equilibrado de las Opciones de energía. Ésta sería la forma en que la máquina será utilizada en el entorno productivo y, por ende, la que arrojaría los resultados más acercados a la realidad de uso del equipo.
- Se recomienda que se instalen las aplicaciones que el usuario final normalmente integra en para su productividad. No importa que no sean utilizadas en las pruebas, de lo que se trata es de emular la forma en que el equipo será configurado y entregado al usuario final[137].
- Se recomienda instalar cualquier otro software (como antivirus o herramientas diversas propias de la imagen de referencia corporativa) que el usuario requiera. Con ello se habrá emulado la imagen de referencia corporativa, casi tal como el usuario final recibirá y usará el equipo.

---

[136] Las diferencias en la pantalla, como tamaño, tasa de refresco, tipo de conexión, etcétera, también pueden afectar los resultados de las pruebas.
[137] La instalación de las aplicaciones asegura que el dispositivo de almacenamiento no esté vacío y, con ello, se tenga un tiempo de respuesta que el usuario experimentará. Una unidad de almacenamiento vacía usualmente es más rápida que una que cuenta con información grabada.

- Finalmente, se deben instalar los programas o datos que se usarán en las pruebas automatizadas de rendimiento.

EJECUCIÓN DE LAS PRUEBAS DE RENDIMIENTO

Una vez que se hayan instalado los equipos, se recomienda realizar pruebas "en caliente". Una prueba "en caliente" requiere que un ingeniero tome nota de lo que ocurra durante la prueba (partes saltadas de la prueba, partes inexistentes, comportamientos inesperados de la pantalla, imágenes o figuras que estén mal dibujadas, y cosas por el estilo). Tales anomalías deberán anotarse y reportarse. Se sugiere evitar la realización de las pruebas "en frío" (que es ejecutar el programa, irse y regresar sólo para anotar la puntuación resultante) dado que no habrá evidencia de algún comportamiento extraño durante la prueba. Como ya se indicó, existen formas de manipular los resultados de las pruebas de rendimiento, y la mejor forma de que este tipo de cosas sucedan es hacer las pruebas "en frío".

Dado que los resultados de las pruebas de rendimiento pueden tener variaciones entre 5 a 20%, se recomienda ejecutar cada prueba al menos 3 veces. En cada vez, deberá reiniciarse la computadora, esperar unos cinco minutos luego que aparezca el escritorio del sistema operativo y, entonces, ejecutar la prueba nuevamente. Luego de que se obtenga el resultado de cada prueba, se recomienda hacer una captura de pantalla del resultado a modo de evidencia. Esto debería hacerse con cada programa de prueba de rendimiento que se ejecute.

NORMALIZAR Y ANALIZAR LOS RESULTADOS

De acuerdo con los criterios que se tengan, los resultados obtenidos de cada batería de pruebas realizada con prueba de rendimiento pueden promediarse, o tomar en cuenta los valores más altos o más bajos. Sin importar lo que se elija, se recomienda que se siga ese criterio con todas las pruebas de rendimiento que se ejecuten. Es recomendable generar promedios de los resultados obtenidos en cada prueba de rendimiento ejecutada.

Métricas

Ahora bien, debido a que, normalmente, los resultados provienen de diferentes escalas, no será posible promediarlos. Ha habido largos debates para determinar cuál es la mejor forma de obtener una figura de mérito de los resultados. Existen especialistas que claman por la Media Geométrica, otros por la Media Geométrica Ponderada, otros por la Media Armónica, y otros por la Media Armónica Ponderada (Nambiar & Poess, 2016). Puede optar se por cada uno de esos criterios bajo las siguientes condiciones:

- La media geométrica será útil si las computadoras harán un uso indistinto de lo medido en cada prueba de rendimiento; es decir, cuando las compras serán de equipos que se usarán en propósitos generales. La media geométrica es de uso común en distintos programas de pruebas de rendimiento como los programas de SPEC.
- La media geométrica ponderada tenderá a darle un peso a cada resultado obtenido. Esto será útil con equipos donde se sabrá que el mayor uso se orientará a determinadas actividades, por lo que el peso del resultado será mayor en aquellas pruebas donde se amerite.
- La media armónica tiende a obtener una figura de mérito que es igual al recíproco (o inverso) de la media aritmética. Este tipo de media se recomienda para promediar rapidez dado que se ve poco influida por la existencia de determinados valores mucho mayores que el conjunto de los otros, y el cambio es más sensible a valores menores que el conjunto. Sin embargo, dado que los valores otorgados en pruebas de rendimiento estándar no se refieren a rapidez, sino a puntuación, la media armónica puede devolver un resultado carente de sentido.
- La media armónica ponderada, como en el caso de la ponderación a la media geométrica, tenderá darle un peso a cada resultado obtenido de acuerdo con el uso previsto de cada prueba por los usuarios.

Para el caso que nos ocupa, nos decantaremos por la media geométrica[138] pues se asume que cada prueba elegida refleja un uso general de la computadora. Véase el siguiente cuadro de ejemplo que parte del hecho de haber realizado cuatro distintas pruebas que arrojan distintas escalas de valores en tres diferentes computadoras:

Resultados directos (más es mejor)

Prueba	Referencia	Compu. 1	Compu. 2	Compu. 3
Prueba 1	200	202	198	230
Prueba 2	30	25	45	33
Prueba 3	1050	1200	1050	1000
Prueba 4	110	130	135	139
Media Geom.	162	168	189	180

---

[138] La media geométrica se utiliza cuando se comparan valores con diferentes escalas, con lo que se obtiene una "figura de mérito" de todos ellos. La media geométrica normaliza los rangos por promediar de modo que ninguno de ellos tenga un mayor peso. De esa forma, cualquier cambio en alguno de los valores tendrá el mismo peso en la media geométrica. Se calcula: $(\prod_{i=1}^{n} x_i)^{\frac{1}{n}}$ o utilice la función Media.Geom() de Excel.

Nótese del cuadro anterior cómo la media geométrica permite tener una rápida fotografía de la figura de mérito y, por ende, determinar, de un solo vistazo, cuál es el equipo más rápido en general. Lo que se esperaba, de acuerdo con la columna "Referencia", es obtener un equipo que tuviera una figura de mérito de todas las pruebas de 162 puntos. Todas las computadoras probadas ofrecen mayores puntuaciones que la mínima esperada y, de antemano, eso las convierte a todas en una buena compra.

Luego de obtener los resultados finales, pueden ser normalizados. Es decir, puede tomarse como pivote el valor base que se tiene como referencia de manera que los demás resultados reflejen en qué proporción son mayores o menores que la referencia dada. Al normalizar los valores, ahora obtendríamos uniformidad en la escala (todas se basarían en el 100%). Así, ahora podría calcularse el promedio y corroborar si la media geométrica ofreció figuras de mérito apropiadas. Si tomamos como base los valores anteriores, al ser normalizados el resultado quedaría como en la siguiente tabla:

Resultados normalizados (más es mejor)

Prueba	Referencia	Compu. 1	Compu. 2	Compu. 3
Prueba 1	100%	101%	99%	115%
Prueba 2	100%	83%	150%	110%
Prueba 3	100%	114%	100%	95%
Prueba 4	100%	118%	123%	126%
Promedio	100%	104%	118%	112%

Al normalizar los valores, queda claro en qué pruebas es más fuerte cada configuración de máquina. En ningún caso los valores promediados están por encima de 20%, por lo que el usuario no percibirá diferencias. Ahora bien, los resultados obtenidos no superan, entre sí, el 20%, por lo que sería indistinto adquirir cualquiera de las máquinas, dado que todas cumplen o superan el mínimo requerido.

Mediante simples cálculos, estos valores pueden ser también convertidos a tiempos para darse una idea todavía más clara. Como lo vimos en el capítulo 8, lo que la gente percibe es el tiempo, no las puntuaciones. Si bien las magnitudes en las diferencias ofrecen una posible idea, la verdad es que tener tiempos puede facilitar mucho más la visión del tiempo que se ahorrarían los usuarios al realizar cada prueba.

Supongamos que, en el equipo de referencia, cada prueba se tomaba 10 minutos en ser realizada. ¿Cuánto se tomaría cada prueba en las demás máquinas? Nuevamente, debido a que todos los resultados estarán basados en la misma escala (tiempo), podemos calcular promedio y hasta la suma de tiempos para darnos una idea del tiempo total. Nuevamente, nos basaremos en los datos previos para la siguiente tabla:

Tabla de conversión a tiempos (valores en minutos) (menos es mejor)

Prueba	Referencia	Compu. 1	Compu. 2	Compu. 3
Prueba 1	10:00	9:54	10:06	8:42
Prueba 2	10:00	12:00	6:40	9:05
Prueba 3	10:00	8:45	10:00	10:30
Prueba 4	10:00	8:28	8:09	7:55
Promedio	10:00	9:47	8:44	9:03
Suma de tiempo	40:00	39:07	34:55	36:12

Al ver la anterior tabla de conversión a tiempos, podemos darnos cuenta por qué se requiere, mínimo, de un 20% de diferencia para que el usuario pueda notar un cambio. Es prácticamente indistinto si un proceso se tarda, en promedio, 8:44 minutos o si se tarda 9:47 minutos. La diferencia de 1.03 minutos no se percibe cuando un proceso se tarda ese tiempo (normalmente, la máquina se va a dejar realizando el proceso a que se refiera). Si esto lo ponderamos a tiempos menores, por ejemplo, que el proceso se tarde, apenas, unos 10 segundos, la diferencia de tiempo entre la Computadora 1 (la menos rápida) y la Computadora 2 (la más rápida) sería de, apenas, un segundo. Nuevamente, véase la siguiente tabla:

Tabla de conversión a tiempos (valores en minutos) (menos es mejor)

Prueba	Referencia	Compu. 1	Compu. 2	Compu. 3
Prueba 1	00:10	0:10	0:10	0:09
Prueba 2	00:10	0:12	0:07	0:09
Prueba 3	00:10	0:09	0:10	0:11
Prueba 4	00:10	0:08	0:08	0:08
Promedio	00:10	0:10	0:09	0:09
Suma de tiempo	00:40	00:39	0:35	0:36

Así, es claro que entre menos tarden los procesos, menos será evidente alguna diferencia de tiempo. Y cuando los procesos tardan mucho tiempo, normalmente la computadora se deja realizando el proceso y es prácticamente indistinto si termina un minuto antes o no. Así, este cuadro deja bien en claro el por qué, con ayuda de la ley Weber-Fechner, se determinó que la magnitud mínima de **jnd**, en el campo de rapidez de las computadoras, fuera de 20%: La magnitud de cambio mínima para que el usuario apenas empiece a apreciar una diferencia.

Al final, con la ayuda del precio de las computadoras, también podrá calcularse cuál de los equipos evaluados tiene la mejor razón de precio/rendimiento. Esto puede calcularse de acuerdo con el cuadro de resultados homologados. Para que este cálculo sea exitoso, también debe tenerse una idea del precio del equipo utilizado como referencia. Si tenemos el precio del equipo de referencia, cada proceso de cada prueba nos costaría exactamente el precio del equipo. Ahora bien, de acuerdo con los valores homologados en porcentaje, podríamos calcular, de acuerdo con el precio de cada equipo, cuánto en realidad nos cuesta cada proceso y determinar, con ello, si el tiempo que nos ahorra es más asequible. Analícese el siguiente cuadro (precios figurados en US Dólares).

Tabla de precio/rendimiento (valores en US Dólares) (menos es mejor)

Prueba	Referencia	Compu. 1	Compu. 2	Compu. 3
Precio:	$835.00	$921.00	$1,250.00	$901.00
Prueba 1	$835.00	$911.88	$1,262.63	$783.48
Prueba 2	$835.00	$1,105.20	$833.33	$901.00
Prueba 3	$835.00	$805.88	$1,250.00	$946.05
Prueba 4	$835.00	$779.31	$1,018.52	$713.02
Promedio	$835.00	$904.65	$1,122.90	$832.53

El cuadro anterior merece un análisis detallado:
- Como ya vimos en el cuadro de homologación de resultados, los equipos ponen en evidencia qué tan rápidos son con respecto a la referencia establecida.
- Basado en esa diferencia de velocidad, y a sabiendas del precio del equipo, contrastamos el precio contra la mejora en velocidad para obtener cuánto, en realidad, termina costándonos la mejora en el proceso. Si la relación precio/rendimiento es, al menos, la misma que el de nuestro equipo de referencia, entonces tenemos una mejora de rendimiento, pero no una reducción de precio. Si la relación precio/rendimiento es menor al precio de nuestro equipo de referencia, entonces no sólo estamos obteniendo un equipo más rápido, sino que eso nos está ahorrando dinero (independientemente del precio real del equipo). Finalmente, si el precio/rendimiento es superior al de nuestro equipo de referencia, entonces estamos teniendo mayor rapidez, pero eso nos está costando más.
  - Por ejemplo, la Computadora 1 en la Prueba 1 (que es 1% más rápida que el valor de referencia), vemos que esa mejora del 1% no corresponde con el precio del equipo, pues el precio/rendimiento es 9% superior. Es decir, la diferencia de precio no corresponde con la diferencia de rendimiento.
  - Otro caso es la Computadora 2 *en la prueba 2*, donde a pesar de ser la computadora ostensiblemente más cara, en la prueba 2 resulta que es marginalmente más económica en su relación precio/rendimiento que el equipo de referencia.

- El promedio de las relaciones precio/rendimiento nos permite, al final, tener una idea más clara del costo real del equipo con base en la rapidez que está presentando. La idea es que, en promedio, el equipo tenga el mismo o menor precio que el equipo de referencia. Si esto no se cumple, entonces habrá que analizar por qué los equipos ofrecidos son más costosos en términos de precio/rendimiento.

Al homologar en una tabla los resultados anteriores de relación precio/rendimiento, quedará mucho más claro cuál es la mejor compra. Al final, en lugar de un promedio, se calcula el delta, es decir la diferencia de cada uno de los promedios de precio/rendimiento respecto al precio de referencia (el delta también se calcula en los diferentes precios para tener una idea clara de la diferencia de precios respecto al precio de referencia):

Tabla de homologación de precio/rendimiento (menos es mejor)

Prueba	Referencia	Compu. 1	Compu. 2	Compu. 3
Delta precios	100%	110%	150%	108%
Prueba 1	100%	109%	151%	94%
Prueba 2	100%	132%	100%	98%
Prueba 3	100%	97%	150%	113%
Prueba 4	100%	93%	122%	85%
Delta P/R	100%	108%	134%	100%

Con lo anterior, el análisis de precio/rendimiento nos deja en claro cuál debería ser el equipo ganador: La computadora 3. Es decir, obtenemos 12% de mejora respecto al valor de referencia, y aunque el precio final a pagar es 8% superior al del equipo de referencia, el beneficio de precio/rendimiento es ligeramente mejor (99.7%, que en esta tabla se ha redondeado a 100%). Así, nuestra inversión es mucho mejor si adquirimos la Computadora 3. En el caso de la computadora 1, una mejora marginal del 4% no justifica pagar 10% más por ella. En el caso de la computadora 2, si bien la mejora general de rendimiento se acerca al hito del 20%, pagar 50% más por ella no justifica la inversión.

Cabría analizar el resto de las características (cumplimiento de normas militares, de certificaciones, y varios otros aspectos) para tener un criterio claro y determinar, más allá de las pruebas de rapidez, si el precio del equipo corresponde a lo que se entrega.

A. David Garza Marín

CAPÍTULO 13

Descripción de algunos de los distintos programas de pruebas de rendimiento disponibles en el mercado

"El software y las cargas de trabajo utilizadas en las pruebas de rendimiento podrían haberse optimizado para el rendimiento sólo en [determinadas plataformas]. Las pruebas de rendimiento [...] se miden utilizando sistemas de cómputo, componentes, software, operaciones y funciones específicos. Cualquier cambio en cualquiera de estos factores puede provocar que los resultados varíen. Usted debe consultar mayor información y otras pruebas de rendimiento para ayudarle a evaluar por completo su venidera compra, incluso el rendimiento de ese equipo cuando se combina con otros productos."
—Resolución FTC, expediente No. 9341

EL MUNDO DE LAS PRUEBAS de rendimiento es un eterno misterio. Como está establecido por la Comisión Federal de Competencia de los Estados Unidos de América (2010), el software y las cargas de trabajo utilizadas en las pruebas de rendimiento pueden haberse optimizado para el rendimiento sólo en determinadas plataformas, y bajo ciertas circunstancias. Lo cierto es que jamás las circunstancias de una prueba de rendimiento igualarán las circunstancias del uso cotidiano. Dado que los sistemas operativos y las aplicaciones utilizan los recursos del sistema más allá de la CPU, el rendimiento debe medirse con más de una prueba unívoca. En los casos donde no se puedan analizar personalmente las aplicaciones y archivos en las maquinas ofertadas, se recomienda[139] utilizar varios programas de pruebas de rendimiento que se especialicen en las diferentes funcionalidades, y, así, obtener un resultado integral.

A continuación, se encontrará apenas un puñado de pruebas de rendimiento de acceso público o comercial con la descripción de lo que pretenden medir y la utilidad de lo que miden para la productividad de la organización. A decir verdad, existen una multitud de programas de pruebas de rendimiento, pero la mayoría se orientan a los juegos o a cuestiones que no se relacionan, ni por asomo, a la productividad. También será muy importante si hay patrocinadores (en caso de haberlos) de tales pruebas, con la finalidad de hacerse de una idea del posible sesgo que habría en los resultados obtenidos de esa prueba[140].

SYSMARK

Éste es un programa de pruebas de rendimiento con costo que es producido, desde 1991, por Business Application Performance Corporation (BAPCo). En su sitio Web declaran ser un consorcio sin fines de lucro de fabricantes de hardware y semiconductores cuya finalidad es la de desarrollar y distribuir un conjunto de programas de pruebas de rendimiento objetivas basado en aplicaciones populares de cómputo y sistemas operativos estándares en la industria.

Utilidad de las pruebas

Las pruebas de SYSmark, que al momento de este escrito estaban en la versión 2018, son del tipo "aplicación", donde se cargan determinadas aplicaciones, como Microsoft Excel, Microsoft Word, Adobe Acrobat y Winzip, entre otras, y de manera automatizada se realizan tareas cuyo tiempo de finalización se puntúa. Las cargas de trabajo asignadas se establecen, de acuerdo con la documentación, con base en

---

[139] De acuerdo con la FTC
[140] En México el requerimiento de diversas pruebas de rendimiento fue instaurado por una instancia mexicana especializada en hidrocarburos para la compra de equipos cuyo uso se orientaría a diversos fines. Entre los requerimientos se encuentra que las pruebas ofrezcan una versión libre o de prueba que permita realizar las pruebas y que plasmen sus resultados públicamente en alguna página Web.

patrones de uso de los usuarios de negocios[141]. Los resultados de las pruebas se ven reflejados en una puntuación[142] que se obtiene a partir del tiempo de respuesta para ejecutar cada prueba. SYSmark cuenta con cuatro escenarios (Office Productivity, Media Creation, Data/Financial Analysis y Responsiveness). Para obtener la puntuación final se calcula la media geométrica de cada uno de los escenarios.

Tentativamente, la utilidad de las pruebas se refleja en los escenarios que propone: Productividad de oficina, Creación de medios, Análisis de datos o financiero, y Capacidad de respuesta. La puntuación general pretende reflejar la figura de mérito de la eficiencia de la computadora al tomar en cuenta todos los esquemas reflejados en cada escenario, o puede tomarse sólo la puntuación correspondiente al escenario que interese. Así, la utilidad de su puntuación pretende reflejar el uso de "aplicaciones de uso común" en distintos escenarios y en un esquema global.

Controversia

SYSmark no ha dejado de estar en el ojo del huracán de la controversia, pues una y otra vez se ha puesto en perspectiva la absoluta influencia de un fabricante de semiconductores en particular, mismo que parece ser beneficiado de manera importante por los resultados de estos programas[143] [144] [145] [146], al grado que la FTC le obligó a colocar una leyenda donde se especificara posible sesgo que este tipo de pruebas de rendimiento le significan[147]. De hecho, en la página donde se destaca a los miembros de BAPCo, se ve claramente que el único fabricante de semiconductores que allí se encuentra es Intel:

---

[141] Aunque no se aclara en ningún lugar de dónde se obtuvieron tales patrones o a qué se refieren esos patrones.
[142] Tampoco se aclara cuál es el criterio para obtener tal puntuación, aunque ponen una referencia de acuerdo con cierto equipo de cómputo que tiene una puntuación de 1000.
[143] http://www.vanshardware.com/articles/2001/august/010814_Intel_SysMark/010814_Intel_Sys Mark.htm
[144] http://www.vanshardware.com/reviews/2002/08/020822_AthlonXP2600/020822_AthlonXP260 0.htm
[145] http://www.theinquirer.net/en/inquirer/news/2002/09/16/is-bapco-damaged-goods
[146] https://www.pcworld.com/article/3023373/hardware/amd-accuses-bapco-and-intel-of-cheating-with-sysmark-benchmarks.html
[147] https://www.intel.com/content/www/us/en/benchmarks/benchmark.html

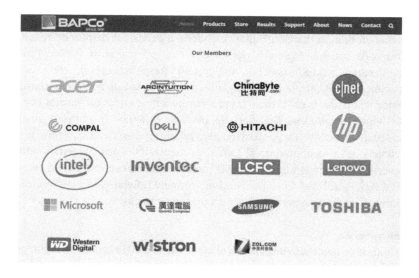

Todas ellas son señales que nos indican que los resultados podrían no ser equitativos a la hora de evaluar equipos de cómputo con diferentes tecnologías internas. Queda a la consideración personal el uso de este programa, aunque ver involucrada a la FTC es una señal que debe tenerse en cuenta.

PERFORMANCE TEST

Este programa, desarrollado por Passmark, realiza pruebas de tipo sintético. En ellas se ejecutan códigos indeterminados en los diversos componentes de la computadora (Procesador, RAM, Gráficos 2D y 3D y Unidad de almacenamiento) para obtener una puntuación por cada componente y en general. En su sitio Web declaran ser un desarrollador independiente de software establecido en 1998 y que se encuentra en Sydney, Australia, con oficinas en California, Estados Unidos.

Utilidad de las pruebas

En el sitio Web de Passmark se declara que las pruebas del PerformanceTest permiten obtener una prueba de rendimiento objetiva de una PC de acuerdo con diferentes pruebas de rapidez, con la posibilidad de comparar los resultados con otras computadoras. Establecen que se realizan 32 pruebas estándar agrupadas en cinco juegos o grupos. Se apunta que las pruebas son las siguientes:

- Pruebas de CPU: Operaciones matemáticas, compresión, cifrado y física.

- Pruebas de gráficos 2D: Vectores, mapas de bits, tipos de letra, texto y elementos gráficos.
- Pruebas de gráficos 3D: Tecnologías DirectX 9 a DirectX 12 en resolución 4K, DirectCompute y OpenCL.
- Pruebas de disco: Lectura, escritura y búsqueda de archivos, IOPS.
- Pruebas de memoria: Velocidad y latencia de acceso a la memoria.

La puntuación se obtiene de una serie de fórmulas que se ponderan en cada grupo[148] y que, a su vez, se ponderan[149] en la puntuación final. Si bien en el sitio Web de Passmark y en la ayuda de PerformanceTest vienen especificaciones de las fórmulas usadas para obtener las puntuaciones de cada grupo, lo cierto es que es un misterio el código subyacente y el detalle de las pruebas realizadas.

Con todo, por lo general se toman los resultados de las pruebas de rendimiento de la CPU[150] y de la GPU[151] a modo de comparativa con otros microprocesadores y procesadores gráficos.

Controversia

Al ser pruebas sintéticas, es sabido que no ejecutan un código estándar y que se usan para obtener una puntuación que pueda ser comparada con otras puntuaciones, pero que no reflejan la forma en que la productividad del usuario podría mejorarse. En el propio sitio Web de Passmark se encuentra el siguiente texto que hace algunas aclaraciones respecto a, por ejemplo, los resultados obtenidos en las pruebas de la CPU[152] (traducción propia):

La puntuación de la CPU que aquí se ofrece pretende representar su máximo desempeño y no necesariamente el desempeño obtenido en el mundo real con determinadas aplicaciones de software. Esto es especialmente cierto en el caso de las CPU con varios núcleos [...]. Aunque la prueba de Passmark fue diseñada para hacer uso de todos los núcleos a la vez, muchas aplicaciones no están diseñadas con esto en mente, especialmente las más antiguas. A diferencia de los sistemas de un solo núcleo, estos sistemas sólo mostrarán todo su potencial en situaciones de alto rendimiento como en Servidores Web o cuando se realiza una fuerte

---

[148] Ver: https://www.passmark.com/forum/performancetest/4599-formula-cpu-mark-memory-mark-and-disk-mark?p=25883#post25883
[149] Ver: https://www.passmark.com/forum/performancetest/4200-how-are-the-tests-results-averaged?p=24596#post24596 o la ayuda de PerformanceTest.
[150] Ver: https://www.cpubenchmark.net/cpu_list.php
[151] Ver: https://www.videocardbenchmark.net/gpu_list.php
[152] Ver: https://www.cpubenchmark.net/graph_notes.html

> multitarea. *El usuario promedio podría no percibir alguna diferencia de rendimiento.*

Así, aunque se obtenga una puntuación, los resultados no se pueden tomar como base para hacer una comparativa bien fundamentada.

Otro de los aspectos es que, de acuerdo con la información acerca de la empresa, Passmark muestra ser asociado de Microsoft y de Intel Software:

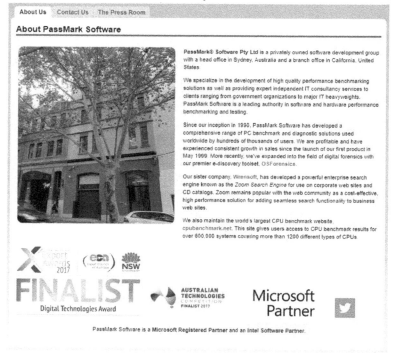

Ello también podría tener un cierto peso en el tipo de resultados que se podrían obtener, no tanto por lo relacionado con Microsoft.

Hay otros programas de pruebas sintéticas con diversos grados de complejidad y códigos y puntuaciones igual de oscuros como SiSoftware Sandra, SuperPI, LightsMark, HD Tune, HD Tach, I/O Meter, Crystalmark, Aida, Whetstone, Dhrystone, GeekBench, UserBench, etcétera.

COMPUBENCH

Este programa, desarrollado por Kishonti, realiza pruebas de tipo sintético. En ellas se ejecutan códigos indeterminados que miden el cómputo heterogéneo propio de los modernos sistemas. En su sitio Web declaran ser especialistas en gráficos de alto rendimiento, en cómputo, y en soluciones orientadas al ámbito automotriz y de cómputo visual. Indican que ofrecen análisis de rendimiento en cómputo y gráficos tridimensionales para las empresas, particularmente en el campo del cómputo visual. Indican ser miembros del grupo Khronos y de HSA Foundation. Declaran ser una empresa de financiación privada que se encuentra en Budapest, Hungría.

Utilidad de las pruebas

Se cuenta con dos versiones de CompuBench que hacen una batería distinta de pruebas. La versión 1.5 ha probado ser la que más se acerca al ámbito productivo, debido al tipo de cálculos se realizan. La versión 1.5 tiene las siguientes pruebas, todas orientadas a cómputo heterogéneo

- **Face detection**: Se basa en el algoritmo Viola-Jones. La detección de rostros se utiliza mucho en biométricos y en el procesamiento de imágenes digitales para determinar ubicaciones y tamaño de los rostros humanos en imágenes digitales. Métrica de resultado: mpixel/seg
- **TV-L1 Optical Flow**: Esta prueba se basa en el cálculo del vector en movimiento denso a través del método variacional. El flujo óptico es ampliamente utilizado para la compresión de vídeo y para mejorar la calidad del vídeo en situaciones basadas en la visualización por computadora, como sistemas de asistencia al conductor o la detección del movimiento. Métrica de resultado: mpixel/seg
- **Ocean Surface Simulation**: Prueba del algoritmo FTT basado en la simulación de olas oceánicas. La transformación rápida de Fourier calcula las transformaciones de tiempo o espacio a frecuencia y viceversa. Las FTT se utilizan en ciencia, ingeniería y matemáticas, como las integradas en hojas de cálculo y programas de análisis de datos. Este código también está inmerso en navegadores Web, SkyPe, y aplicaciones ofimáticas donde mejora la productividad en general. Métrica de resultado: cuadros/seg.
- **Particle simulation**: Es una simulación de partículas en una matriz espacial que utiliza el método de elementos independientes. El resultado de la simulación se visualiza como esferas de sprites de puntos sombreados a través de OpenGL El método de elementos independientes es muy utilizado en aplicaciones de química, ingeniería, petróleo, procesamiento de minerales, farmacéutica, metalurgia, mecánica de fluidos, entre otros. Métrica de resultado: minteracciones/seg.

- **T-Rex**: Es un rastreador (Path tracer) que actualiza dinámicamente la estructura de la aceleración y la iluminación global. Métrica de resultado: cuadros/seg.
- **Video composition**: Esta prueba replica una típica línea de composición de vídeo con efectos como pixelación, enmascaramiento, mezcla y difuminación. Métrica de resultado: cuadros/seg.
- **Bitcoin Mining**: Se trata del popular algoritmo de minería de Bitcoin que prueba el rendimiento en enteros del dispositivo. Métrica de resultado: mhash/seg.

Como puede verse, a pesar de que en la mayor parte de las pruebas elaboradas se explica el tipo de cálculo que se hace, lo que no se indica es qué codificación se tiene, la metodología, las bibliotecas utilizadas, las banderas de compilación y todos los detalles que deberían tenerse para comprender mejor el funcionamiento de las pruebas. La secrecía vuelve a hacerse presente. Sin embargo, cabe destacar que ésta es una prueba que no ofrece un puntaje, sino directamente el resultado obtenido en la métrica (cuadros/seg, mhash/seg, MInteracciones/s, etcétera). Los resultados, por lo tanto, son heterogéneos y, de querer utilizar todas las pruebas, deberá obtenerse una media geométrica para tener una figura de mérito.

Los resultados más acercados a los códigos utilizados en la actualidad para la productividad debido a los códigos integrados en herramientas de productividad son: Ocean Surface Simulation y Bitcoin Mining. Puede agregarse el resultado de Particle Simulation si habrá aplicaciones de diseño o de ingeniería como parte del uso que tendrá el equipo.

Controversia

Tal como sucede con las pruebas de rendimiento sintéticas, los resultados no reflejan el uso en entornos productivos. Si bien todas las pruebas de rendimiento dicen ser imparciales y confiables, siempre habrá que analizar si los resultados son o no útiles. Con todo, en estas pruebas, que claramente se basan en el moderno cómputo heterogéneo, se puede tener una idea de la potencia de cómputo que se tiene en el equipo en este rubro.

Kishonti forma parte de dos importantes asociaciones: Khronos Group (creador de diversas tecnologías que forman parte del cómputo moderno, como OpenCL, OpenGL, Vulkan, y muchos otros estándares), y HSA Foundation (fundación que se especializa en la estandarización y difusión de este moderno esquema de cómputo), lo cual es una buena noticia. Por otro lado, en la lista de asociados, se encuentran prácticamente todos los fabricantes de semiconductores (AMD, ARM, Broadcom, Imagination, Intel, LG, MediaTek, MIPS, Motorola, nVidia, Qualcom, Samsung, etcétera), lo cual puede poner en perspectiva lo equilibrado de su codificación y sus resultados:

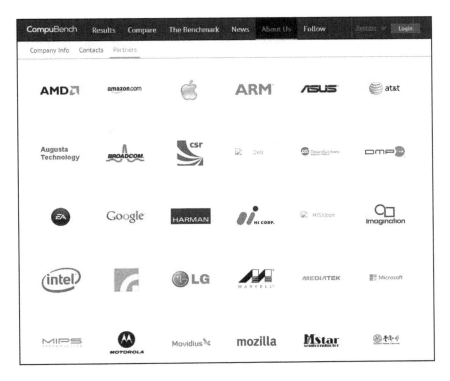

Así, es importante destacar que este tipo de programas de pruebas de rendimiento podrían ofrecer resultados con mucha mayor imparcialidad que otros que tienen uno o dos en particular.

PCMARK

Este programa, desarrollado por UL (antes FutureMark), realiza pruebas de tipo aplicación. El programa lleva a cabo pruebas en grupos que comprenden: Básicas, Productividad, Creación de contenido digital y Juegos. De cada grupo se obtiene una puntuación misma que, en su conjunto, pretende ofrecer una idea del rendimiento del equipo.

Utilidad de las pruebas
Como ya se indicó, este programa agrupa las pruebas en los siguientes rubros:

- **Essentials**: Arranque de la aplicación, Navegación Web y Vídeo conferencias.
- **Productivity**: Escritura y hojas de cálculo.
- **Creación de contenido digital**: Edición de fotos, edición de vídeos, conversión (rendering) y visualización.
- **Gaming**: Fire Strike

El puntaje final se obtiene de la media geométrica de los resultados de cada grupo[153]. La buena noticia es que en esta prueba existe una profusa documentación (de, al menos, 80 páginas) donde se establece de dónde se calculan y obtienen las puntuaciones. Los puntajes se obtienen, en general, del tiempo que se tarda cada prueba (en segundos) en ser realizada.

Otro de los detalles es que se trata de una prueba respaldada por una de las instituciones más antiguas y confiables: Underwriters Laboratories (UL). En su página Web declara ser un reconocido laboratorio de pruebas que certifica, valida, prueba, verifica, inspecciona, audita, sugiere y capacita a través de tres unidades de negocio. De hecho, UL es una organización que ha generado diversos estándares, entre otros, de seguridad. Esto respalda, de manera importante, un enorme grado de imparcialidad en los resultados de las pruebas.

No solamente se destaca la profusa documentación respecto a los resultados de las pruebas, también se destaca en ser una de las pocas pruebas que pone valores de referencia. Es decir, en los resultados de las pruebas se pone en perspectiva el mínimo de rendimiento que debería tener un equipo que se usará, por ejemplo, para la productividad de la oficina:

---

[153] Ver: https://s3.amazonaws.com/download-aws.futuremark.com/PCMark_10_Technical_Guide.pdf, página 19.

Esa referencia permite ver en primera instancia qué tanta mejora de rendimiento se requeriría para que el usuario perciba un cambio. Por ejemplo, si se quiere tener una mejora perceptible del equipo de referencia, el mínimo de puntaje debería ser 3,210 (basado en 20% de jnd de la ley Weber-Fechner). El equipo que aparece en el ejemplo es 44% superior, por lo que su rendimiento definitivamente será percibido respecto a la referencia.

UL muestra una enorme apertura al poner en evidencia la configuración básica del equipo que usa como referencia:

Eso permite que se puedan poner los valores de referencia que correspondan a esta configuración y, así, tener una mejor idea del punto de partida para la comparación de resultados.

El puntaje, así, puede poner en perspectiva el rendimiento obtenido del equipo probado con respecto a un equipo base del cual se puede prever su comportamiento. Éste podría ser uno de los programas que mejor podrían informar al usuario respecto al rendimiento que se esperaría en el equipo.

Controversia

En la versión anterior de PCMark, la 8, había dos pruebas de productividad: Una acelerada y otra estándar. La prueba estándar era utilizada para probar menos partes de la computadora y funcionar sin utilizar el cómputo heterogéneo que ya es una norma en las modernas versiones de Windows. El tener estas dos pruebas confundió a los usuarios que no acertaban a probar con una o con otra. Sin embargo, en PCMark 10, UL ha establecido sólo una opción la cual siempre utiliza el cómputo heterogéneo para hacer las pruebas.

Por otro lado, si bien la profusa documentación de UL es muchísimo más amplia y explícita que el resto de los programas mencionados aquí, lo cierto es que el código sigue oculto y veladamente explicado en la documentación. Sin embargo, es posible que al ponerse en contacto con esta empresa se puedan obtener mayores detalles al respecto.

Otro detalle es el uso de LibreOffice para hacer las pruebas. Si bien esta suite ofimática goza de cierta popularidad, su comportamiento en el ámbito productivo es muy diferente a la más popular suite ofimática del mercado: Microsoft Office. Particularmente, las pruebas realizadas en la hoja de cálculo pueden dar una idea equivocada de rendimiento: mientras que LibreOffice Calc utiliza sólo un subproceso para realizar sus cálculos (un núcleo), Microsoft Excel 2016 o 365 podría utilizar todos los núcleos disponibles para realizar esos mismos cálculos y dar resultados de rendimiento muy diferentes (al grado que LibreOffice Calc puede tardarse 5 veces o más en hacer un cálculo respecto a Microsoft Excel). Y aunque se asegura que se hace uso de OpenCL en LibreOffice para realizar los cálculos, lo cierto es que el estado de OpenCL en LibreOffice no está muy claro y, por ende, podría no estarse aprovechando adecuadamente esta funcionalidad.

Así, si en el entorno productivo de la Organización no se utiliza LibreOffice o los programas que se incluyen en este programa de prueba de rendimiento, el resultado podría no reflejar algo significativo para la Organización o decisión de compra.

3DMARK TIMESPY

3DMark es otra prueba de UL para medir, de manera sintética, el rendimiento gráfico y del procesador. Las pruebas de una tarjeta gráfica son importantes dado que todos los sistemas operativos y aplicaciones actuales utilizan gráficos para funcionar. Ante ello, también reviste enorme importancia el verificar el rendimiento gráfico.

Relevancia de los resultados

Uno de los beneficios de 3DMark TimeSpy es que se basa únicamente en la tecnología DirectX 12, por lo que prueba lo más moderno en procesamiento paralelo y gráfico existente en la actualidad en Windows 10. Entre sus pruebas se encuentran distintas de procesamiento gráfico, así como una de potencia matemática de la CPU. Sus resultados darán una idea del rendimiento gráfico y la combinación de potencia de los gráficos+CPU de la máquina.

Controversia

Al ser una prueba sintética, definitivamente cae en lo mismo que las otras pruebas sintéticas. No obstante, pertenecer a UL le da un mejor peso de confiabilidad e imparcialidad para tener una mejor idea del resultado.

OTRAS PRUEBAS

Como ya se indicó, existe una multitud de pruebas de rendimiento, como UserBenchmark, GeekBench, RealBenchmark, etcétera, aunque la mayoría de ellas están orientadas a los juegos. Todas tienen algo en común: hay oscuridad en lo que se refiere a las metodologías y códigos utilizados para hacer las pruebas. Lo mejor es informarse detenidamente de qué es lo que pretende medir cada prueba de rendimiento y determinar si lo que mide tendrá algún significado para el Usuario o la organización.

RESULTADOS Y ANÁLISIS DE LAS PRUEBAS DE RENDIMIENTO

Ya en el capítulo 12, Protocolo para las pruebas de rendimiento, vimos una propuesta para analizar los resultados obtenidos en distintas pruebas de rendimiento. Sin embargo, **el solo hecho de ejecutar un programa de prueba de rendimiento no debe sobreentenderse como un análisis de rendimiento.** Como ya se dijo hasta el cansancio, los programas de pruebas de rendimiento normalmente funcionan en entornos controlados, por lo que pueden ser manipulados para obtener una cierta puntuación—la mayor posible. Sin embargo, tal puntuación JAMÁS tendrá una correlación con la experiencia real del usuario. Más bien, tales métricas sólo ofrecerán una puntuación que representa qué tan bien la computadora ejecutó este programa de prueba de rendimiento. Con lo anterior, hay varios puntos por destacar:

- **La ejecución de un "programa de rendimiento" o "benchmark" nunca reflejará el uso real.** Al tratarse de un programa totalmente automatizado, abrirá, escribirá, asignará, leerá, guardará, mostrará, buscará, navegará, moverá, calculará, establecerá y realizará muchas otras tareas de manera automatizada. Ello jamás reflejará la forma en que un humano realiza su trabajo. Por ende, cualquier programa de prueba de rendimiento que promete resultados basados en "uso del mundo real" está mintiendo.
- **Muy pocos programas de prueba de rendimiento realizan pruebas en multitareas.** La mayor parte de estos programas sólo evalúan tareas serializadas: Prueban una cosa y, luego, la siguiente. No ponen una aplicación a hacer algo mientras otra aplicación hace otra cosa (y, de hacerlo, normalmente prueban dos o, cuando mucho, tres instancias). En la vida real, un usuario abre varias aplicaciones a la vez—de manera concurrente. El propio Sistema Operativo ejecuta varios procesos que requiere para su funcionamiento. Cabe mencionar que una prueba de rendimiento que refleja el resultado de una aplicación o proceso no escala linealmente con la segunda, tercera, y el resto de las aplicaciones y procesos que se abren. Por ello, en una moderna tecnología multinúcleo, es importante tomar con sus reservas los resultados ofrecidos por este tipo de programas.
- **"Puntuación" no es lo mismo que "rendimiento".** La puntuación es sólo un número dado por el programa. El rendimiento es mucho más complejo. La escala de la puntuación depende del programa que se use y lo que sus desarrolladores hayan decidido establecer y es único para ese programa, *no existe una escala estandarizada*. Recordemos que la definición de rendimiento como tal es el cumplimiento de una tarea dada, medida en función de una serie de estándares establecidos de precisión, integridad, costo y velocidad. (The Business Dictionary, 2017) Por ende, ninguna

puntuación de un programa de estos debe tomarse como un índice de rendimiento.

- **Los programas de pruebas de rendimiento no son precisos.** Puede haber hasta 10% de variación en una puntuación dada por un programa de estos (a veces, más)[154]. Estas puntuaciones siempre son subjetivas, lo que se contrapone a los principios objetivos de la ciencia y la tecnología. Es por lo que un programa de pruebas de rendimiento debe ejecutarse al menos 3 veces y, entonces, calcular el promedio de los resultados obtenidos. Una vez que se determine el promedio, podrá esperarse una variación alrededor de +/-5% cuando sean entregados los resultados por parte de los proveedores (tal variación puede ser calculada de acuerdo con los resultados obtenidos de la cantidad de pruebas realizadas).
- **Los resultados de un programa de pruebas de rendimiento pueden ser manipulados.** Existen formas de manipular los resultados de un programa de pruebas de rendimiento y ofrecer altos puntajes adulterados sólo para impresionar al usuario. Esto puede llevarse a cabo mediante diversas técnicas, como configuraciones especiales, manipulación del BIOS, alteración del hardware, uso de controladores o drivers "especiales" o modificados, adulteración de las pruebas o de las puntuaciones, alteración de códigos, y varias otras prácticas con tal de obtener altas e irreales puntuaciones.

Cabe destacar que las puntuaciones obtenidas con de este tipo de prácticas parten de configuraciones que no se acercarán en absoluto a lo que se entregará al final, o a la forma en que los equipos se usarán en la práctica. Entre tales prácticas dudosas están: que el equipo sólo tenga el sistema operativo instalado (a veces con todos los servicios posibles desactivados) y con ciertas configuraciones propias para el uso de la prueba de rendimiento.

Como Henry Newman indicó: "Lo que un programa de pruebas de rendimiento nos dice es: 1) Qué tanto hardware puede apretujar en una caja, 2) Qué tan bueno es el proveedor para hacer optimizaciones [para ganar el benchmark], y, 3) Qué tan desesperadamente quiere ganar el negocio el proveedor". (2011) Si no existe un protocolo bien establecido por el cliente para llevar a cabo la prueba de rendimiento, se abrirá la puerta a cualquier truco del que quien ejecute la prueba quiera echar mano para alcanzar (o sobrepasar) las puntuaciones e impresionar al cliente. Si quiere ver una propuesta de protocolo para pruebas de rendimiento, por favor vea el Capítulo 12.

Al final, un programa de pruebas de rendimiento no es una herramienta precisa y debe utilizarse con tiento. Tal como Henry Newman lo indicó en una comunicación

---

[154] Ello depende del programa de pruebas de rendimiento.

personal: "Comparar herramientas de rendimiento del sistema [...] con pruebas de rendimiento [...] es como comparar manzanas con cerdos voladores"[155]. (2012)

Ya se había dicho, pero no está por demás repetirlo: Los resultados provistos por un programa de pruebas de rendimiento deben usarse en conjunto con otros programas de pruebas de rendimiento y otros programas de medición para derivar una comprensión general del rendimiento del equipo—de acuerdo con lo que cada programa "entiende" por "rendimiento".

---

[155] La cita completa dice: "Comparar herramientas de rendimiento del sistema que miden la E/S con pruebas de rendimiento de E/S es como comparar manzanas con cerdos voladores".

CAPÍTULO 14

Cómo establecer de un puntaje
mínimo de rendimiento

*"**Alicia:** ¿Podría, por favor, decirme qué camino*
tomar para salir de aquí?
*****Gato Cheshire:** Depende mucho de a dónde*
quieras llegar.
*****Alicia:** No me importa a dónde.*
*****Gato Cheshire:** Entonces, no importa qué camino*
tomes."
—Lewis Carroll

OMO BIEN SE ESTABLECE en la cita que corona este capítulo, prácticamente nunca se sabe si los resultados obtenidos por una prueba de rendimiento son buenos o malos. Ello es debido a que con frecuencia no se cuenta con umbrales o valores de referencia para poder establecer si lo que se está obteniendo está bien, está por debajo de lo esperado o está por encima. Todo esto ya se explicó en el capítulo 13. En este capítulo veremos una sugerencia para establecer una marca de rendimiento mínima esperada (que funja como KPI[156], si lo quiere ver de esa forma).

---

[156] KPI = Key Performance Indicator o Indicador clave de rendimiento. Se trata de un valor medible que demuestra qué tan efectivamente se está logrando algún objetivo, normalmente relacionado con negocios.

Ya en el capítulo 14 se ofreció la opción de utilizar la puntuación mínima de Office PC 2016 de PCMark 10 como punto de partida para sus mediciones. A continuación, se encontrarán los pasos para conocer este valor base, así como la configuración correspondiente a la computadora utilizada para obtener tal valor. Quizá este capítulo sea un poco más técnico que los anteriores, pero nada de qué espantarse.

PUNTUACIÓN MÍNIMA PARA UN EQUIPO DE PRODUCTIVIDAD DE ACUERDO CON UL

UL PCMark 10 es uno de esos raros programas de pruebas de rendimiento que ofrece un puntaje mínimo para equipos de productividad, mismo que se destaca como "Office PC (2016)":

Nótese que la puntuación mínima es 2675 para un equipo de oficina de 2016. Un detalle adicional es que PCMark 10 ofrece el tipo de configuración del equipo de cómputo con el que se llegó a esa puntuación. Ello se obtiene con sólo hacer clic en el triángulo blanco invertido que está a la derecha de Office PC (2016):

Como es evidente, el procesador utilizado es un Core i3-6100 con gráficos 530 en un equipo Dell. Si se quieren ver todos los detalles, se pueden buscar en el sitio Web de los resultados de UL. Tan sólo hay que entrar a www.3dmark.com y hacer clic en la opción RESULTS:

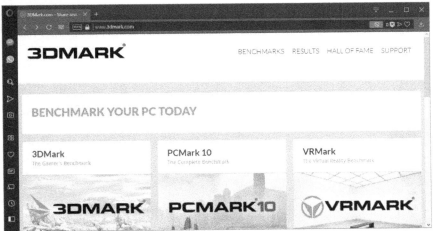

Al hacer clic en RESULTS, aparecerá la siguiente ventana:

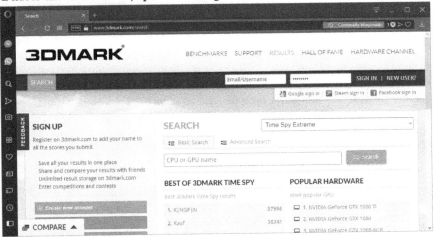

En la sección "CPU or GPU name", hay que escribir "Core i3-6100 Processor" y en la lista desplegable donde dice "Time Spy Extreme" seleccione "PCMark 10". Al hacer clic en "Search", se mostrará una lista de resultados obtenidos con ese procesador en esa prueba. Hay que localizar el resultado que está fungiendo como mínimo en este caso (2675). Al momento de escribir este libro, era el resultado 271 y está claramente identificado como "Futuremark Reference Office PC (2016)". El resultado está actualizado al 2 de agosto de 2017[157] (en esta imagen se ha resaltado la puntuación y la leyenda indicada):

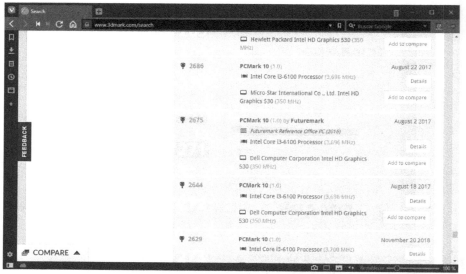

Al hacer clic en el botón "Details" se podrá ver la configuración total del equipo en el que se hizo la prueba. De inicio, después de la gráfica de pruebas, se encontrará la leyenda que indica lo siguiente: "Ésta es la puntuación oficial de referencia que se ha obtenido bajo condiciones controladas en el laboratorio de pruebas de Futuremark. El sistema representa una PC típica de oficina que utiliza componentes populares disponibles en 2016":

Name	Futuremark Reference Office PC (2016)
Description	This is an official reference score obtained under controlled conditions in the Futuremark test lab. The system represents a typical office PC using popular components available in 2016.
User	Futuremark

Ahora bien, como ya se estableció, los gráficos se utilizan para procesar código. Así que se encontrarán los detalles de los gráficos utilizados para ello. En este caso, son los gráficos integrados en el procesador Core i3-6100:

---

[157] Debido a las vulnerabilidades de Spectre, Meltdown, Foreshadow, PortSmash y otras reportadas durante 2018, los resultados de las pruebas realizadas antes de la aplicación de las mitigaciones y después de las mitigaciones son diferentes. Normalmente, después de las mitigaciones, los resultados son inferiores.

≡ OPENCL DEVICES

Video Conferencing	Intel(R) HD Graphics 530
Spreadsheets	Intel(R) HD Graphics 530
Photo Editing	Intel(R) HD Graphics 530
Video Editing	Intel(R) HD Graphics 530

Posteriormente, se encontrarán los detalles de los gráficos utilizados. Si bien no hay indicación de cuántos núcleos SIMD se tienen, sí se indica la frecuencia de reloj a la que funcionan, el bus de la memoria, la versión del controlador gráfico utilizada y si es un controlador gráfico aprobado. Es importante asegurarse que la frecuencia de reloj[158] de los gráficos no haya sido alterada con la finalidad de obtener resultados espuriamente altos. En el caso de los gráficos de esta prueba, es correcta la frecuencia de 350MHz:

▢ GRAPHICS CARD

Graphics Card	Intel HD Graphics 530
Vendor	Dell Computer Corporation
# of cards	1
SLI / CrossFire	Off
Memory	0 MB
Core clock	350 MHz
Memory bus clock	800 MHz
Driver version	21.20.16.4627
Driver status	Approved

Luego de ello, se encontrarán los detalles del procesador. Hay que asegurarse que la frecuencia de reloj no haya sido alterada, que los núcleos físicos y lógicos sean los que se esperan (2 físicos y 4 lógicos en este caso), así como que el TDP sea el adecuado (47W no parece ser lo adecuado, pues lo reportado en el sitio Web de su fabricante es de 51W. Sin embargo, la lectura puede haber sido hecha durante el proceso de las

---

[158] A esta práctica se le conoce como "overclocking" y es una práctica más o menos común en equipos de jugadores y entusiastas, pero difícilmente se realiza en equipos de productividad que se orientan más a la durabilidad, estabilidad y precisión.

pruebas y promediada con los consumos que tuvo el procesador en el tiempo que duró la prueba):

▥ PROCESSOR   ▣

Processor	Intel Core i3-6100 Processor
Reported stock core clock	3,700 MHz
Maximum turbo core clock	3,687 MHz
Physical / logical processors	1 / 4
# of cores	2
Package	FCLGA1151
Manufacturing process	14 nm
TDP	47 W

Finalmente, aparecerán algunos detalles generales de la configuración: La versión y compilación del sistema operativo utilizado, la marca de la tarjeta madre, la cantidad, tecnología y hercios[159] de la memoria RAM y el modelo de unidad de almacenamiento masivo utilizada en la prueba. Estos datos son clave, pues cualquier cambio en cualquiera de estos componentes puede alterar significativamente el resultado:

⌨ GENERAL   ▣

Operating system	64-bit Windows 10 (10.0.15063)
Motherboard	Dell Inc. 05XGC8
Memory	4,096 MB
Module 1	4,096 MB Micron Technology DDR3 @ 1,594 MHz
Hard drive model	500 GB TOSHIBA DT01ACA050

Comprender esto a cabalidad permitirá saber si se está presentando una prueba basada en la configuración que ha sido solicitada, o si se ha alterado con la finalidad de obtener un puntaje espuriamente más alto. Los puntos que hay que vigilar son:

- Que la frecuencia de reloj del procesador no haya sido alterada
    - Un procesador acelerado puede devolver resultados espuriamente altos.
- Que la frecuencia de reloj del procesador gráfico no haya sido alterada

---

[159] En realidad, esto debería leerse como megatransfers por segundo (MT/s), pues no son hercios en sí.

- o Un procesador gráfico acelerado devolver resultados espuriamente altos.
- o Una tarjeta gráfica independiente suele mejorar significativamente el resultado de la prueba.
- Que la versión de Windows 10 sea la adecuada (por ejemplo, la versión de Windows 10 1809 tiene la compilación 10.0.17763.195, ello se puede corroborar si se escribe winver o cmd y se oprime Enter en el cuadro de Cortana).
  - o Las distintas versiones de Windows 10 pueden alterar para bien o para mal los resultados de las pruebas.
  - o Procúrese que todos los oferentes utilicen la misma compilación de Windows 10 para las pruebas.
- Que la cantidad y características de la memoria RAM sean las solicitadas.
  - o Cabe destacar que luego de 8GB de RAM los resultados no cambiarán de manera significativa pues estas pruebas no utilizan más de 6GB de RAM.
  - o Lo anterior es MUY importante, dado que la carga de las pruebas no necesariamente reflejará la carga final que tendrá el equipo (que, debido a la multitarea, suele ser mayor a la carga monotarea de la prueba).
  - o Una memoria DDR4 suele ofrecer mejores resultados en la prueba.
  - o Los MHz en la memoria también pueden modificar los resultados obtenidos en la prueba.
  - o Si se usan dos módulos de memoria en modo Doble Canal, los resultados suelen ser mejores.
- Que el disco duro utilizado cumpla con los requerimientos de la licitación
  - o Un disco duro de 7200RPM suele entregar mejores resultados que uno de 5400RPM.
  - o Una unidad SSD suele mejorar significativamente los resultados de las pruebas.
  - o Si la unidad SSD es NVMe, los resultados de las pruebas pueden ser aún superiores.
  - o La capacidad (o tamaño) de almacenamiento del disco duro o de la SSD no alterará los resultados de las pruebas. Un disco duro de 500GB dará un resultado prácticamente igual que uno de 1TB.

Puede verse el detalle de los resultados al dirigirse a la parte superior de la página Web y se hace clic en la flecha blanca que está a la derecha de SHOW RESULT DETAILS:

RESULT DETAILS

⊙ VALID RESULT		PCMARK 10	
		Test Version	1.0
≡ DETAILED SCORES	▲	SystemInfo Version	5.1
PCMark 10 Score	2675.0		
Essentials	4769.0 ▼	Date	agosto 2 2017
Productivity	4926.0 ▼	ID	56640
Digital Content Creation	2211.0 ▼		

⊙ SETTINGS ▼

HIDE RESULT DETAILS ▲

De esa forma se podrán ver los resultados de cada prueba individual en Essentials, Productivity y Digital Content Creation. Si se hace clic en la flecha hacia debajo de cada uno de esos elementos, se podrán encontrar mayores detalles de los resultados obtenidos:

≡ DETAILED SCORES ▲

PCMark 10 Score	2675.0	
Essentials	4769.0	▼
Productivity	4926.0	▲

Writing Score	3482.0	
Add pictures to document		0.72916 s
Cut and paste		0.34931 s
Save document		2.36339 s
Copy and paste		0.14136 s
Load document		4.98308 s

Spreadsheet Score	6971.0	
Recalculate Energy market OCL		3.12526 s
Recalculate Monte Carlo OCL		6.3204 s
Recalculate Stock history CPU		1.12214 s
Recalculate Building design CPU		0.63287 s
Save document		2.22785 s
Edit cells		1.03464 s
Copy data and compute 2		2.98469 s
Copy formulas		0.89313 s
Copy plain data		2.42534 s
Copy data and compute		2.01502 s
Open document		1.65299 s

Digital Content Creation	2211.0	▼

NOTAS RESPECTO AL PROGRAMA PCMARK 10

Además del problema que ya se explicó donde las pruebas se realizan sobre una versión de LibreOffice que no aprovecha todos los núcleos del procesador, esta prueba no escala adecuadamente cuando se tienen más de cuatro núcleos en el procesador. Hay muchas ocasiones en que un procesador de sólo dos núcleos puede dar una mayor puntuación que uno de cuatro núcleos. Lo anterior tiene que ver con lo ya explicado donde los procesos de oficina medidos se concentran en un solo hilo o subproceso y no en varios. Así, se podría tener la impresión de que una configuración con un procesador de dos núcleos ofrezca un puntaje mayor (y, supuestamente, "mayor velocidad") que uno de cuatro núcleos[160]. Si se toma una decisión basada en esto, los resultados podrían ser desastrosos si a la hora de utilizar el equipo se hace un uso intensivo de multitareas o multiprocesos. Por ejemplo, véanse las siguientes imágenes:

---

[160] Es aquí donde se cae en cuenta por qué una mayor puntuación no necesariamente significa mejor rendimiento.

La primera prueba fue hecha con un procesador AMD Ryzen 5 PRO 1600 en un equipo Dell Optiplex 5055 y la segunda fue hecha exactamente en el mismo equipo con la única diferencia del procesador: Un AMD Ryzen 7 PRO 1700. El primer equipo tiene un resultado de 4231, mientras que el segundo lo tiene de 4184. Aparentemente, el equipo con el AMD Ryzen 5 PRO 1600 es más rápido que el AMD Ryzen PRO 1700; sin embargo, el AMD Ryzen PRO 1700 tiene 8 núcleos y 16 subprocesos (hilos), mientras que el Ryzen 5 PRO 1600 tiene 6 núcleos y 12 subprocesos. En exigencia de procesamiento en hojas de cálculo se puede apreciar la diferencia de ejecución. Para este ejemplo, se está usando la misma hoja de cálculo que se utilizó en PCMark 10 para hacer las pruebas, pero ejecutada sobre Microsoft Excel 365 en la misma computadora con la misma configuración, y con la única diferencia del procesador. El número que aparece es el tiempo (en milisegundos) que se tardó en realizar el cálculo en Excel de 64 bits (entre menor el número es más rápido el cálculo). La primera imagen corresponde al AMD Ryzen 5 PRO 1600 y la segunda al AMD Ryzen 7 PRO 1700:

Como se puede apreciar, el AMD Ryzen 7 1700 es ~24% más rápido que el AMD Ryzen 5 PRO 1600. Así se demuestra que no necesariamente los puntajes mayores en un programa de benchmark donde se desconoce su estructura y funcionamiento traen consigo una máquina más rápida.

Ante ello, nuevamente hay que tener mucho cuidado en observar si los programas, las cargas de procesamiento, las actividades, los códigos, los archivos, el sistema operativo, la configuración que utiliza el programa de pruebas de rendimiento realmente se utilizan en el entorno productivo de la organización.

ACTUALIZACIÓN DEL PUNTAJE MÍNIMO

Algo que es evidente es que el puntaje de referencia en PCMark 10 corresponde al de un equipo de cómputo de 2016. Seguramente no es el puntaje que se esperaría para un equipo que funcione en la actualidad. Por ende, hay que ponderar el puntaje para tener un puntaje mínimo mejor ajustado a las necesidades actuales. Para ello, es importante buscar (a mano, no hay de otra) una configuración similar, pero con una tecnología más actualizada (digamos el Core i3-8100) con 8GB de RAM DDR4 de 2400MHz y un disco duro estándar. El resultado fue el siguiente: https://www.3dmark.com/pcm10b/390570

Así, los cambios más significativos fueron:

- Procesador Core i3-8100
- Memoria RAM DDR4 de 2400MHz
- Disco duro de 500GB (que, como ya se indicó, esta capacidad no afecta el puntaje)
- Equipo Dell Optiplex 3060

Como se puede observar, la diferencia de puntaje es significativa (subió de 2675 a 3210; es decir, ~20% de mejora). Si vemos un modelo inmediatamente anterior al Core i3-8100, el Core i3-7100, el resultado es 2807 (https://www.3dmark.com/pcm10b/250535):

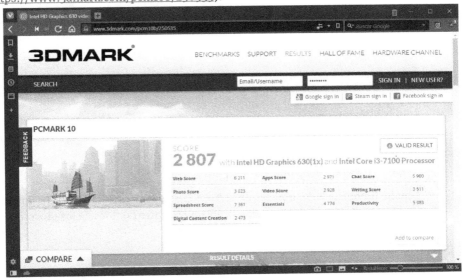

Y con un procesador anterior al Core i3-6100, es decir el Core i3-4130[161], nos encontramos con el puntaje de 2386 https://www.3dmark.com/pcm10b/71866:

---

[161] Por alguna razón, Intel pasó del modelo 4000 al modelo 6000 en equipos de escritorio. Los modelos 5000 fueron confinados a equipos portátiles así que hay un salto generacional intermedio.

Aquí la diferencia es:

- Procesador Core i3-4130
- Memoria RAM DDR3 de 1600MHz
- Disco duro de 500GB
- Tarjeta madre Hewlett-Packard

Aquí la diferencia en puntaje es de ~6%[162]. Si esto lo promediamos con lo anterior, obtenemos que hay una mejora promedio de un 8% entre familias de los procesadores. Véase la gráfica de crecimiento a continuación:

---

[162] Debido al salto generacional intermedio, aunque del Core i3-4130 al Core i3-6100 hay 12% de diferencia de rendimiento, se está tomando en cuenta que hay una generación intermedia para, entonces, obtener el 6% de crecimiento entre generaciones. El Core i3-5100 **NO EXISTE**, sólo se puso como referencia del rendimiento que debería esperarse que tuviera.

Con ello en mente, puede calcularse el puntaje mínimo que para el año actual debería tener un equipo de cómputo.

FÓRMULA PARA OBTENER EL PUNTAJE MÍNIMO ACTUALIZADO

Hay una sencilla fórmula matemática que permitirá calcular el Puntaje Mínimo Actualizado[163] a partir de un puntaje existente. La fórmula es la siguiente:

$$PMA=PMB(1+RCP)^{sg}$$

Donde:

PMA = Puntaje Mínimo Actualizado

PMB = Puntaje Mínimo Base

RCP = Es la Razón de Crecimiento Promedio de rendimiento en cada nueva generación de procesadores. Su valor es 8%[164].

sg = Es el Salto Generacional entre el valor tomado como PMB y el PMA de un procesador de generación actual.

Así, si tenemos los siguientes datos:

PMB = 2675

RCP[165] = 8%

sg = 2[166]

Y utilizamos la fórmula:

$PMA=2675(1+0.08)^2 = 3120$

El resultado sería 3120. Es decir, el Puntaje Mínimo Actualizado (PMA) sería de 3091 con una configuración de 8GB de RAM DDR4-2400MT/s y un disco duro estándar

---

[163] N. de R.: Ésta es una fórmula generada por el autor del libro.

[164] Realicé una detenida investigación entre diferentes tipos y marcas de procesadores con diferentes pruebas de rendimiento para determinar, de una manera más fehaciente, la Razón de Crecimiento Promedio. Hubo un salto importante en la 8ª generación pues los procesadores Core i3 pasaron de 2 a 4 núcleos físicos en los equipos de escritorio. Algo parecido sucedió con los procesadores Core i5 (de 4 a 6 núcleos físicos) y Core i7 (de 4 núcleos con Hyper-Threading, a 6 núcleos con Hyper-Threading)

[165] Con esa misma metodología comparativa, el RCP de los procesadores gráficos es, en promedio de 17%. Por lo tanto, si requiere el Puntaje Mínimo Actualizado del rendimiento gráfico, el RCP debería ser de 17%.

[166] Entre los procesadores Core i de la serie 6000 y los de la serie 8000 hay dos generaciones.

de 500 o más GB. Ello es una mejora del ~17% respecto al puntaje inicial, lo cual está cerca de ser percibido por los usuarios.

EXTRAPOLACIÓN DE RESULTADOS

El puntaje indicado es para una funcionalidad de productividad básica de oficina. Si se tienen requerimientos mayores de cómputo, habrá que tomar en cuenta alguna otra configuración. Como sabemos, se requiere de un mínimo de 20% para que un usuario perciba una diferencia de rendimiento, por ende, los pasos mínimos de mejoras de rendimiento podrían venir en términos de 20% con respecto al puntaje mínimo que hemos obtenido. Hagamos el ejercicio:

Digamos que un usuario tiene necesidades de rendimiento para un proceso que se tarda cinco minutos en ser ejecutado. Si quiere ver alguna mejora, el proceso deberá tardarse mínimo alrededor de cuatro minutos (que es el 20% de cinco minutos). Esta reducción de tiempo será la mínima adecuada y posiblemente permitirá la inversión para obtener un equipo de cómputo asequible.

Así, si para una octava generación de procesadores en requerimientos base se esperaba mínimo un puntaje de 3120, para este caso el puntaje mínimo esperado debería ser de 3744.

¿Cómo se obtuvo ese número? Bien, primero se obtuvo el 20% por encima de 2675 (2675 * 1.20), el resultado fue de 3210, pero éste sería un valor propio para procesadores de la serie 6000. Hay que adecuar el valor para procesadores de la serie 8000. A este número obtenido, entonces, le aplicamos la fórmula de Puntaje Mínimo Actualizado y el resultado es de 3744: **PMA=3210(1+0.08)^2 = 3744**.

Si buscamos soluciones con ese puntaje, encontramos lo siguiente:

https://www.3dmark.com/pcm10b/258835

https://www.3dmark.com/pcm10b/223688

Ambos procesadores satisfarían la expectativa del usuario y la diferencia de puntuación entre ellos es apenas de un .3% (insignificante).

Si se requiere de un equipo todavía más potente, se podría volver a utilizar el 20% en el puntaje de 3744 (3852) para obtener un equipo aún de mayor rendimiento (es decir, con un puntaje mínimo actualizado de 4492). Y hay ejemplos como los siguientes:

https://www.3dmark.com/pcm10b/100703

https://www.3dmark.com/pcm10b/145553

No está por demás señalar que estos puntajes ya caen en la configuración de una PC de juegos, lo cual puede ser especialmente costoso. Aquí será importante validar si el costo del equipo tendrá un ROI a través de la productividad que se pretende que genere.

OBTENER EL PUNTAJE MÍNIMO BASE DE SUS PROPIOS EQUIPOS ACTUALES

Si el puntaje no quiere ser basado en los puntajes provistos por PCMark 10, puede obtenerse un puntaje propio. Hay que descargar este programa gratuitamente[167] desde la página https://benchmarks.ul.com/pcmark10, instalarlo y ejecutarlo en una máquina se considere adecuada para fungir como Puntaje Mínimo Base. Debe ser una máquina que, en la actualidad, ofrezca un rendimiento adecuado y que, a partir de ella, se quiera obtener una mejora. Hay que utilizar la fórmula para actualizar el rendimiento esperado y, de esa forma, se sabrá cuál es el puntaje mínimo que se esperará que sea entregado en el pedimento de equipos de cómputo.

Por ejemplo, si se tiene un equipo con un procesador AMD A10 PRO-7800B y se ejecuta en él el PCMark 10, es probable que se obtenga una puntuación de 2677 (este procesador es de la 4ª generación de APUs de AMD). Entre las APU A PRO serie 7000 las APU AMD Ryzen PRO serie 2000G hay 4 generaciones de diferencia. Así, la fórmula funcionaría así:

$$PMA = 2677(1+0.08)^4 = 3642$$

De esta manera, la Puntuación Mínima Actualizada debería ser de 3642 lo cual se puede traducir a un AMD Ryzen 5 PRO 2400G con 8GB de RAM y Disco Duro estándar, o un Core i5-8400 con 8GB de RAM y Disco Duro estándar. En su momento, el AMD PRO A10-7800B competía directamente contra el Core i7-4770 (cuyos puntajes con una configuración similar eran parecidos), ahora el rendimiento esperado lo entregan tecnologías como AMD Ryzen 5 PRO serie 2000G o Core i5 serie 8000 debido a los enormes saltos de rendimiento que se dieron con la aparición de la 8ª generación de los procesadores Intel Core vPro, y con la de los AMD Ryzen PRO.

NOTAS FINALES

Puede utilizarse la fórmula del Puntaje Mínimo Actualizado (PMA) en prácticamente cualquier puntuación derivada de los distintos programas de pruebas de rendimiento (benchmark). En general, el 8% de crecimiento promedio en rendimiento generacional de procesamiento CPU y el 17% de crecimiento promedio en

---

[167] La versión gratuita tiene una batería de pruebas básica para los equipos de cómputo y en esta versión se han basado los puntajes que han sido otorgados a lo largo de este documento. Existen otras dos versiones de paga que integran algunas pruebas y características adicionales.

rendimiento generacional gráfico se pueden utilizar en cualquiera de ellos. Ya se sabe que puede haber algunas variaciones a favor o en contra. Si son en contra, cabe recordar que el valor obtenido en PMA siempre podría tener resultados hasta 10% inferiores en pruebas reales y, de cualquier forma, el usuario no percibirá la reducción en rendimiento (aunque sí podría percibirse en términos del precio de la solución provista).

GENERACIONES DE PROCESADORES AMD

En esta sección se tendrá una lista de las generaciones de los procesadores AMD desde 2010 para que se pueda hacer un cálculo adecuado del salto generacional en la fórmula. Cada línea es una generación de procesadores:

- AMD A serie 3000
- AMD A PRO serie 4000
- AMD A PRO serie 5000
- AMD A PRO serie 6000
- AMD A PRO serie 7000
- AMD PRO A serie 8000
- AMD PRO A serie 9000
- AMD Ryzen PRO serie 1000
- AMD Ryzen PRO serie 2000
- AMD Ryzen PRO serie 3000

GENERACIONES DE PROCESADORES INTEL

Como en el caso anterior, a continuación se encontrará una lista generacional de los procesadores Intel desde 2010. Nuevamente, cada línea es un salto generacional:

- Intel Core i series 300, 400, 500, 600, 800 y 900
- Intel Core i serie 2000
- Intel Core i serie 3000
- Intel Core i serie 4000
- Intel Core i serie 5000
- Intel Core i serie 6000
- Intel Core i serie 7000
- Intel Core i serie 8000
- Intel Core i serie 9000

CAPÍTULO 15

Adecuación o actualización de los equipos existentes

"Me gusta concebir la innovación como una actualización propia. Esta actualización nos ayuda a enfrentar los cambios de mejor manera y a ser capaces de pensar de una manera más compleja que antes."
—Daniel Willey

NO TODO EL TIEMPO HACE falta adquirir equipos nuevos. Quizá ya tenemos en la oficina la potencia que necesitamos y sólo se necesita una "manita de gato" para darle una nueva vida a la tecnología. La actualización de computadoras dependerá del tipo de equipos que se tengan y, de allí, la cantidad de dinero que se requeriría invertir en semejante actualización. Este capítulo no intenta ser una guía definitiva para actualizar el equipo, sino, básicamente, una propuesta que deberá evaluar.

Ante ello, a continuación se podrán encontrar los pasos para evaluar la viabilidad de actualizar el equipo.

DESCARGO DE RESPONSABILIDAD

La viabilidad de la actualización dependerá fuertemente de las posibilidades ofrecidas por el fabricante del equipo. En ningún caso deberán seguirse estas recomendaciones como algo que deba realizarse, pues algunos fabricantes invalidan la garantía si se abre la computadora o se modifican sus componentes. Otros pueden ser más permisivos. **Hay que consultar al fabricante antes de decidir realizar alguna acción que involucre manipular físicamente la computadora o cambiar alguno de sus componentes.** En ningún caso aceptaré responsabilidad alguna derivada de la manipulación de los componentes de la máquina, sea o no por causa de esta guía.

CONFIGURACIÓN ACTUAL

El primer paso es evaluar la configuración actual. Existen sencillas herramientas para poder hacer eso. En el propio Windows puede ir a Sistema para darse una idea de las características generales del equipo:

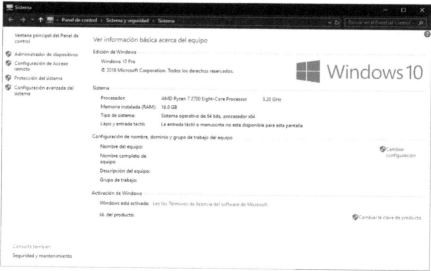

Si se quiere tener una idea más clara, podría utilizarse un programa como CPU-Z[168] para conocer los detalles de la configuración. A continuación, se verá una captura de pantalla de la información que este programa arroja respecto al procesador:

También puede conocerse cómo está configurada la memoria RAM del equipo:

Es importante poner atención al rubro Channel #. Si no dice Dual, es muy probable que esté castigándose el rendimiento del equipo debido a esto. La memoria funciona mucho mejor en entornos productivos en modo Dual. Ésta será una señal para

---

[168] Puede obtener gratuitamente CPU–Z de la página Web www.cpuid.com

determinar la necesidad de actualizar el hardware. Las especificaciones de la memoria se encuentran en la ficha SPD de este mismo programa:

Aquí podrá verse la marca y número de parte utilizado en la memoria. Es probable que no pueda encontrarse la misma marca y modelo de memoria para el equipo, así que lo mejor podría ser sustituirla toda[169].

En lo que respecta a los gráficos, es recomendable utilizar otra herramienta para poder determinar los detalles correspondientes, como la versión de DirectX soportada y su potencia. Para ello se recomienda utilizar TechPowerUp GPU-Z[170]. Al ejecutar esta herramienta, podría verse una imagen como la siguiente:

---

[169] Como ya fue indicado en su momento, es importante evitar mezclar memorias de diferentes marcas y capacidades, so pena de sufrir una fuerte inestabilidad en el equipo.
[170] Puede obtener esta herramienta gratuitamente desde: https://www.techpowerup.com/download/techpowerup-gpu-z/

Aquí hay un montón de información valiosa; sin embargo, nos concentraremos en la versión de DirectX que soporta el gráfico. Si la versión es menor a 12, será muy recomendable colocar una nueva tarjeta gráfica si es que pretende actualizarse el sistema operativo a Windows 10. Si va a dejarse el sistema operativo actual (por ejemplo, Windows 7), hay que asegurarse que la versión de DirectX soportada sea la 11. Una versión anterior de DirectX no ofrecerá la capacidad de utilizar cómputo heterogéneo y desaprovechará los recursos de su máquina.

Finalmente, la unidad de almacenamiento masivo. Para ello puede echarse mano de otra herramienta gratuita que es Crystal DiskInfo[171] en su versión Standard. Con esta herramienta podrá descubrirse información valiosa acerca de la(s) unidad(es) de almacenamiento masivo para determinar si se debe(n) o no cambiar. Ver la imagen siguiente:

---

[171] Puede obtener esta herramienta gratuita desde:
https://crystalmark.info/en/download/#CrystalDiskInfo

CrystalDiskInfo 8.0.0 x64

Archivo Editar Función Tema Disco Ayuda Lengua(Language)

Bueno	Bueno	Bueno
30 °C	40 °C	39 °C
C:	D:	E:

WDC WD1000DHTZ-60N21V0 1000.2 GB

Estado de salud	Firmware	04.06A02	----	----
	Número de serie	WD-WXJ1EA3MDHX2		----
Bueno	Interfaz	Serial ATA	Velocidad rotación	10000 RPM
	Modo de transferencia	SATA/600 | SATA/600	Nº encendido	1319 veces
Temperatura	Letra de unidad D:		Horas encendido	6604 horas
40 °C	Estándar	ACS-2 | ACS-3 Revision 3b		
	Características soporta	S.M.A.R.T., NCQ		

ID	Detalles ID	Actual	Peor	Umbral	Valores en crudo
01	Tasa de errores de lectura	200	200	51	000000000000
03	Tiempo de arranque	196	192	21	000000000C56
04	Nº de ciclos de arranque/parada	99	99	0	000000000789
05	Nº de sectores reasignados	200	200	140	000000000000
07	Tasa de errores de búsqueda	200	200	51	000000000000
09	Horas encendido	91	91	0	0000000019CC
0A	Nº de reintentos de giro	100	100	51	000000000000
0B	Reintentos de calibración	100	100	0	000000000000
0C	Nº de ciclos de encendido del dispositivo	99	99	0	000000000527
B7	Vendor Specific	100	100	0	000000000000

Si se trata de una unidad rotativa de almacenamiento (un HDD), hay que asegurarse que la velocidad de rotación sea mayor a 5400RPM. Si es de 7200RPM estará medianamente bien, aunque la velocidad de transferencia de los datos sería alrededor de, a lo sumo, 140MB/s. Ello, comparado con la memoria RAM, cuyas razones de transferencia podrían ser mayores a 35GB/s es extraordinariamente lento para el procesador (que por cada núcleo requiere, al menos, de una tasa de transferencia de 8GB/s, aunque podría llegar a ser más de 24GB/s por núcleo). Un disco duro de 10,000 RPM podría ofrecer una mejor capacidad de respuesta, pero su precio podría llegar a ser muy alto y convendría, en su caso, considerar una unidad de estado sólido, cuyas tasas de transferencia pueden ser, en caso de SSD con conexión SATA-III, de unos 550MB/s o, en el caso de las M.2, de hasta más de 3.5GB/s.

Si se cuenta con la posibilidad de actualización a unidades SSD M.2 se hablaría de un equipo reciente, por lo que su capacidad de actualización sería mucho mayor que la de un equipo con algo de tiempo. La actualización a la tecnología SSD M.2 arrojaría significativamente mayor velocidad que a través de una conexión SATA. Sin embargo, lo más probable es que, de acuerdo con el tiempo que tenga el equipo, la mayor actualización que pueda realizarse sea con unidades SSD con conexión SATA.

Si se usarán discos duros estándar, hay que asegurarse que tengan tecnología NCQ para agilizar los procesos de búsqueda de la información, y SMART, para tener un reporte del estado de "salud" del disco.

SOFTWARE

Ahora que sabemos con qué contamos en la computadora, pasemos al rubro del software. Hay que verificar el sistema operativo, las aplicaciones y las necesidades que son satisfechas con esas aplicaciones. Ahora, hay que responder a las siguientes preguntas:

1. ¿Requiere actualizarse alguna o algunas de las aplicaciones? Si la respuesta es "Sí", entonces hay que proceder a visitar el sitio Web de la empresa desarrolladora para determinar los requerimientos mínimos del sistema. Si los requerimientos mínimos son, por ejemplo, "2GB de RAM" y el equipo tiene exactamente 2GB de RAM, se está en problemas. Como ya se indicó anteriormente, esos 2GB de RAM se suman a los requerimientos de RAM que tiene el propio sistema operativo y las otras aplicaciones que se utilicen en el equipo. Por ende, el sistema está limitado en cuanto a memoria RAM. Hay que considerar aumentar la memoria RAM al menos a 8GB (2x4GB)

2. Si se va a actualizar alguna de las aplicaciones, ¿se exige una versión de sistema operativo más avanzada que la que se tiene instalada en el equipo? Si la respuesta es "Sí", hay que proceder a visitar el sitio Web de la empresa desarrolladora del sistema operativo para determinar los requerimientos mínimos del sistema. Es imperativo que se ponga especial atención en el tipo de procesador, tecnología gráfica y capacidad de memoria. Cabe recordar que los requerimientos mínimos son para que apenas funcione el programa. Lo ideal es decantarse por el doble de lo establecido en los requerimientos mínimos para tener una configuración más acercada a lo ideal.

3. Aunque no se actualicen las aplicaciones, ¿se desea actualizar el sistema operativo? Si la respuesta es "Sí", será mejor que se visiten los sitios Web de las aplicaciones que se utilizan para determinar su compatibilidad. Hay programas y dispositivos que, simplemente, no funcionan en versiones posteriores del sistema operativo elegido. Por ende, habrá sido un desperdicio. Hay que procurar que el equipo supere los requerimientos mínimos solicitados por el sistema operativo elegido.

El software es la parte principal de la productividad Empresarial. Si bien un hardware bien configurado podrá apoyar el mejor funcionamiento del software, lo cierto es que la productividad se basa en el software de aplicación con el que se cuenta. Es por lo que, antes de cualquier evaluación de hardware, hay que empezar con el software (y antes de ello, con la necesidad del usuario).

HARDWARE

La actualización del hardware será necesaria sólo bajo tres circunstancias: 1) Por requerimientos del software, 2) por degradación o fallas del hardware inherentes al uso y al tiempo, y 3) por obsolescencia y disminución evidente de la capacidad del hardware actual para hacer uso de las nuevas tecnologías.

La evaluación de la viabilidad para actualizar el hardware dependerá, fuertemente, de la disponibilidad y precio de los componentes por actualizar. Pero vamos por partes de manera que podamos determinar la viabilidad para actualizar los equipos.

1) **Teclado y ratón**: Si hay ciertas teclas que fallan, o el ratón está teniendo problemas para apuntar adecuadamente, es muy recomendable que se haga la sustitución de estos componentes. No hace falta sustituir toda la computadora, a menos que se trate de una computadora portátil. No obstante, existe la posibilidad de que el teclado y el mouse pad sean sustituidos por nuevos, siempre y cuando el fabricante aún posea repuestos o refacciones para el equipo de marras sea portátil o de escritorio.

2) **Pantalla o monitor**: Si la pantalla muestra píxeles muertos, o se trata de una pantalla CRT, lo más recomendable será sustituirla. Es posible solicitar al proveedor nuevas pantallas (y, tal vez, de mayor tamaño o mejores resoluciones) para sustituir la pantalla existente. Puede haber diversas alternativas para modificar la pantalla sin la necesidad de adquirir todo un nuevo sistema de cómputo.

3) **Disco duro**: Si lo que se tiene es un disco duro lento o de poca capacidad. Se puede adquirir una nueva unidad de almacenamiento con mayor velocidad o capacidad para poder colocar la información allí. Cambiar el disco duro no es una tarea baladí, pues casi siempre hay en él información valiosa, así como el sistema operativo. Existen varias soluciones que pueden facilitar este proceso de sustitución. Una de ellas es CloneZilla, una utilería de software libre que se presta mucho para este tipo de procesos.

4) **Gráficos**: Ante la posibilidad de instalar un nuevo sistema operativo, como Windows 10, es posible que se requiera de instalar una tarjeta gráfica nueva. Antes que todo, hay que verificar si los gráficos del equipo cumplen con el sistema operativo que se instalará (para Windows 10, es deseable que los gráficos sean DirectX 12). El sólo ponerle una tarjeta gráfica, que puede adquirirse con el proveedor, podría ser la diferencia entre poder o no instalre el nuevo sistema operativo.

5) **Memoria**: Es muy probable que en este rubro se encuentre uno de los mayores problemas de la máquina, y que la lentitud se deba a que se omitió configurar al equipo con una cantidad generosa de memoria RAM. Sin embargo, será importante revisar[172] el tipo de memoria RAM que tiene el sistema para

---

[172] Puede abrirse el equipo, o puede usarse el ya citado programa CPU-Z (www.cpuid.com) para saber el tipo de memoria RAM que tiene instalado el equipo. Hay computadoras que no exponen la información de la Detección de Presencia Serial (SPD) de la RAM y que, por ende, no se vería

determinar su viabilidad de ser actualizada. A continuación se encontrará una lista de posibles memorias reportadas:

    a. **DDR**: Si la memoria que tiene el equipo es DDR (también conocida como DDR1), no tiene caso. Simplemente hay que ir por una nueva computadora.

    b. **DDR2**: Si la memoria es DDR2, pasa lo mismo que con DDR: hay que ir por una nueva computadora.

    c. **DDR3**: Si la memoria es DDR3, aún se puede actualizar. Hay que buscar el tipo de memoria adecuado para el sistema[173] y validar que hay ese número de parte con el proveedor. Si existe, es recomendable que se coloquen, al menos, 8GB (2x4GB) de memoria DDR3-1600 en el equipo.

    d. **DDR4**: Ésta es la memoria actual, así que no se deberán tener problemas para hacer la actualización. Es recomendable, de manera ideal, integrar 16GB (2x8GB) de memoria DDR4-2400 o DDR4-2666 para que el equipo pueda responder de la mejor forma posible. Cabe recomendar que se verifique si el equipo soportará y explotará este tipo de memoria RAM, pues algunos procesadores sólo reconocen hasta DDR4-2133.

6) **Procesador**: Como todas las anteriores, ésta es una parte neurálgica del sistema. Para saber si se puede actualizar el equipo, primero se deben responder las siguientes preguntas:

    a. **¿Cuál es el conector (sóquet) del procesador?**

    b. **¿El equipo admite nuevas familias de procesadores?**

    c. **¿Es necesario actualizar el BIOS/UEFI de la máquina?**

    d. **Ya con el BIOS/UEFI actualizado, ¿el equipo admite las nuevas familias de procesadores que se pretenden instalar?**

    e. **Es muy probable que, de ser un equipo de Fabricante Internacional, no pueda actualizarse o cambiarse el procesador. Es más, si el equipo es portátil, es casi un hecho que no admitirá la actualización pues existen altísimas probabilidades que esté soldado a la motherboard.**

    f. **En caso de que el equipo admita la actualización del procesador, ¿el procesador que se haya elegido podrá colocarse en el equipo?**

En lo que respecta al procesador, es muy importante saber que NO ES POSIBLE colocar un procesador AMD donde había un Intel, y viceversa. Si se va a actualizar un equipo basado en tecnología de AMD, la actualización sólo podrá realizarse con la tecnología correspondiente de AMD. De igual forma, si se va a actualizar un equipo basado en tecnología de Intel, la actualización sólo podrá realizarse con la tecnología correspondiente de Intel.

---

en CPU-Z. Ante ello, la única opción será abrir la máquina para ver las características de la RAM instalada.

[173] Busque en los sitios Web de los fabricantes de memoria, como en Kingston (www.kingston.com) o Corsair (www.corsair.com) una guía para obtener el número de parte adecuado para el tipo y modelo de computadora que tenga.

El modelo del procesador podría ayudar mucho a saber si es posible hacer o no la actualización. Por ejemplo, si el procesador que tiene el equipo es específicamente diseñado para entornos productivos (como la línea AMD PRO o Intel vPro), lo más seguro es que no podrá actualizar el procesador[174], so pena de arriesgar la seguridad y capacidad de administración del equipo. Existen prácticamente nulas posibilidades que se encuentren procesadores de las líneas AMD PRO o Intel vPro disponibles a la venta al por menor. Estos procesadores, por lo general, se venden sólo como parte de una solución integral. Por el contrario, si el modelo del procesador no es AMD PRO o Intel vPro, existen posibilidades de poder hacer la actualización. Nuevamente el número de modelo podría ayudar a descubrir el tipo de actualización que podría hacer.

Por ejemplo: Si el modelo de procesador es AMD A6-7400K, lo más seguro es que se podrá hacer una actualización a un AMD A10-7800 que tiene un consumo de energía similar (65W) y queda en el mismo socket o conector. El AMD A10-7400 ofrece alrededor de 80% mejor rendimiento que el ofrecido por un AMD A6-7400K.

En el caso de Intel, si cuenta con un procesador Celeron G3900, es probable que pueda colocar en el mismo equipo un Core i5-6400 que si bien tiene un consumo de energía mayor (51W del primero vs 65W del segundo), la diferencia podría no ser significativa y podría existir la posibilidad de aumentar significativamente la capacidad de respuesta del equipo. El Core i5-6400 ofrece alrededor de 122% mayor rendimiento que el ofrecido por un Celeron G3900.

7) **Tarjeta madre o Motherboard**: Si para hacer la actualización del equipo se requerirá de cambiar la tarjeta madre, lo mejor será pensar en un equipo nuevo, cuanto y más si el equipo es de fabricante internacional.

8) **Fabricante del equipo**: Si el equipo de cómputo con el que se cuenta es de algún fabricante internacional (como Dell, HP o Lenovo), lo más seguro es que las capacidades de actualización se limiten a la adición de una tarjeta gráfica, al aumento o cambio de tipo de unidad de almacenamiento masivo, y a la capacidad y velocidad de la memoria RAM. Sin embargo, estas tres capacidades de actualización pueden ofrecer un amplísimo margen de mejora, pues si se pone una unidad de almacenamiento masivo más amplia o, mejor aún, más veloz y, además, se aumenta la capacidad de la memoria RAM, el equipo podría rejuvenecer y tener un nuevo aire (quizá, hasta de unos dos años adicionales) de potencia de cómputo. Si el equipo es genérico o de algún fabricante local, existen mayores posibilidades de poder actualizar el equipo. Es realmente raro que este tipo de equipos de cómputo utilicen procesadores específicamente diseñados para la productividad (como AMD PRO o Intel vPro), lo cual abre la posibilidad de hacerles una actualización. El problema con este tipo de equipos

---

[174] A menos que el fabricante del equipo ofrezca kits de actualización del procesador.

es que no se puede garantizar la calidad de los componentes utilizados (debido a que se tiende a utilizar componentes de mediana a baja calidad con la finalidad de ofrecer un precio competitivo). Habrá que informarse a profundidad acerca de los componentes integrados en este tipo de equipos para determinar su viabilidad de ser actualizados.

A. David Garza Marín

CAPÍTULO 16

Conclusiones

*"Para tener éxito, salta rápido a las oportunidades
como lo haces a las conclusiones."*
—Benjamín Franklin

EFINITIVAMENTE, ES POCO LO QUE se puede tratar en un libro como éste respecto a los equipos de cómputo personal para la productividad. Sin embargo, cabe resumirlo en las siguientes conclusiones.

- **Un equipo de cómputo es más que un procesador.** Se trata de una configuración holística y sistémica orientada a satisfacer las necesidades del usuario en la mayor cantidad de aspectos posibles.
- **Cada componente de un equipo de cómputo es valioso.** Si sólo se pone atención en uno de ellos, como el procesador, es muy posible que los resultados no sean los más halagüeños posibles.
- **Hay muchos mitos alrededor de las marcas y los componentes de una computadora.** Es altamente recomendable deshacerse de esos mitos que podrían costar mucho dinero y, al final, no satisfacer las necesidades del usuario por no contar con la configuración adecuada.
- **Existe un sinnúmero de referencias respecto al cómputo.** Si bien este libro es otra de ellas, aquí se pretende ofrecer una guía directa y franca para ayudar a tener equipos que realmente resuelvan las necesidades de cómputo productivas.
- **La configuración inicia con la determinación de los casos de uso.** Es importante tener la mayor claridad posible del uso que se dará a la o las computadoras para, entonces, hacer la mejor configuración posible.

- **La configuración debe basarse en los casos de uso.** Aunque suene redundante, realmente hay que tomar en cuenta los casos de uso para llegar a la mejor conclusión para la configuración de los equipos de cómputo. Si serán varios equipos de cómputo, hay que procurar tomar en cuenta los diferentes requerimientos para generar "paquetes" de cómputo orientados a resolver determinadas necesidades.
- **La seguridad es primordial.** Éste es un aspecto que reviste cada vez mayor importancia en la decisión de compra. La seguridad y las posibles certificaciones que al respecto tenga el equipo, así como las prestaciones que en este rubro ofrezca el fabricante son aspectos que hay que considerar seriamente en la compra.
- **Las pruebas de rendimiento son importantes.** Y, sin embargo, una prueba de rendimiento es mucho más que ejecutar un programa que emita una puntuación al respecto. El rendimiento, en sí, es la realización de una tarea dada que se mide en función de estándares prestablecidos de integridad, exactitud, precisión, costo y rapidez. Así, las medidas de rendimiento también son holísticas y sistémicas.
- **Los programas de "pruebas de rendimiento" comerciales difícilmente ofrecen una guía imparcial y real del funcionamiento de la máquina en las necesidades particulares de una organización.** Los resultados tienden a destacar los componentes de quienes los patrocinan, por lo que difícilmente ofrecen resultados objetivos y orientados al usuario.
- **La percepción humana de rendimiento es distinta a los resultados que se ofrecen en los programas de pruebas de rendimiento.** Si bien es muy posible que las computadoras estén constantemente aumentando su rapidez de respuesta, lo cierto es que la percepción de las personas difícilmente cambia. Lo que es "rápido" para algunos, otros no haya diferencia y otros podrían frustrase con el resultado.
- **Para hacer pruebas de rendimiento, es imperativo saber qué es lo que se quiere medir.** Si se tiene claro este concepto, será mucho más fácil determinar si el equipo realmente satisfará las necesidades del usuario.
- **Es importante tener un protocolo bien definido para hacer pruebas.** Particularmente, si se pretende utilizar un banco de programas de pruebas de rendimiento, seguir el protocolo reducirá la posibilidad de obtener resultados exagerados, incorrectos o adulterados.
- **Hay que conocer lo que pretenden medir los programas de pruebas de rendimiento.** Si la información no se ve por lado alguno, lo más seguro es que sus resultados significarán poco y nada para los propósitos personales o de los usuarios. De cualquier forma, prácticamente todos los programas de pruebas de rendimiento ocultan qué tipo de codificación, compilación, modificadores, banderas, compilador, y cosas por el estilo se utilizaron para hacer las pruebas.
- **No todo el tiempo se requiere de comprar equipos nuevos.** Puede haber algunas ocasiones donde con sólo actualizar los gráficos, la unidad de almacenamiento masivo o la memoria RAM se pueda extender la vida de la computadora con una menor inversión.

- **La vorágine comercial ha enrarecido el ámbito del cómputo.** La caída en los precios de la tecnología ha obligado a las empresas a vender cada vez más para obtener los ingresos necesarios para mantenerse en el mercado. Sin embargo, el mercado no crece al ritmo al que lo hacen las expectativas de crecimiento de las empresas, y los precios siguen cayendo. Ello tiene el riesgo de saturar al mercado o de ofrecer equipos de menor calidad a la esperada. Es por lo que hacer una prueba de rendimiento integral (no sólo la rapidez de la máquina, sino la revisión y certificación de sus componentes, entre otros aspectos) se hace cada vez más importante.

A. David Garza Marín

REFERENCIAS

Amdahl, G. M. (1967). *Validity of the single processor approach to achieving large scale computing capabilities.* Obtenido de EECS Instructional and Electronics Support (University of California, Berkeley): http://www-inst.eecs.berkeley.edu/~n252/paper/Amdahl.pdf

Anderson, J. (4 de julio de 2014). *Speed, Performance, and Human Perception.* Obtenido de Medium: https://medium.com/@jakob_anderson/speed-performance-and-human-perception-70ae83ea144e

Anon, E. A., & Gray, J. (1985, febrero). *A Measure of Transaction Processing Power.* Retrieved March 22, 2015, from Internet Archive: https://archive.org/details/bitsavers_tandemtechMeasureofTransactionPro cessingPowerFeb85_1019642

Anthes, G. H. (3 de abril de 2000). *Cache Memory.* Obtenido de Computer World: http://www.computerworld.com/article/2595301/lan-wan/cache-memory.html

Apple, Corp. (15 de julio de 2014). *Thread Management.* Obtenido de Guides and Sample Code: Threading Programming Guide: https://developer.apple.com/library/content/documentation/Cocoa/Concept ual/Multithreading/CreatingThreads/CreatingThreads.html

Arora, H. (14 de noviembre de 2013). *What are Linux Processes, Threads, Light Weight Processes, and Process State.* Obtenido de The Geek Stuff: http://www.thegeekstuff.com/2013/11/linux-process-and-threads/

Betts, A. (24 de diciembre de 2018). *Which Upgrades Will Improve Your PC Performance the Most?* Obtenido de Make Use Of (MUO): https://www.makeuseof.com/tag/upgrades-will-improve-pc-performance/

Brink, S. (28 de diciembre de 2018). *Enable or Disable Secure Boot on Windows 10 PC.* Obtenido de TenForums: https://www.tenforums.com/tutorials/85279-enable-disable-secure-boot-windows-10-pc.html

Carrier, J. (24 de abril de 2012). *HPCS I/O Scenarios*. Obtenido de OpenSFS: http://cdn.opensfs.org/wp-content/uploads/2011/11/Carrier_LUG12_HPCS-Scenarios.pdf

Cirillo, F. (2018). *The Pomodoro Technique*. New York, Estados Unidos: Currency.

Collins Dictionary. (s.f.). *Technique*. Obtenido de Collins Dictionary: https://www.collinsdictionary.com/dictionary/english/technique

Computerhope. (15 de marzo de 2015). *Thrashing*. Obtenido de Computer hope: http://www.computerhope.com/jargon/t/thrash.htm

Conlin, A., & Barber, L. (03 de abril de 2017). *Why and How You Should Take Breaks at Work*. Obtenido de Psychology Today: https://www.psychologytoday.com/intl/blog/the-wide-wide-world-psychology/201704/why-and-how-you-should-take-breaks-work

Cunningham, A. (1 de junio de 2012). *Refining the recommended system requirements for Windows 8: Microsoft's listed requirements fall short for daily use*. Obtenido de ArsTechnica: http://arstechnica.com/information-technology/2012/05/recommended-system-requirements-for-windows-8/

Cunningham, C. (13 de octubre de 2017). *What is Hyper-Threading and Simultaneous MultiThreading?* Obtenido de Logical Increments PC Building Guide: http://blog.logicalincrements.com/2017/10/what-is-hyper-threading-simultaneous-multithreading/

Cunningham, C. (13 de octubre de 2017). *What is Hyper-Threading and Simultaneous MultiThreading?* Obtenido de LI Blog: http://blog.logicalincrements.com/2017/10/what-is-hyper-threading-simultaneous-multithreading/

Cyber Startup Observatory. (s.f.). *CISO of the Week: Stéphane Nappo, Société Générale*. Obtenido de Cyber Startup Observatory: https://cyberstartupobservatory.com/cyber-startup-observatory-ciso-week-stephane-nappo-societe-generale/

Fog, A. (2017). *The microarchitecture of Intel, AMD and VIA CPUs*. Denmark: Technical University of Denmark.

Google, LLC. (s.f.). *Procesos y subprocesos*. Obtenido de Android Developers: https://developer.android.com/guide/components/processes-and-threads.html

GreenIT. (s.f.). *Energy Savings is the low-hanging fruit ready to be picked*. Obtenido de GreenIT: http://www.greenit.net/whygreenit.html#3

Gregg, B. (20 de diciembre de 2013). *13 benchmarking sins*. Obtenido de Computerworld: https://www.computerworld.com/article/2486830/computer-hardware/13-benchmarking-sins.html

Gregg, B. (2014). *Systems Performance Enterprise and the Cloud* (1 ed.). USA: Pearson Education.

Grigorik, I. (2014). *High Performance Browser Networking*. USA: O'Reilly Media, Inc. Retrieved March 22, 2015, from http://chimera.labs.oreilly.com/books/1230000000545/index.html

Heidegger, M. (1954). *Die Frage nach der Technik* (1 ed.). Alemania: GRIN Verlag.

Hoff. (30 de diciembre de 2006). *Multicore, SMP and SMT Processors*. Recuperado el 22 de March de 2015, de HoffmanLabs: http://labs.hoffmanlabs.com/node/13

Hoffman, C. (9 de mayo de 2018). *How to Create a Strong Password (and Remember It)*. Obtenido de How-To Geek: https://www.howtogeek.com/195430/how-to-create-a-strong-password-and-remember-it/

IFixIt. (2018). *Repairing and Upgrading Your Computer*. Obtenido de IFixIt.com: https://www.ifixit.com/Wiki/Repairing_and_Upgrading_Your_Computer

IMD. (25 de octubre de 2007). *Synthetic Benchmarks*. Obtenido de In More Depth: http://staff.ustc.edu.cn/~han/CS152CD/Content/COD3e/InMoreDepth/

Investopedia. (15 de abril de 2015). *Path Dependency*. Obtenido de Investopedia: http://www.investopedia.com/terms/p/path-dependency.asp

Lane, A. (14 de 9 de 2006). *What is technology?* Obtenido de OpenLearn University: http://www.open.edu/openlearn/science-maths-technology/engineering-and-technology/technology/what-technology#

Lilja, D. J. (2004). *Measuring Computer Performance: A Practitioner's Guide*. Cambridge, UK: Cambridge University Press.

Livneh, B. (7 de noviembre de 2014). *Why RAM is important, and when you should upgrade your memory*. Obtenido de Legal Technology Solutions: https://legaltechnology.solutions/why-ram-is-important-and-when-you-should-upgrade-your-memory/

Maister, D. (1985). *The Psychology of Waiting Lines*. (T. S. Encounter, Ed.) Retrieved March 22, 2015, from David Maister: Professional Business, Professional Life: http://davidmaister.com/wp-content/themes/davidmaister/pdf/PsycholgyofWaitingLines751.pdf

Mallik, A. (2007). *Hollistic Computer Architectures based on Application, User, and Process Characteristics*. Evanston, Illinois, USA: UMI.

Martin, T. (12 de julio de 2013). *Why benchmark scores don't matter*. Obtenido de PocketNow: http://pocketnow.com/2013/07/23/benchmark-scores

McCalpin, J. (2010, octubre 1). *Dr. Bandwidth explains all...* Retrieved March 22, 2015, from John McCalpin's Blog: http://sites.utexas.edu/jdm4372/2010/10/01/welcome-to-dr-bandwidths-blog/

Microsoft. (2017). *Processes and Threads*. Obtenido de Windows Dev Center: https://msdn.microsoft.com/en-us/library/windows/desktop/ms684841(v=vs.85).aspx

Myerson, T. (15 de enero de 2016). *Windows 10 Embracing Silicon Innovation*. Obtenido de Microsoft Windows Blogs: https://blogs.windows.com/windowsexperience/2016/01/15/windows-10-embracing-silicon-innovation/

Nambiar, R., & Poess, M. (2016). *Performance Evaluation and Benchmarking: Traditional to Big Data to Internet of Things*. Suiza: Springer International Publishing. doi:10.1007/978-3-319-31409-9

Newman, H. (2015). *Data Storage Issues: Big Data Benchmarking*. Obtenido de InfoStor: http://www.infostor.com/index/blogs_new/Henry-Newman-Blog/blogs/infostor/Henry-Newman-Blog/post987_170803510.html

Nutter, F. W. (2010). Weber-Fechner Law. Iowa, E.E.U.U. doi:http://dx.doi.org/10.4135/9781412961288.n494

Olds, D. (2011, diciembre 19). *Benchmarks are $%#&@!!: Secrets and solutions from a reformed benchmarketer*. Retrieved March 22, 2015, from The Register: http://www.theregister.co.uk/2011/12/19/benchmarking_tricks_of_the_trade_webcast/

Olds, D., & OrionX. (19 de diciembre de 2011). *Benchmarks are $%#&@!!* Obtenido de The Register: http://www.theregister.co.uk/2011/12/19/benchmarking_tricks_of_the_trade_webcast/

Onetti, A., & Sayeed, L. (2010). *Global Green IT Report* (Kindle ed.). Milan: CrESIT.

Osterhage, W. (2013). *Computer Performance Optimization* (1 ed.). (Springer-Verlag, Trans.) Niederbachem, Germany: Springer-Verlag Berlin Heidelberg.

Ousterhout, J. (2010). *Processes and Threads*. Obtenido de Stanford University: CS 140: Operating Systems (Spring 2010): https://web.stanford.edu/class/cs140/cgi-bin/lecture.php?topic=process

Oxford Dictionary. (s.f.). *Technique*. Obtenido de Oxford Dictionary: https://en.oxforddictionaries.com/definition/technique

Petra-Micu, I., & Estrada-Avilés, A. (30 de Octubre de 2013). El pensamiento mágico: diseño y validación de un instrumento. *Investigación en Educación Médica*, 28-33.

Real Academia Española. (2015). *Diccionario de la Lengua Española*. Obtenido de Definiciones: http://www.rae.es

Romanyshyn, R. (1989). *Technology as Symptom & Dream*. New York: Routledge.

Ruiz Pacheco, J. C. (26 de mayo de 2017). *Sistemas Operativos - Manejador de Procesos - Fundamentos*. Obtenido de Microsoft Developer Network: https://msdn.microsoft.com/es-es/communitydocs/win-dev/os/manejador-de-procesos-fundamentos

Ruiz Pacheco, J. C. (26 de mayo de 2017). *Sistemas Operativos - Manejador de procesos - Los Threads*. Obtenido de Microsoft Developer Network:

https://msdn.microsoft.com/es-es/communitydocs/win-dev/os/manejador-de-procesos-los-threads

Sagan, C. (2017). *El mundo y sus demonios.* México: Ediciones Culturales Paidós, S. A. de C. V.

Seow, S. (2008). *Designing and Engineering Time: The Psychology of Time Perception in Software.* USA: Addison-Welsey Professional. Obtenido de www.StevenSeow.com

Shinder, D. (24 de febrero de 2016). *The Risk of Running Obsolete Software (Part 1).* Obtenido de TechGenix: http://techgenix.com/risk-running-obsolete-software-part1/

Silberschatz, A. G. (2013). *Operating System Concepts.* Obtenido de UIC Computer Science: Threads: https://www.cs.uic.edu/~jbell/CourseNotes/OperatingSystems/4_Threads.html

Silbershatz, A., Gagne, G., & Baer Galvin, P. (2013). *CPU Scheduling.* Obtenido de UIC CS: Operating System Concepts: https://www.cs.uic.edu/~jbell/CourseNotes/OperatingSystems/6_CPU_Scheduling.html

Smaalders, B. (23 de febrero de 2006). *Performance Anti-Patterns.* doi:1542-7790/06/0200

Smith, E. (8 de mayo de 2017). *Why Many Old Operating Systems Never Really Die.* Obtenido de Motherboard: https://motherboard.vice.com/en_us/article/9aebb3/why-many-old-operating-systems-never-really-die

Smith, M. S., & Stonecypher, L. (27 de mayo de 2011). *The Importance of Cache in Modern Processors.* Obtenido de Bright Hub: http://www.brighthub.com/computing/hardware/articles/32165.aspx

Sun, X.-H., & Ni, L. M. (1990). *Another View on Parallel Speedup.* Obtenido de Department of Computer Science & Engineering (University of Texas, Arlington): http://www.ece.eng.wayne.edu/~sjiang/ECE7610-winter-11/scalability.pdf

The Business Dictionary. (2017). *Performance.* Obtenido de The Business Dictionary: http://www.businessdictionary.com/definition/performance.html

The Business Dictionary. (s.f.). *Technique.* Obtenido de The Business Dictionary: http://www.businessdictionary.com/definition/technique.html

The Business Dictionary. (s.f.). *Technology.* Obtenido de The Business Dictionary: http://www.businessdictionary.com/definition/technology.html

Traeger, A., Zadok, E., Joukov, N., & Wright, C. (2008, mayo). *A Nine Year Study of File System and Storage Benchmarking.* Retrieved March 22, 2015, from File systems

and   Storage   Lab   (FSL):
http://www.fsl.cs.sunysb.edu/docs/fsbench/fsbench.pdf

UNITED STATES OF AMERICA BEFORE FEDERAL TRADE COMMISSION. (02 de noviembre de 2010). *Decision and Order Docket No. 9341.* Obtenido de Federal Trade Commission: https://www.ftc.gov/enforcement/cases-proceedings/061-0247/intel-corporation-matter

Vieira, L. (2014, octubre 3). *The Perception of Performance.* Retrieved March 22, 2015, from Sitepoint: http://www.sitepoint.com/the-perception-of-performance/

Wikipedia. (30 de agosto de 2018). *Technique.* Obtenido de Wikipedia: https://en.wikipedia.org/wiki/Technique

Wikipedia. (2 de octubre de 2018). *Technology.* Obtenido de Wikipedia: https://en.wikipedia.org/wiki/Technology

Wirth, N. (2 de Febrero de 1995). A Plea for Lean Software. *Journal Computer,* 64-68. doi:10.1109/2.348001

XBT Labs. (2010, agosto 26). *VIA Nano CPUID Tricks: Is unfair competition efficient?* Retrieved March 22, 2015, from XBT: http://ixbtlabs.com/articles3/cpu/via-nano-cpuid-fake-p1.html

PARTE TRES

Apéndices

A. David Garza Marín

APÉNDICE A

Equipos de marca o equipos genéricos

"La marca de una empresa es como la reputación de una persona: Se logra tener reputación cuando las cosas difíciles se hacen bien."
—Jeff Bezos

A L PASO DEL TIEMPO SE han generado acaloradas discusiones para determinar cuál podría ser la mejor computadora, una de marca (también conocida como OEM[175]) o una genérica. En realidad, no existe una verdad absoluta en este sentido, dado que la respuesta dependerá sobremanera de la experiencia personal, el conocimiento de equipos de cómputo que se tenga y la necesidad de servicio. A continuación, intentaré describir las ventajas y desventajas de ambos tipos de computadoras.

EQUIPOS DE MARCA

Beneficios

Por lo general, estos equipos provienen de algún fabricante internacional—como Acer, Asus, Dell, HP y Lenovo, entre otros—y, en algunos casos, nacional—con una larga lista de marcas que dependerán del país. Este tipo de equipos, particularmente del tipo en que se concentra este libro (para productividad) cuentan con diversos

---

[175] OEM = Original Equipment Manufacturer, o Fabricante de Equipo Original. También pueden llamarse equipos de MNC (Multinational Corporation, o de Corporativos Multinacionales).

grados de certificaciones, que pueden ir desde nulas hasta profusas para entornos o uso específicos. Es común que el hardware también esté fuertemente integrado, lo cual podría asegurar una gran confiabilidad en su funcionamiento (aunque esto no debería tomarse como regla, ya que depende mucho del tipo de fabricante). A su vez, es posible que ofrezcan software integrado para administración o de seguridad. Su mayor ventaja es el servicio: si se es un usuario promedio o uno que no desea estar luchando para que se le den servicio al o los equipos de cómputo, tal vez una computadora de marca comercial reconocida sea lo que se necesite. Estas empresas fabricantes suelen contar con departamentos de asistencia técnica y servicio al cliente que pueden coadyuvar con problemas como la instalación de aplicaciones, configuración de la máquina, reparación, mantenimiento, etcétera. En muchos casos, los técnicos van al lugar para dar el servicio requerido a la máquina, lo cual es un buen valor agregado. También, es común que cuenten con sitios Web o utilidades especializadas donde ofrezcan actualizaciones para sus productos, tanto en controladores como en actualizaciones a de BIOS[176] o firmware del hardware.

De hecho, en un equipo de marca, es más factible que si éste tiene alguna falla de consideración, sea reemplazado por otro componente nuevo mientras la garantía esté activa, o mientras se tenga una póliza de servicio. De acuerdo con la calidad del equipo adquirido, puede existir una menor probabilidad de fallas, lo cual se agradece si la especialización del lector no es la tecnología de cómputo. Un equipo de marca, así, tiene el enorme valor agregado de la confiabilidad, dado que difícilmente los fabricantes desaparecerán sus oficinas corporativas o su servicio del lugar donde se tenga el equipo de cómputo, lo cual es especialmente cierto con grandes fabricantes. Además, es casi un hecho que se podrá verificar en los sitios Web de los fabricantes el tipo de equipo específicamente diseñado para el tipo de productividad que se requiere.

Desventajas

Una de las desventajas de los equipos de marca es que no siempre ofrecen opciones de actualización fáciles. En gran parte de los casos, para actualizar la máquina primero se tendrá que disponer del equipo anterior y, luego, adquirir el nuevo. Por añadidura, existen fabricantes que hacen adaptaciones especiales a componentes como las unidades de disco, las tarjetas de sonido, las tarjetas de vídeo, la memoria, y otros más, de modo que no sea muy fácil aumentar o modificar sus capacidades con componentes genéricos. De hecho, en muchos casos se obliga a los clientes a adquirir tales componentes sólo con el fabricante o sus subsidiarias, de lo cual se vale el fabricante para ofrecer mayor confiabilidad en sus equipos, pero también podría

---

[176] Una actualización de BIOS sirve para hacer ajustes al funcionamiento de la máquina entre lo que se incluyen ciertas correcciones en su funcionamiento, capacidades de expansión y seguridad, entre muchas otras cosas.

redundar en mayores precios y menores esperanzas de que se cuente con suficientes inventarios del componente solicitado.

Si se tienen expectativas de actualización ulterior, hay que verificar con el fabricante si el equipo que se está por adquirir puede actualizarse y si esa actualización sólo puede adquirirse del fabricante o se pueden utilizar componentes genéricos autorizados. Para el caso, también hay que verificar si existe algún plan de actualizaciones factible. La tecnología de cómputo avanza a pasos agigantados diariamente y, no debería parecer extraño que el equipo llegara a ser "obsoleto[177]" un minuto después de haber sido adquirido. Si existe algún medio para actualizarlo sin tener que deshacerse de todo el equipo, entonces ya se tendrá un buen parámetro para decidir positivamente en la compra.

Finalmente, otra de las posibles desventajas—si es que así se puede considerar—de este tipo de equipos es que normalmente se expenden con alguna versión de Windows, generalmente Windows 10 Pro. Esto, más que desventaja, podría ser una incomodidad si no es el sistema operativo que se estaba pensando utilizar. Por desgracia, hay muchos casos donde el precio incluye las licencias de la versión de Windows, así como los programas y aplicaciones que incluye el equipo. Si Windows no es el sistema operativo con el que se operará, hay que verificar si el fabricante ofrece equipos que no incluyan la licencia de este sistema operativo—aunque, por lo general, los fabricantes siempre ofrecen los equipos con algún tipo de sistema operativo, y en algunos casos el mínimo que podría ofrecerse es FreeDOS o alguna distribución de GNU/Linux, mismos que normalmente no tienen costo adicional alguno. Además, hay que asegurarse que el fabricante ofrezca drivers o controladores para el sistema operativo que se utilizará en la productividad personal o de la Organización.

EQUIPOS GENÉRICOS

Beneficios y desventajas

Por lo general, este tipo de equipos es menos costoso de acuerdo con el tipo de configuración y la calidad de los componentes que integren. Los gabinetes son genéricos y, por ende, dependen de conocimiento del usuario o del distribuidor del detallista para ofrecer una calidad medianamente buena o buena en la apariencia y

---

[177] No hay que permitir que las empresas blandan la palabra "obsoleto" frente a uno a conveniencia de ellos. En realidad, quien debería establecer qué es obsoleto y qué no es el usuario. Es decir, algo será obsoleto siempre y cuando deje de ser útil al usuario, y no a la empresa que se lo vendió. Así, un equipo será, decididamente, útil mientras al usuario le sirva. Hay que olvidarse del uso comercial de la palabra "obsoleto", más bien hay que concentrarse en lo que realmente se necesita para la productividad personal o de la Organización.

calidad de su equipo. El detallista, por lo general, es quien arma este tipo de equipos, que incluyen una "garantía" cuya amplitud varía de una negociación a otra. Son contados los detallistas que ofrecen servicio a domicilio para hacer entrega de estos equipos o para atender una garantía. Para garantía o servicio, en general, el usuario deberá llevar el equipo (completo, en la mayor parte de los casos)—junto con su factura—con el detallista para, entonces, cumplir con un compás de espera hasta que el equipo sea revisado y reparado. Existen detallistas (muy contados) cuyo servicio se equipara con el de los grandes consorcios. Lo que no se puede garantizar, en todo caso, es que el detallista se encuentre en su local durante todo el plazo de la garantía. En este tipo de negocios, hay detallistas que aparecen y desaparecen de la noche a la mañana, lo cual lo puede dejar al usuario o a la Organización con un problema morrocotudo si acaso llegara a haber problemas con el o los equipos de cómputo.

La calidad de los equipos genéricos casi siempre irá de la mano de la cantidad de conocimiento con la que cuente el usuario, o de encontrarse con un detallista honesto y con un profundo conocimiento en la materia. En general, contar con un buen equipo genérico es un proceso que requiere de tres cosas: La primera, que el usuario sepa pedir específicamente los componentes del equipo; la segunda, que el detallista los tenga en existencia; y la tercera, que el detallista efectivamente coloque tales componentes en el equipo. Si uno mismo será quien ensamble el equipo, el problema se reduce dado que antes de pagar uno mismo habrá revisado que cada componente corresponda a lo que se solicitó. Por lo general, en este tipo de equipos no existe una distinción clara entre un equipo de consumo o de uso profesional.

Si existe la inclinación por las computadoras genéricas, hay que tener mucho cuidado a quién se elige proveedor. Lo mejor es que asesorarse con alguna persona que sea de plena confianza para obtener un buen equipo de cómputo. Sin embargo, nunca hay que esperar un excelente servicio por parte del proveedor (es mejor no esperarlo y sorpresivamente obtenerlo ☺). En este tipo de equipos, uno podría quedar a su suerte, lo cual no necesariamente es malo. Existen muchos sitios Web que (desgraciadamente, casi todos en inglés) pueden dar buenas sugerencias para corregir problemas que se encuentren en el equipo, como www.hardwaremx.com, www.noticias3d.com, www.amdzone.com, www.anandtech.com, www.arstechnica.com, www.sharkyforums.com, www.techarp.com, www.tomshardware.com, www.tweaktown.com, etcétera.

Cabe mencionar que este tipo de equipos casi nunca incluye algún tipo de software (sistema operativo o aplicaciones). El precio de tales equipos normalmente no incluye alguna licencia del software que uno haya pensado utilizar, lo cual puede ser una ventaja si ya se cuenta de antemano con él. Si no, entonces se tendrá que comprar el software adicional para que el equipo de cómputo funcione. Hay que evitar utilizar versiones ilegales (piratas) de los programas que se quieran utilizar. Con una copia legal del software que uno necesite, casi siempre se podrán adquirir actualizaciones a un menor precio, además de que se podrá acceder a la asistencia técnica de las empresas fabricantes. Por añadidura, se coadyuvaría a reducir los precios del software, pues la reducción en las ventas provocada por la piratería forzosamente provoca aumentos de precios en el software original. Es bueno analizarlo. Se verá que tener el software original dará mayor confianza, se contará con los manuales de usuario, y se tendrá acceso a la asistencia técnica del fabricante. Una copia pirata podría contener software peligroso que ponga en riesgo la integridad de la información.

Si existe preferencia por GNU/Linux, cabe recordar que—lejos de lo que se dice— no es un entorno gratuito. Linux es libre, no gratuito. La diferencia es sencilla: que sea libre permite que su código sea compartido por varios, el que sea gratuito traería consigo que no se pagará nada por obtenerlo. La verdad es que no: GNU/Linux puede obtenerse libremente en Internet (si es que se tienen los medios y la paciencia para obtenerlo así), o puede adquirirse de las diferentes distribuciones que existen a escala mundial. En América Latina las distribuciones comunes son Ubuntu, KUbuntu, Linux Mint, Fedora y Novell SuSE. En Europa, Slackware y SuSE son de las comunes. Hay que asegurarse de obtener aquélla de la que se pueda tener acceso a mayor información (aunque, en general, todas son muy similares) y soporte. Si uno no tiene la experiencia necesaria para hacer la instalación, se tendrán que contratar los servicios de alguien que sí tenga los conocimientos para llevarla a cabo. Y Es por lo que GNU/Linux dista mucho de ser "gratuito". No obstante, en la actualidad los procesos de instalación y configuración de GNU/Linux se han facilitado enormemente, así como su compatibilidad con los sistemas. Si se me permite, recomiendo echar un vistazo a las distribuciones de Ubuntu Linux (www.ubuntu.com) o LinuxMint (www.linuxmint.com), mismos que, quizá, podrían dejar un gran sabor de boca. De ello hablaré con más detalle en el Anexo D.

A. David Garza Marín

APÉNDICE B

Equipos de uso profesional o

equipos de consumo

"De lo que la gente no se da cuenta es que lo
profesional es sensacional debido a los
fundamentos."
—Paráfrasis de Barry Larkin

A L MOMENTO DE CONSIDERAR LA compra de un equipo de cómputo, será importante tomar en cuenta si será mejor adquirir equipos de consumidor o equipos especialmente diseñados el uso profesional (llamados Business-Class Computers). Conocer la diferencia nos ayudará a tener una mejor posibilidad de elegir la solución más adecuada.

EQUIPOS DE USO PROFESIONAL

Si el equipo será utilizado en la productividad, será importante invertir en un equipo de cómputo de uso profesional. Este tipo de equipos, de acuerdo con la línea de que se trate, puede ofrecer una serie de características de seguridad, confiabilidad, durabilidad, resistencia, conectividad, rapidez, adaptabilidad, protección, etcétera que puede adaptarse a las necesidades del usuario. Por lo general, sus componentes están diseñados para durar, y tienden a ser de mayor calidad, así como, en varios casos, ser sometidos a pruebas rigurosas. Los monitores o pantallas para uso profesional tienden a estar recubiertos de capas que reducen el estrés ocular y la radiación, así como los reflejos. En sus componentes, tienden a ofrecer características de seguridad por hardware que agilizan y refuerzan las medidas de seguridad que podrían estar presentes en el software, como localización del equipo en caso de hurto, administración remota o, incluso, fuera de banda (OOBM), capacidad de uso de estaciones de acoplamiento (docking) o de expansión, servicios de conectividad avanzados y servicios de configuración y hasta personalización de los equipos.

Entre los servicios que se ofrecen en este tipo de equipos se incluye la entrega de equipos con el software requerido (y provisto) por la organización, adaptación del hardware (como, por ejemplo, que aparezca, [generalmente, por un costo adicional] el logotipo de la organización al encender el equipo o que también el hardware sea grabado o estampado a petición expresa).

En lo que toca al software, por lo general este tipo de equipos se integra con Windows 10 Pro, mismo que permite la integración del equipo a dominios, así como su administración. Las características de seguridad de este tipo de software son mayores (por ejemplo, Windows 10 Pro integra Bitlocker y Group Policy Editor, entre otros servicios) y, por añadidura, se soportan configuraciones de hardware más potentes (como 2TB de RAM y más de dos procesadores con hasta 32 núcleos cada uno). A diferencia de Windows 10 Home, Windows 10 Pro integra Servicios de Acceso Remoto, cliente de Hyper-V y Windows Update for Business, entre otros. Además, en caso de requerirse, la actualización, a partir de Windows 10 Pro, hacia Windows 10 Enterprise es menos onerosa que a partir de Windows 10 Home. Windows 10 Enterprise agrega a Windows 10 Pro características como Long Term Servicing y Device Guard (que ayuda a proteger contra las amenazas de seguridad que apuntan a dispositivos, identidades, aplicaciones e información sensible de la empresa).

Otro detalle es que este tipo de equipos cuentan con garantías de servicio y del equipo de entre uno hasta cinco años. A su vez, cuando es requerido hacer efectiva una garantía, los usuarios de este tipo de equipos tienen la prioridad en el servicio, y éste puede proveerse o solicitarse a través de líneas telefónicas de soporte o de sitios Web.

Los modelos de este tipo de equipos no suelen ser muy atractivos o llenos de colores, o ser modelos de diseño. Pero, a cambio, suelen ofrecer una funcionalidad y durabilidad que permite aumentar la productividad en general. No es muy frecuente encontrar este tipo de equipos a la venta al público en general, sino que son ofrecidos por canales de venta consultivos o especializados (que se conocen como VAR), orientados a los negocios y la productividad, que se encargarán de hacer la configuración que sea requerida.

Algunas[178] de las líneas de este tipo de equipos de uso profesional con los diferentes fabricantes internacionales, son:

Acer:

Desktop: Veriton
Portátil: TravelMate

---

[178] No es una lista exhaustiva, es sólo una referencia.

Asus:

    Desktop: AsusPro

    Portátil: VivoBook Pro

Dell:

    Desktop: Vostro, OptiPlex

    Portátil: Vostro, Latitude

HP:

    Desktop: ProDesk, EliteDesk

    Portátil: ProBook, EliteBook

Lenovo:

    Desktop: ThinkCentre

    Portátil: ThinkPad

Así, un equipo de usó profesional está diseñado para apoyar los procesos críticos de los negocios, así como sus necesidades de rapidez, confiabilidad y seguridad.

EQUIPOS DE CONSUMO

Los equipos de consumo suelen tener diseños muy atractivos, con colores vivos, luces de colores, pantallas brillantes de gran colorido, y sistemas operativos como Windows 10 Home. Además, de acuerdo con su configuración, integran software orientado a usuarios finales, particularmente del hogar, y, en algunos casos, pueden permitir el uso de juegos de diferentes grados de exigencia.

Con Windows 10 Home prácticamente ninguna de las características de conectividad, seguridad y administración remota está presente (aunque, en ciertos casos, hay la posibilidad de tener algunas de las prácticas de seguridad y administración con software de terceros). No se permite la adición a dominios, y por lo general el hardware no cuenta con pruebas ni con certificaciones de tipo alguno.

Este tipo de equipos sí se vende públicamente sin ayuda de canales de venta consultivos o especializados, por lo que es más fácil y rápido adquirirlos. Por lo general, al arrancar, vienen invadidos por software orientado al entretenimiento (conocido como crapware[179]) y la publicidad, y la productividad pasa a un segundo plano. Su garantía tiende a no ser mayor a un año, y su durabilidad puede ser sensiblemente inferior que en un equipo de uso profesional. Tienen menor resistencia al uso rudo, tienden a ser más sensibles a caídas, y es posible que los componentes

---

[179] Crapware = Software inútil

(como los discos duros, el tipo de memoria, el teclado, etcétera) sean de menor calidad o con configuraciones raras con el objetivo de reducir el precio.

Si un equipo de este tipo sufre algún desperfecto que requiera de servicios de garantía, ello suele exigir al usuario que lleve el equipo a un centro de servicio autorizado y que puedan pasar días, a veces semanas, para que sea reparado. La prioridad de reparación de estos equipos pasa a segundo plano, pues los equipos Business-Class requieren reparaciones inmediatas por estar orientados a procesos críticos de negocio.

Las líneas de consumo suelen ser cualquiera que no haya sido mencionada en el apartado anterior (con algunas excepciones, lo mejor es preguntar) y es común que este tipo de soluciones sean las que se ofrecen en equipos genéricos. Así, su única ventaja es su inmediatez en la disponibilidad, quizá su precio y su apariencia.

APÉNDICE C

Equipos de escritorio o equipos de portátiles

"Son unas por otras: Si se requiere de potencia de cómputo, será a expensas de la portabilidad. Por el contrario, si se requiere de portabilidad, será a expensas de la potencia de cómputo."
—A. David Garza Marín

E S POSIBLE QUE LA ELECCIÓN entre un equipo de cómputo de escritorio y uno portátil parezca realmente obvia. Sin embargo, en más ocasiones de las que se piensa, hay usuarios que no se sienten a gusto por la elección debido al tamaño, la cantidad de conexiones disponibles, la potencia, la capacidad de expansión y varios otros factores. Así, aquí descubriremos si fuese mejor, para algunos casos, tener equipos de escritorio y, en otros, equipos portátiles.

EQUIPO DE CÓMPUTO DE ESCRITORIO

Un equipo de cómputo de escritorio generalmente presenta sus componentes por separado: Gabinete, Pantalla o monitor, teclado, ratón y otros periféricos. Esto puede facilitar la adecuación de cada uno a necesidades específicas: Pantallas de mayor tamaño o uso de varias pantallas al mismo tiempo, teclados ergonómicos, estándar o pequeños, ratones ergonómicos, estándar o pequeños, cámaras de distintos tipos, capacidades, resoluciones y características, capacidad conectiva muy amplia. Tienden a permitir la expansión de capacidades a través de la propia tarjeta madre y sus ranuras y conectores, como PCIe, de memoria, de disco, USB, etcétera. Normalmente, ocupan mayor espacio en un escritorio.

El precio de un equipo de cómputo de escritorio suele ser menor. Sin embargo, tienden a consumir mayor cantidad de energía eléctrica, por lo que el ahorro en términos de costo de compra puede diluirse por este concepto. Los equipos de cómputo de escritorio suelen ser significativamente más potentes. Por ejemplo, un AMD Ryzen 7 PRO 2700 puede ser 176% más potente que un AMD Ryzen 7 2700U y un Intel Core i7-8700 puede ser 171% más potente que un Intel Core i7-8650U, y eso sin contar los beneficios de capacidad y rapidez de la memoria RAM, de las unidades de almacenamiento masivo y de los buses, entre otras cosas. El aumento en consumo de energía de estos equipos se ve reflejado en su potencia de cómputo. Los equipos de escritorio tienden a integrar teclados de tamaño completo separados en secciones, como una sección numérica que es la delicia de financieros y contadores. Además, las pantallas o monitores de este tipo de equipos son mayores a 17" lo que puede mejorar en todo momento el área de visión y el tamaño de los elementos a la vista.

En cuanto a capacidad de actualización, este tipo de equipos tiende a ofrecer mayores facultades para ser actualizado: abrir estos equipos puede ser relativamente simple y hasta no requerir de herramientas para sus procesos de mantenimiento o actualización.

En este tipo de soluciones se ofrecen diversos formatos para ajustarse lo mejor posible a las necesidades del usuario (sólo cabe recordar: entre menor consumo de W, menor será la potencia si nos referimos exactamente a la misma línea tecnológica):

- **Torre, Media torre, Mini torre (o MT)**: Pueden ofrecer la mayor potencia posible de procesamiento. Pueden utilizar procesadores de más de 65W, lo cual suele traducirse en mayor potencia de cómputo. Hay que evitar confundir con Estaciones de Trabajo (workstations) que tienden a requerir de certificaciones de fabricantes de software para garantizar el funcionamiento del equipo en general. Su reparación es, por lo general, muy rápida y simple por permitir una enorme capacidad de acceso a los componentes.
- **Formato pequeño (Small Form Factor o SFF)**: Pueden ofrecer una gran potencia de procesamiento en un espacio menor y con menor consumo de energía que el anterior. Suelen integrar procesadores hasta de 65W, aunque puede haber configuraciones que admitan de mayor potencia. Reducen sus capacidades de crecimiento, aunque sigue siendo muy amplia. Igual que en MT, su reparación es muy rápida y simple.
- **Formato ultra pequeño (USFF, volumen de 1L, Micro, Mini, Tiny, o equivalentes)**: Formato ultra pequeño cuyo gabinete puede colocarse detrás de la pantalla o monitor para ocupar el menor espacio posible. Integran tecnología. Suelen ser el punto medio entre potencia, consumo de energía y uso de espacio entre un equipo de escritorio y un equipo portátil. Habitualmente integran procesadores de 35W que pueden ofrecer

un rendimiento entre 20 y 30% inferior a los equipos de MT o SFF, así como una menor conectividad y menor posibilidad de actualización o crecimiento. Sin embargo, a cambio ofrecen una reducción en el consumo de energía y un mejor aprovechamiento del espacio en el escritorio. En productividad estándar, por lo general el usuario no percibe diferencia de rendimiento respecto a un equipo MT o SFF. Su reparación tiende a dificultarse someramente, debido a que los componentes están más apretujados en su interior.

- **Formato Todo-En-Uno (AiO)**: Cumple, por lo general, con lo establecido en el formato USFF, aunque omite el uso de un gabinete separado de la pantalla o del monitor. Prácticamente, todo el equipo está integrado en el mismo contenedor donde se encuentra la pantalla, por lo que reduce la cantidad de conexiones a la electricidad necesarias para su funcionamiento. Su tamaño es igual al tamaño de la pantalla y suele integrar procesadores de 35W, aunque ocasionalmente integra de mayor potencia. Su capacidad de expansión es muy limitada. Su reparación es más difícil debido a que la apertura del gabinete puede ser problemática y los componentes tienden a estar muy apretujados en su interior.

Así, el nombre del juego en equipos de cómputo de escritorio se llama: ¡POTENCIA!

EQUIPOS PORTÁTILES

En lo que respecta a funcionalidad, los equipos portátiles suelen integrar toda la solución en un solo dispositivo, mismo que suele ser fácil de transportar pues incluye la pantalla, el teclado y un dispositivo señalador. Esa integración por lo general tiene un impacto en el precio del equipo, que comúnmente es mayor al de un equipo de escritorio, pero también su potencia de cómputo se reduce en nombre de la movilidad, así como su consumo de energía (un equipo portátil podría consumir apenas 10% de lo que consume un equipo de escritorio).

Los procesadores de los equipos portátiles se encuentran entre los 10W y los 45W, donde los de menor consumo se orientan a equipos súper delgados, muy ligeros y, por ende, de enorme portabilidad a costa del rendimiento y la reducción en la conectividad, mientras que los de mayor consumo tienden a ser más gruesos, mucho más pesados, con una portabilidad limitada pero con una mejor capacidad de cómputo y mayores posibilidades de conectividad y expansión (sin llegar a la potencia de un equipo de cómputo de escritorio SFF o MT).

Casi siempre los equipos de cómputo portátiles no requieren de un proceso de instalación o ensamblado: con sólo sacar el equipo de la caja, ya se puede utilizar (a veces, después de unos sencillos pasos iniciales de configuración). Así, el equipo portátil queda prácticamente listo para su uso luego de apenas unos minutos, siempre y cuando no se requiera de una configuración particular para la Organización.

El tamaño de los equipos portátiles afecta directamente el tamaño y distribución del teclado ofrecido: a menor tamaño, mayor apiñamiento de teclas y su reducción en tamaño. Tal apretujamiento de teclas hace que prácticamente cada equipo portátil tenga su propia distribución de teclado, donde sólo se respeta el formato QWERTY, pero el resto de las teclas se encontrarán... ¡donde quepan! Ello puede entorpecer el ir de un equipo portátil a otro, pues los teclados no se ciñen a un estándar en particular. A su vez, los dispositivos apuntadores pueden ser de diferentes tipos (Touchpad, Trackpoint, Trackball, etcétera), lo que, también, puede dificultar el uso del equipo. Lo anterior, por cuestiones de comodidad, podría obligar a los usuarios—en nombre de agilizar su trabajo—a utilizar teclados y ratones externos, lo cual podría agregar el trance de tener que conectar y desconectar componentes cada vez que se transportará el equipo. Sin embargo, con las estaciones de acoplamiento o los puertos de expansión, este trance puede reducirse significativamente.

Lo anterior también tiene un efecto en el tamaño de la pantalla: si bien un tamaño reducido puede facilitar la movilidad, también puede ser contraproducente para generar contenido en un equipo Business-Class. Trabajar con pantallas pequeñas puede ser extenuante, y hasta perjudicial para la vista. Ello podría exigir la conexión de pantallas externas que, de no contar con una estación de acoplamiento o una unidad de expansión, complicaría el proceso de conexión y desconexión de los periféricos cada que el equipo se transporte. Una gran desventaja de semejante movilidad debido a la reducción de tamaño es la fuerte propensión de este tipo de equipos de ser sustraídos. Ello hace que las medidas de seguridad sean más intensas en los equipos portátiles.

Si se piensa en actualizar o escalar este tipo de equipos, el proceso podría ser difícil y, en ocasiones, imposible. Ello dependerá de la forma en que el equipo esté ensamblado para permitir su crecimiento. Es muy probable que esto requiera de manos expertas, bien entrenadas para este fin. Además, se incrementa la posibilidad de requerir componentes especialmente diseñados para el equipo portátil en cuestión, lo que podría aumentar el costo de las refacciones requeridas.

Así, el nombre del juego en equipos de cómputo se llama: ¡MOVILIDAD!

El punto medio entre potencia y movilidad sería una laptop grande, costosa, con procesadores de ~35 W (también conocida como Desktop Replacement) o un equipo de escritorio USFF o AiO, mucho menos costosa, con procesadores de ~35W.

Al final, la decisión es personal y dependerá de las necesidades particulares o de la Organización. Quizá lo anterior lleve a pensar que los equipos de escritorio son mejores en general; sin embargo, si la portabilidad es necesaria, entonces no hay que dudarlo: los equipos portátiles serán LA opción. En muchas ocasiones, las limitantes no son especialmente molestas para los usuarios, excepto para aquellos que hacen un profuso

uso de hojas de cálculo como Excel, donde sufrirán con la potencia de los equipos portátiles.

Si se desea aprovechar al máximo la inversión y no hay necesidad de portabilidad, los equipos de escritorio serán la mejor solución. Tendrán mejores respuestas en hojas de cálculo, en el desarrollo de aplicaciones —donde suelen tenerse fuertes necesidades de virtualización y de recursos de cómputo—, pueden actualizarse con mayor facilidad y, además, son menos susceptibles a ser sustraídos, con lo que las medidas de seguridad se reducen a proteger lo referente a los contenidos informáticos.

A. David Garza Marín

APÉNDICE D

Windows 10 o Windows 7... O...

"La funcionalidad otorgada por el nuevo hardware sólo será aprovechada por un sistema operativo (y software) actual."
—A. David Garza Marín

E S COMÚN QUE EN LAS organizaciones, particularmente las de mayor tamaño, tengan problemas para actualizar los sistemas operativos y las aplicaciones. Ciertamente, las inversiones en software y hardware no son algo simple de cambiar y mantenerse montado en la modernidad puede ser muy dañino para la economía de la empresa. Es por lo que muchas empresas tienden a adquirir hardware nuevo debido a que el anterior ya presenta daños o huellas del trajín diario, pero que los programas y sistemas operativos tiendan a permanecer inamovibles.

En realidad, eso era algo fácil de llevar a cabo, pero en la actualidad eso se complica debido a algunas determinaciones (justificadas) tomadas por Microsoft respecto al uso de versiones anteriores de su sistema operativo Windows.

WINDOWS 10 O WINDOWS 7

Para empezar, Microsoft emitió un comunicado el 15 de enero de 2016 donde establecía que ya no certificaría más la tecnología aparecida a partir de finales de 2015 (es decir, la 7ª generación de procesadores AMD [APU A serie 9000 y Ryzen] e Intel [CPU Core serie 7000 y superiores]) para su uso con Windows 7. La explicación es la que sigue (Myerson, 2016):

> *Windows 7 fue diseñado hace casi 10 años, antes de que existieran los SoC x86/x64. Para que Windows 7 se ejecute en cualquiera de los modernos procesadores, tanto los controladores de dispositivos como el firmware necesitan emular las expectativas de Windows 7 para el procesamiento de interrupciones, soporte de buses y estados de energía—lo cual es retador para la WiFi, los gráficos, la seguridad y otras cosas. A medida que los asociados se ven obligados a hacer adecuaciones a los controladores de dispositivos, a los servicios y a las configuraciones de firmware, es muy probable que los clientes hagan un uso cada vez mayor de los servicios de soporte de los fabricantes con el uso de Windows 7.*

Lo anterior tiene mucho sentido, dado que los SoC x86/x64 empezaron a aparecer a partir del 2011, dos años después del lanzamiento oficial de Windows 7. El funcionamiento de un SoC es muy distinto al esquema de chipset/FSB que se acostumbraba en el período en el que Windows 7 fue diseñado y desarrollado (de 2006 a 2009). Así, la forma en que trabajaban las computadoras en 2009 es muy diferente a la forma en que lo hacen en 2018, aunque a ojos de los usuarios lo que se ve sigue siendo: Teclado, ratón, pantalla y gabinete (ya sea por separado o integrado en una portátil). Sin embargo, los intríngulis tecnológicos son importantes.

Las diferencias son importantes, y ello explica por qué Microsoft optó por dar soporte a Windows 7 sólo hasta la sexta generación de los procesadores AMD e Intel: Así, lo certificado ya está certificado y la atención, inversiones y procesos de certificación de las nuevas tecnologías de hardware se centrarán en Windows 10 y sus diversas encarnaciones. Así, si se opta por adquirir equipos que contengan procesadores de 7ª generación o superiores, aunque se halle la forma de instalar Windows 7 en esos equipos, la verdad es que, como ya se indicó en el capítulo 2: "Componentes de una PC", no habrá posibilidad de obtener actualizaciones. Si se insiste en usar Windows 7, la única forma de hacerlo será solicitar que el equipo integre procesadores hasta de 6ª generación, lo cual podrá significar que: 1) El equipo no sea nuevo, sino que sea de alguna línea o familia anterior, o 2) que el equipo sea nuevo, pero que se desperdicie olímpicamente las prestaciones que ofrece.

Ahora bien, ante el anuncio de Microsoft de que Windows 10 será la última versión de Windows que aparezca[180], lo más recomendable sería, de una vez, hacer lo necesario para utilizar esta versión de Windows y, con ello, que la inversión sea más duradera que lo que ocurría con los anteriores sistemas operativos que se actualizaban cada dos años y fracción.

Cabe hacer notar que Windows 10 no dejará de actualizarse. Ello ocurrirá aproximadamente una o dos veces por año, con lo que con cada actualización irá

---

[180] **Ver:** https://www.theverge.com/2015/5/7/8568473/windows-10-last-version-of-windows

aprovechando mejor las capacidades y características del hardware. En algún momento, Microsoft indicó que, incluso, podría dejar de llamarse Windows 10, y podría, simplemente, llamarse Windows. Ahora bien, cada actualización es menos invasiva en términos de la interfaz, aunque a escala de kernel cada actualización puede, potencialmente, afectar la funcionalidad del software y hardware existente. Windows está tendiente a convertirse en un servicio y, por ende, ser actualizado como tal conforme van apareciendo novedades funcionales en el hardware. Al momento de escribir este texto, la actualización de Windows era la 1809 (Compilación 10.0.17763.195).

Así que utilizar Windows 10 en el nuevo hardware es la opción más adecuada. Que no quepa duda que el equipo recibirá las actualizaciones del sistema operativo con cierta regularidad (correcciones y ajustes al menos una vez al mes, actualizaciones al menos una vez al año).

O...

Ante la prerrogativa de que Windows 10 sea convertido en un servicio, existe la posibilidad de que ya no sea comprado con licencia, sino que lo que se cobre sea una renta. Eso no se sabe hasta ahora, pero parece ser el paso lógico cuando algo se establece "como servicio". Eso podría no gustarle a quienes no cuenten con los fondos suficientes para ello, o quienes hubieran preferido pagar una vez por la licencia y utilizarla en cualquier instancia. Ante ello, existen alternativas que pueden instalarse en los modernos equipos de cómputo y aprovechar, de igual o equivalente forma, la funcionalidad de los equipos.

GNU/Linux es un sistema operativo libre, abierto, que cuenta con versiones de escritorio/portátil y servidor. Las versiones orientadas a equipos de escritorio y portátiles cuentan en la actualidad con interfaces atractivas y de mayor facilidad de uso. Suelen contar con herramientas de productividad, dado que GNU/Linux está, de facto, más orientado a este tipo de funcionalidad que a lo referente al entretenimiento y el consumo. Así, se integran aplicaciones ofimáticas y de productividad que, incluso, pueden obtenerse de repositorios de software de fácil acceso (y, en muchas ocasiones, también libre) para satisfacer las necesidades productivas. Sus capacidades permiten configurar con cierta facilidad dispositivos y componentes de uso productivo y, en algunos casos, se pueden soportar componentes legados o anacrónicos.

Quizá la mayor desventaja de este tipo de sistema operativo es la variedad de distribuciones y que difícilmente se encuentran empresas o profesionales bien establecidos que ofrezcan servicios de soporte para la distribución específica elegida. Entre las más populares distribuciones para el escritorio se encuentran:

- **Fedora**: Versión de escritorio derivada de la distribución RedHat, muy popular en las comunidades de usuarios de GNU/Linux. Integra diversas aplicaciones, cuenta con una interfaz atractiva y cuenta con mucho soporte por parte de los usuarios y fabricantes de hardware.

- **Linux Mint**: Esta distribución se derivó de Ubuntu que, a su vez, se deriva de Debian. Se trata de una de las más atractivas interfaces y se recomienda mucho para usuarios que migran de Mac/Windows por su atractiva y bien diseñada interfaz. Cuenta con buen soporte para medios, así como una abundancia de aplicaciones.

- **Ubuntu Linux:** Es la base de Linux Mint, y se ofrece con el entorno de GNome. La interfaz es sencilla e intuitiva y ofrece todas las ventajas de

Linux Mint, aunque con una interfaz más tradicional del entorno de GNU/Linux.

En fin, cualquiera que sea la elección, estoy seguro de que se podrá aprovechar lo mejor de la máquina con el uso de una adecuada distribución de GNU/Linux. Sólo hay que asegurarse de contar con el soporte de una empresa comprometida con la productividad personal o de la Organización.

A. David Garza Marín

APÉNDICE E

Otros aspectos de la configuración y puesta a punto

*"La afirmación de la puesta a punto es subjetiva.
Ninguna medida es perfecta. La cantidad de
precisión exigida se puede aumentar o disminuir a
nuestro antojo. Podríamos establecer medidas de
ajuste que tengan un enorme margen de error y,
aun así, decir que está puesta a punto si así
queremos."*
—*G. M. Jackson*

TAL COMO EL CITADO ESCRITOR G.M. Jackson indicó, ciertamente la puesta a punto (o fine-tuning) es un asunto absolutamente subjetivo, y esto es especialmente cierto en el ámbito de la computación. La puesta a punto significa realizar pequeños ajustes a algo de manera que funcione lo mejor posible[181]. Sin embargo, aunque esta definición parezca ser muy clara, la verdad es que es ambigua y deja demasiadas cosas al aire. ¿Qué significa hacer "pequeños ajustes"? ¿Qué entendemos por "que funcione lo mejor posible"? ¿Qué es "lo mejor posible"? Misterio.

Por ejemplo, para un programador, que el programa funcione "lo mejor posible" podría significar que sea rápido y, por ende, hace "pequeños ajustes" al código para obtener la mayor rapidez. Para otro programador, "lo mejor posible" podría significar que sea estable y, por ende, hace "pequeños ajustes" para obtener mayor estabilidad, aunque esto impacte la rapidez. Otro programador, por su parte, podría entender como "lo mejor posible" a una mayor seguridad de la información, y hace "pequeños

---

[181] Ver: https://dictionary.cambridge.org/es/diccionario/ingles/fine-tune

ajustes" para que el programa sea más seguro, lo cual impactará, sin duda, la rapidez y hasta la estabilidad. Y otro más podría entender a "lo mejor posible" como ofrecer al usuario una interfaz fácil de comprender y sencilla de manejar, ante lo cual hace "pequeños ajustes" a la interfaz que podrían impactar la rapidez, la estabilidad y la seguridad. Es decir, habrá tantas opciones como criterios.

La ambigüedad de este concepto también ofrece la enorme libertad de que sea uno mismo quien defina qué es "lo mejor posible", qué se entiende por "que funcione lo mejor posible" y, con ello, establecer los criterios para saber dónde se deben hacer los "pequeños ajustes".

Ya una parte de este proceso de configuración se trató en el capítulo 6, "Configuraciones generales para los requerimientos de cómputo 2018". Aquí veremos la puesta a punto genérica para que los equipos de cómputo de uso profesional puedan funcionar lo mejor posible de acuerdo con criterios generales de productividad. Si bien estos criterios pueden ser útiles, nada impide que se busquen otros aspectos particulares o para la organización y determinar la mejor puesta a punto de los equipos.

Cabe destacar que las siguientes sugerencias, si bien han sido puestas en práctica en equipos de tipo Business-Class de Dell, HP y Lenovo y, en algunos casos, bajo la asesoría de las áreas técnicas de estas empresas, la información presentada sólo tiene propósitos informativos. NO ME HAGO RESPONSABLE Y NO SOY SUJETO DE DEMANDA POR PERSONA ALGUNA (FÍSICA O MORAL) POR LA EJECUCIÓN DE LOS PROCESOS DE CONFIGURACIÓN Y PUESTA A PUNTO DONDE SE PRESUMA QUE, DEBIDO A HABERSE PUESTO EN PRÁCTICA, SE HAYA PRODUCIDO ALGÚN DAÑO FÍSICO AL EQUIPO O SE HAYA PRODUCIDO PÉRDIDA DE LA INFORMACIÓN MERCED A POSIBLES INEXACTITUDES, ERRORES U OMISIONES POR LAS DIFERENCIAS TECNOLÓGICAS DE CADA COMPUTADORA. **Lo mejor es asesorarse con los especialistas técnicos del proveedor o fabricante para obtener los más acertados procesos de puesta a punto de los equipos que, en muchos casos, van más allá del alcance de este texto.**

MALAS PRÁCTICAS

La verdad, es poco agradable iniciar el tema con las malas prácticas de configuración. Sin embargo, es importante saber qué es lo que se debe evitar para reducir al mínimo los problemas de configuración de las computadoras.

> **Instalar una imagen existente**: Es más frecuente de lo que se piensa este tipo de prácticas. Simplemente, se clona el software de un equipo de cómputo que ya se tiene en el nuevo y, ¡listo! Todas las aplicaciones y

datos ya estarán disponibles en el nuevo equipo. Ésta es una de las prácticas que mayor daño le hacen al rendimiento del sistema. Por lo general, las nuevas computadoras requieren de nuevas versiones de controlador y el sistema operativo requiere hacer ajustes adecuados al nuevo hardware. Por ende, clonar el software de una computadora y ponerlo en una nueva zaherirá de manera importante el rendimiento y hasta podría poner en riesgo la seguridad de la computadora. El problema se agrava si los componentes de la computadora son diferentes (marcas de procesadores, marcas de gráficos, marcas de chips de red, marcas de chipset, etcétera) y el sistema simplemente estará con fuertes problemas de rendimiento, de estabilidad o térmicos. Se recomienda encarecidamente evitar esta práctica.

> **Dejar sin modificación alguna la configuración prestablecida:** Sacar una computadora de su estuche y, simplemente, empezarla a usar es un sueño guajiro. La configuración de la máquina es básica y, en muchas ocasiones, se requiere validar que tanto el hardware como el software tengan los valores adecuados en su configuración. Además, el software y la computadora sufren constantes actualizaciones durante su tiempo de vida en la forma de correcciones, firmware, controladores, y una gran cantidad de elementos. En más de una ocasión, durante el tiempo que pasa entre que la máquina fue fabricada, y entre que cae en las manos del usuario, tanto en el hardware como en el software se habrán sufrido actualizaciones y mejoras que hay que instalar. Jamás hay que pensar que la mejor forma de usar una máquina nueva es sacarla de la caja y simplemente usarla. Siempre deberá realizarse, por el área especializada, un proceso de configuración.

> **Utilizar controladores que no provengan del sitio Web del fabricante:** Éste es un error importante que puede traer consigo falta de rendimiento o, peor aún, falta de estabilidad en el sistema. Hay que evitar utilizar controladores o drivers que no provengan del sitio Web del fabricante de la computadora, dado que el fabricante ha hecho los ajustes pertinentes para asegurar que el controlador o driver de marras funcione con la menor posibilidad de conflictos en el equipo. Un controlador genérico no observa este tipo de aspectos y, normalmente, se concentrará en hacer funcionar el componente para el que está orientado de la forma más eficaz posible (sin importar los demás componentes). Así, nuevamente, hay que evitar usar controladores o drivers que no provengan del sitio Web del fabricante.

> **Instalar una versión inferior del sistema operativo con el que se adquirió el equipo:** Muchos justifican esta práctica por el hecho de que determinados programas no funcionan en la nueva versión del sistema operativo. A veces, esto es producido por la falta de tiempo en investigación que deben tener las áreas de TI para hacer pruebas y determinar la compatibilidad de los nuevos sistemas operativos con el software existente. Existen muchas formas de lograr que un software de legado funcione en un equipo nuevo, y algunas ya se han mencionado a

lo largo del libro: Virtualización, Instalación de Windows 10 de 32 bits, o, en últimas, la instalación de Windows 8.1 o anteriores. No se considera como sistema operativo inferior a una distribución de GNU/Linux que sea actual.

➤ **Dejar controladores sin instalar**: Al instalar una computadora desde el principio, hay muchas ocasiones que quedan controladores sin instalar. Ello puede provocar lentitud y hasta inestabilidad en el sistema pues Windows simplemente no sabe cómo administrar al dispositivo de marras. Si se sabe que el dispositivo no se usará, lo mejor es desactivarlo (eso, muchas veces, es posible hacerlo en el BIOS). Pero si se utilizará, lo mejor será instalar su controlador.

➤ **Dejar activados componentes de la computadora que no se utilizarán**: De manera predeterminada, todos los componentes de la máquina estarán habilitados. Pero si, por ejemplo, sabe que jamás utilizará un puerto serial, o el sonido, o alguna interfaz de red, es mejor inhabilitarlos para evitar que consuman preciados recursos de la máquina. Este tipo de inhabilitación puede hacerse, por lo general, en el BIOS.

➤ **Desactivar las medidas de seguridad del equipo**: En ocasiones se solicitan equipos que contengan medidas de seguridad (como accesos a través de contraseñas, biométricos, cifrado de unidades de almacenamiento, antivirus, etcétera), pero como tales medidas de seguridad son invasivas y siempre afectan el rendimiento del sistema, muchos los deshabilitan o los desinstalan. Particularmente en equipos portátiles, es importante mantener las contraseñas y las unidades de almacenamiento cifradas. El riesgo de perder valiosísima información de la organización por esta razón es muy alto. Si las medidas de seguridad están establecidas por hardware, el impacto al rendimiento es menor que si lo están por software.

➤ **Instalar nuevos programas en sistemas operativos viejos**: Es muy frecuente que se encuentren, por ejemplo, versiones de Office 2016 instaladas en Windows XP. A decir verdad, Office 2016 espera los servicios provistos por un sistema operativo que, al menos, date del 2015. Si se instala un software tan actualizado en un sistema operativo como Windows 8.0 o anteriores, los resultados pueden ser poco halagüeños (con las sonoras quejas de los usuarios). Además, Microsoft Excel 2016 ya utiliza SMP para los cálculos, y se requiere de un mejor manejo de SMP que el que ofrece Windows XP.

> **Dejar el BIOS/UEFI sin contraseña**: Ningún equipo de cómputo corporativo debería dejar libre el acceso al BIOS. El área de soporte técnico de la Organización debería **SIEMPRE** configurar una contraseña para acceder a la configuración del BIOS/UEFI. En más de una ocasión, la curiosidad de los usuarios o de sus allegados pueden cambiar ciertos valores en el BIOS/UEFI que podrían dejar a la máquina incapaz de arrancar (y, en algunos casos, hasta borrar irremediablemente la información de la unidad de almacenamiento).

> **Configurar el equipo en Alto Rendimiento:** Hay quienes creen que esta configuración les mejora significativamente la capacidad de respuesta del equipo. La verdad es que la mejora es marginal y, normalmente, no supera el 1%. Las nuevas tecnologías están pensadas para funcionar en un modo equilibrado, donde se aprovechen mejor las capacidades del hardware, pero se reduzca el consumo de energía. Este tipo de configuración es particularmente dañina en equipos portátiles, donde puede sentirse una temperatura incómodamente alta en el equipo, así como un ruido persistente de los ventiladores de la computadora. Es muy recomendable nunca seleccionar esta opción. No hay razón de peso para hacerlo.

Si se evitan estas prácticas (y algunas otras), se reducirá sensiblemente la posibilidad de problemas de rendimiento, estabilidad o térmicos con la máquina.

PARTIR DE LAS NECESIDADES DEL USUARIO

Las necesidades del usuario serán clave para definir qué software satisfará mejor sus requerimientos. Una vez definido el software, los requerimientos de éste serán lo más adecuado para definir los requerimientos del hardware. El software, particularmente el software comercial, integra páginas Web que especifican sus requerimientos mínimos de hardware. Ello, así, será una buena guía para la configuración de los equipos.

EL PROCESADOR

En general, los núcleos del procesador deberán ir en relación con la cantidad de aplicaciones que estarán abiertas al mismo tiempo. Cuatro núcleos físicos deberían ser suficientes para la mayor cantidad de requerimientos de cómputo. Hay que recordar vestir al procesador con suficiente cantidad de memoria RAM para que funcione adecuadamente. Si se hará uso profuso de hojas de cálculo, o se hará desarrollo de aplicaciones, se utilizarán máquinas virtuales, se administrarán bases de datos, o se realizará cualquier tipo de procesamiento pesado, lo mejor será utilizar procesadores con más de 4 núcleos (6 u 8) físicos para facilitar estos procesos. Nuevamente, hay que recordar que a mayor cantidad de núcleos, también se requerirá aumentar la memoria RAM.

La moderna tecnología de software hace un uso profuso del cómputo heterogéneo, de modo que hay que asegurarse que el procesador sea apto para este tipo de cómputo.

LA MEMORIA RAM

Es importante contar con la cantidad y la rapidez de memoria RAM que ofrezca el mejor funcionamiento posible de nuestro equipo. Lo mínimo es asignar 2GB por cada núcleo físico del procesador, e, idealmente, serían 4GB por cada núcleo. Es decir, lo mínimo para un procesador de 4 núcleos serían 8GB de RAM, idealmente 16GB. Ahora bien, lo mínimo de rapidez sería memoria DDR4 de 2400MT/s CL17, lo ideal sería memoria DDR4 de 2666 CL15, aunque la mayor parte de la memoria DDR4 de 2666 es CL19.

En la productividad, es importante tener la mayor capacidad de comunicación posible entre el procesador y la memoria RAM. De este modo, hay que asegurarse que la memoria funcione en modo Dual Channel (2 pastillas idénticas conectadas adecuadamente en sus ranuras, hay que guiarse por el manual).

EL ALMACENAMIENTO MASIVO

Las unidades de almacenamiento masivo son, en la actualidad, el componente menos veloz de la computadora. Si la computadora tiene una cantidad adecuada de memoria RAM, esa lentitud se percibirá únicamente cuando algo se ejecute por primera vez—luego de encender la computadora—, ya sea una aplicación o cuando se abran o consulten archivos en el disco. Si no se tiene la cantidad adecuada de memoria, el sistema tenderá a "paginar" o hasta "sobrepaginar"—lo que podría llegar hasta el grado de entorpecer la productividad—y, con ello, afectar seriamente la capacidad de respuesta del equipo.

Lo mínimo es utilizar unidades de disco duro estándar (HDD) de 7200RPM. Lo ideal es utilizar unidades SSD (y más ideal, aún, si son tipo M.2 NVMe) para agilizar la lectura y grabación de datos, así como el arranque de las aplicaciones. Los HDD ofrecen amplísimas capacidades de almacenamiento a expensas de la rapidez. Los SSD ofrecen una enorme rapidez a expensas de la capacidad de almacenamiento. Unas por otras.

GRÁFICOS

La moderna tecnología gráfica se basa en DirectX 12.1 para poder utilizar las actuales funciones de cómputo heterogéneo. Hay que asegurarse que los gráficos que se soliciten cumplan con DirectX 12.1 para funcionar lo mejor posible en Windows 10.

Ahora bien, los procesadores gráficos también ofrecen distintos grados de rapidez que se puede medir en GFLOPS o en cuadros/seg. Existen programas de pruebas de rendimiento, como UL 3DMark, Sisoftware Sandra, Passmark PerformanceTest, CompuBench y otros, que le pueden permitir conocer estas medidas. Hay que obtener los valores que mejor se adapten a las necesidades requeridas. Las tarjetas gráficas que mejores resultados gráficos y de procesamiento heterogéneo ofrecen son de las marcas AMD Radeon o nVidia Geforce, para la productividad general, o AMD Radeon PRO o nVidia Quadro para la productividad que requiere certificación.

PANTALLA

Una pantalla de 21" HD (1920 x 1080) puede ser lo mínimo recomendable para la máquina. Sin embargo, agregar una segunda pantalla, sobre todo si ya se prevé que el usuario abrirá varias aplicaciones al mismo tiempo, puede ayudar a mejorar la productividad de manera significativa[182]. Un mayor campo de visión podría ser la diferencia entre una mayor productividad del usuario y un usuario que no perciba cambios debido a las limitaciones visuales que supone una sola pantalla. Comprar pantallas de mayor tamaño puede ser muy caro, y existe la posibilidad que comprar dos pantallas de 21" sea más económico que una grande.

---

[182] En algunos estudios se reportan mejoras productivas del 40%, en otras llegan a más del 75%. A decir verdad, la mejora en productividad dependerá de la destreza del usuario para abrir y acomodar la información en las diferentes pantallas. Una tercera o cuarta pantallas podrían mejorar la experiencia si la multitarea es profusa.

ANTES DE INICIAR LA CONFIGURACIÓN

Es recomendable hacer un levantamiento del hardware al que se le hará la configuración. Ello permitirá tener claridad total del tipo y orientación que tendrá el hardware, así como de facilitar el control de las imágenes de referencia generadas. Para ello, se sugiere la siguiente lista de verificación:

- ☐ Marca y modelo: _____
- ☐ Tipo (MT/SFF/USFF/Laptop): _____
- ☐ Procesador: _____
- ☐ Capacidad, tipo y configuración de la RAM:_____
- ☐ Capacidad y tipo de la(s) unidad(es) de almacenamiento: _____
- ☐ Sistema Operativo (versión, 32/64 bits, tipo): _____
- ☐ Aplicaciones requeridas: _____
- ☐ Generales (seguridad, tipo de uso, etcétera): _____

Si bien ésta es una lista limitada (y con líneas limitadas para escribir), dará una idea general del equipo y del tipo de imagen de referencia que se generará. Puede agregarse un apartado con una clave de imagen que debe aplicarse a este tipo de equipos una vez que se haya generado.

Hay ocasiones en que será necesario encender la máquina, realizar el proceso inicial de configuración incluido por el fabricante y activar a Windows 10 Pro mediante una conexión de red. Hay que asegurarse que Windows 10 Pro pueda activarse. Si no se activa, es probable que uno se encuentre ante un equipo con software pirata y ello puede traer serios riesgos de seguridad y de soporte.

BIOS/UEFI

Antes de generar la imagen de referencia, hay que asegurarse que el equipo donde se vaya a hacer cuente con la última actualización disponible de BIOS. Esto debe verificarse en el sitio Web del fabricante. Si se tiene un equipo prototipo o "engineering sample", hay que evitar actualizar el BIOS o podría quedar inutilizable.

La tarea de actualizar el BIOS es delicada y requiere de alguien con experiencia. Si el proceso falla, el equipo podría quedar inutilizable. A pesar de todo, la modernización ha traído la generación de herramientas que facilitan este proceso.

En las opciones del BIOS es preciso asegurarse que SIEMPRE esté activada la tecnología de virtualización por hardware (AMD-V o Intel-VT), por las causas explicadas en el Capítulo 7. A su vez, hay que procurar deshabilitar los dispositivos que no se utilicen (Puerto paralelo, puerto serial, OOBM, etcétera). Finalmente, si se va a utilizar Windows 10, hay que utilizar el modo UEFI sin CSM para hacer el mejor uso de las características de seguridad y funcionalidad del equipo (para mayores detalles, ver el Capítulo 7). Si se utilizará otro sistema operativo, como Windows 7, es mejor activar el CSM para que pueda ser instalado. Si se instalará GNU/Linux, hay que verificar en la documentación si la distribución que se utilizará soporta UEFI (Linux Mint/Ubuntu, entre otros, sí lo soportan).

SISTEMA OPERATIVO

Hay que procurar elegir el sistema operativo que mejor aproveche las características del hardware, además de ofrecer la mejor funcionalidad posible para el uso profesional. Windows 10 Pro, Windows 10 Enterprise, Windows 10 Workstation o GNU/Linux en sus distribuciones con el Kernel 4.14 o superior pueden ser las mejores opciones para ello.

Drivers

En el caso de Windows, se deben utilizar únicamente los drivers o controladores que provienen del fabricante del equipo. Los equipos de uso profesional tienden a exigir controladores que estén firmados por el fabricante para asegurar la mayor compatibilidad y estabilidad posible. Ocasionalmente, el fabricante también ofrece alternativas de drivers para GNU/Linux. Hay que consultar con el fabricante cuáles son las distribuciones oficialmente soportadas por ellos.

Windows 7

Si se instala Windows 7, y se cuenta con una APU de AMD hasta de 6ª generación, se deberán instalar las correcciones KB2645594 y KB2646060 (en ese orden) para que el Kernel se adapte mejor al funcionamiento de la tecnología subyacente de las APU de AMD. Estas correcciones deben ser instaladas manualmente y pueden obtenerse desde http://support.microsoft.com/kb/2645594 y http://support.microsoft.com/kb/2646060. Windows 8 y superiores no requieren de estas actualizaciones.

Paginación distribuida

Si se está usando una unidad de disco duro estándar, se puede mejorar su capacidad de respuesta si se utiliza una unidad de memoria Flash que funja como archivo de paginación por separado. Desde 2007 Microsoft empezó a ofrecer esta opción en la forma de ReadyBoost, mismo que viene integrado en Windows desde la versión Windows Vista. Para ello, se necesita insertar una unidad de USB o SD de, al menos, 256MB con un mínimo de transferencia de lectura de 2.5MB/s y de escritura de 1.75MB/s. Lo recomendable, en el caso de las memorias SD, es usar Clase 10@32MB/s. Para que esto funcione, simplemente se introduce la unidad de USB y, si tiene AutoPlay activado, aparecerá un cuadro como el siguiente:

Lo recomendable, antes de hacer clic en "Speed up my system", es cambiar el formato de la unidad USB o SD. Esto requerirá que la unidad USB esté vacía, so pena de perder toda la información que allí se tenga. Simplemente, hay que entrar a la opción de formatear y seleccionar exFAT como el tipo de formato. Una vez terminado el formato, hay que volver a hacer clic con el botón derecho en la unidad USB o SD y hacer clic en la opción "Propiedades" del menú desplegable. Allí en el cuadro "Propiedades", se hace clic en la ficha "ReadyBoost". Allí aparecerá un cuadro como el de la siguiente figura:

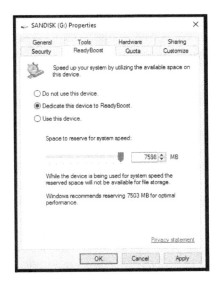

Estas opciones sólo estarán disponibles si 1) la unidad de USB o SD insertada cumplen con los requerimientos de ReadyBoost y 2) si se tiene un disco duro HDD o SSHD instalado en la computadora, y que sea el de arranque. Si se tiene una SSD SATA-III o M.2, estas opciones no aparecerán, pues el rendimiento del SSD en sí será mayor que cualquier mejora que pueda obtenerse de ReadyBoost.

Existen alternativas a este tipo de tecnología ofrecida por Microsoft para ofrecer una agilización de computadoras que tengan discos duros estándar, como SanDisk/WesternDigital ReadyCache, AMD Radeon RAMDisk (que funciona directamente en la memoria RAM), AMD StoreMI, Enmotus FuzeDrive e Intel Optane. En cualquier caso, la finalidad es la misma: ofrecer un medio alternativo para la paginación de la memoria en equipos con discos duros estándar y, además, con una limitada cantidad de memoria o, como en los últimos cuatro casos, agilizar el acceso a través de un medio ágil como las unidades SSD NVMe o la memoria RAM. Para el caso, lo mejor sería usar unidades SSD y, así, evitar el circo que significa instalar paliativos como los ya citados.

Inicio rápido

En otro orden de ideas, existe la posibilidad que una característica de Windows 10 diseñada para agilizar el proceso de arranque y apagado del sistema pueda traer problemas. Se trata de Inicio rápido (o Fast Startup) que es un híbrido de arranque en frío y activación por hibernación.

Hay ocasiones en que, cuando se instalan automáticamente las actualizaciones en el sistema, se requiere de un reinicio del sistema. Sin embargo, cuando el sistema avisa al usuario que debe realizarse el reinicio, los usuarios, normalmente, posponen el reinicio hasta finalizar el día. Al llegar el final del día, apagan el equipo, pero el Inicio rápido no hace un apagado completo, sino que cierra los programas abiertos u lo hiberna (con lo cual, no se hace un apagado en frío y, por ende, no se instalan las actualizaciones). De acuerdo con la documentación de Microsoft[183], un posible efecto colateral de esto es que las actualizaciones podrían no instalarse y ello podría generar un estado errático del sistema que podría llegar al grado de provocar comportamientos inesperados, como reinicios súbitos o pantallas azules.

Si el equipo tiene este tipo de comportamiento, lo mejor sería desactivar esta característica. Para ello se requieren permisos de administrador en Windows, y entrar a Menú de Windows | Configuración | Sistema | Inicio/apagado y Suspensión. Allí, hacer clic en el hipervínculo "Configuración adicional avanzada". En el applet Opciones de energía, hacer clic en el hipervínculo "Elegir la acción de los botones de inicio/apagado" y aparecerá el applet "Configuración del sistema". Para deshabilitar Inicio Rápido, hay que hacer clic en el hipervínculo "Cambiar la configuración no disponible actualmente" (para lo cual, se requiere permiso de Administrador). Ya que las opciones inferiores quedan habilitadas, se debe hacer clic en la casilla de verificación "Activar inicio rápido (recomendado)" para eliminar la marca y, luego, se hace clic en el botón "Guardar cambios". Una vez hecho esto, se recomienda reiniciar la máquina para que los cambios surtan efecto. A partir de ahora, cuando la máquina se apague hará un apagado total, y al encenderla se hará un arranque en frío.

---

[183] Microsoft, "Updates may not be installed with Fast Startup in Windows 10", https://support.microsoft.com/en-us/help/4011287/windows-updates-not-install-with-fast-startup

Sin duda, esta característica de Inicio Rápido mejorará con el tiempo. Mientras, si se sufren problemas de inestabilidad en el equipo, hay que probar inhabilitar esta opción.

IMAGEN DE REFERENCIA

Si se va a hacer una imagen de referencia, hay que asegurarse que el equipo cuente con todas las actualizaciones posibles y que se trate de un equipo de producción. Se debe evitar hacer imágenes de referencia sobre equipos prototipo o "engineering sample" pues el resultado puede ser contraproducente—al grado de tener que volver a hacer la imagen.

El proceso de generación de una imagen de referencia para la organización debe realizarse por cada diferente máquina que se tenga. Es importante evitar utilizar imágenes generadas para otras máquinas (o generaciones anteriores de un modelo de máquina en particular) para que no haya desaguisados. La creación de imágenes de referencia con la utilidad Windows ADK 10 v1809 es una de las más recomendables para generar imágenes de referencia que, incluso, pueden abarcar diversas configuraciones de máquinas. Puede verse una guía detallada, paso a paso, para la generación de una imagen de referencia en el sitio Deployment Research en https://deploymentresearch.com/Research/Post/1676/Building-a-Windows-10-v1809-reference-image-using-Microsoft-Deployment-Toolkit-MDT.

También, hay empresas fabricantes que ofrecen cursos donde se ponen en perspectiva procesos detallados técnicos para la generación de imágenes de referencia, en algunos casos, gratuitos. Es recomendable consultar con el fabricante para conocer si existen tales cursos y cuándo se imparten para que se tenga una idea clara para la correcta generación de una imagen de referencia para la Organización.

NOTAS FINALES

Quiero reiterar que no hago recomendaciones exclusivas, ni ofrezco garantías o asumo responsabilidad alguna por la instalación o efectividad de las herramientas o ajustes mencionados en este apéndice. El lector o la Organización asumirá toda la responsabilidad del licenciamiento comercial y decisión de instalación de cualquiera de estas herramientas indicadas.

A su vez, no garantizo de forma alguna que el rendimiento, la funcionalidad o la estabilidad mejoren ostensiblemente si se siguen detenidamente las guías indicadas en este apéndice. La proporción de la mejora dependerá de muchos aspectos, entre los que se incluyen la versión y configuración del sistema operativo y de las aplicaciones que allí se ejecuten, así como la cantidad de controladores (drivers), programas y utilidades que sean cargados automáticamente durante el arranque del equipo. No asumo responsabilidad alguna por los resultados obtenidos por el proceso de configuración del equipo.

Estas configuraciones son genéricas y pueden requerir que se adapten a las opciones ofrecidas por cada fabricante. Nuevamente, mi recomendación es: consultar con el fabricante.

APÉNDICE F

Tecnología

"Hemos preparado una civilización global en la ue
los elementos más cruciales dependen
profundamente de la ciencia y la tecnología.
También hemos dispuesto las cosas de modo que
nadie entienda la ciencia y la tecnología."
—Carl Sagan

El uso de la palabra "Tecnología" ha tenido un sinnúmero de definiciones a lo largo de la historia. Dentro de todo, he concebido a la tecnología y la he definido como "Todo aquello que permite ampliar los alcances o trascender los límites del quehacer humano". Esta definición ha provocado la inquietud de algunos de mis alumnos de la Maestría en Alta Dirección que pusieron sobre la mesa la posibilidad de que una técnica o una metodología también es tecnología, y que ello proviene de la definición que algunos diccionarios, como el Diccionario de la Lengua Española, confieren a esta palabra. Ante ello, me interesó cuestionarme con mayor detenimiento qué es la tecnología y si una técnica o metodología también es tecnología.

ESTADO DEL ARTE

¿Qué existe ya escrito respecto a la tecnología? Hay estudiosos que se han orientado a sugerir definiciones de esta palabra y ésta es una excelente oportunidad para citarles y recordarles.

El Diccionario de la Lengua Española (2015) nos indica que se trata de un "Conjunto de teorías y de técnicas que permiten el aprovechamiento práctico del conocimiento científico". También agrega, "Tratado de los términos técnicos", "Lenguaje propio de una ciencia o un arte", "Conjunto de los instrumentos y procedimientos industriales de un determinado sector o producto".

Martin Heidegger (1954) en su histórico y conspicuo ensayo nos indica: "La tecnología es un medio para un fin [y] una actividad humana" y aclara: "La tecnología por sí misma es un artilugio o, en latín, un instrumento". Propone que, si la tecnología es un instrumento para un fin humano, esta concepción puede, por lo tanto, llamarse: "definición instrumental y antropológica de la tecnología".

La Wikipedia (2018) define los orígenes de la palabra Tecnología, "ciencia de la artesanía", como proveniente del griego τέχνη, techne, "arte, habilidad, capacidad manual", y λογία, logía, "estudio de" o "área de conocimiento". Establece que "es la colección de técnicas, habilidades, métodos y procesos utilizados en la producción de bienes o servicios o en el logro de objetivos, como en la investigación científica". Asegura que el uso de esta palabra "ha cambiado significativamente durante los últimos 200 años. Antes del s.XX, este término era poco común en inglés, y se utilizó tanto para referirse a la descripción o estudio de las artes útiles[184] como para hacer alusión a la educación tecnológica, tal como en el Instituto de Tecnología de Massachusetts (MIT)".

Y agrega que "el término 'tecnología' se destacó en el s.XX debido a la Segunda Revolución Industrial. Su significado cambió cuando los científicos sociales estadounidenses, a partir de Thorstein Veblen, tradujeron las ideas del concepto alemán 'technik' a 'tecnología'. En alemán y otros idiomas existe una distinción entre 'technik' y 'tecnología', misma que no existe en inglés, y que por lo general traduce ambos términos como 'tecnología'.

El Profr. Andy Lane (2006) nos ofrece unos interesantes puntos de vista al respecto, así como varias definiciones. En principio nos establece que "la palabra tecnología no es neutral. Distintas personas le dan distintos significados de acuerdo con su punto de vista y su contexto". Y define a la tecnología así: "La tecnología se ocupa de comprender cómo se utiliza el conocimiento de manera creativa en tareas organizadas que involucran a personas y máquinas para que cumplan con objetivos sostenibles".

El Business Dictionary (s.f.) nos da la siguiente definición: "El uso intencional de la información en el diseño, producción y utilización de bienes y servicios, y en la organización de actividades humanas". Y agrega: "La tecnología puede ser descrita de las siguientes maneras:

1. Tangible: Planos, modelos, manuales operativos, prototipos.
2. Intangible: Consultoría, resolución de problemas, métodos de capacitación.

---

[184] Las Artes Útiles, o técnicas, son las habilidades y métodos propias de materias prácticas, como la fabricación o la artesanía. De hecho, son antónimas al arte escénico y a las bellas artes. El término "artes útiles" está referido en la Constitución Estadounidense como "invenciones" (artículo uno, sección 8, cláusula 8).

3. Alta: Uso de medios[185] totalmente o casi totalmente automatizados e inteligentes que manipulan incluso cosas finas o cosas muy potentes.

4. Intermedia: Uso de medios semiautomatizados y parcialmente inteligentes que manipulan materia refinada y fuerzas de nivel medio.

5. Baja: Uso de medios que requieren de mucha mano de obra y que sólo manipula materia gruesa y fuerzas más débiles".

Robert Romansyshyn (1989) establece una definición más poética: "La tecnología es la representación de la imaginación humana en el mundo".

Y, bueno, cabe destacar una cita de uno de mis mentores, Carl Sagan (2017), que nos dice: "Hemos preparado una civilización global en la que los elementos más cruciales dependen profundamente de la ciencia y la tecnología. También hemos dispuesto las cosas de modo que nadie entienda la ciencia y la tecnología. Eso es una garantía de desastre".

En el ámbito de una técnica, el diccionario Collins (s.f.) la define como "un método en particular para realizar una actividad, usualmente un método que involucra capacidades prácticas". Y agrega, "es una capacidad y habilidad en actividades artísticas, de deportes u otras actividades que se desarrollan a través de la capacitación y la práctica".

El diccionario Oxford (s.f.) la define como "una forma de realizar una tarea en particular, especialmente la ejecución o realización de un trabajo artístico o un procedimiento científico". Y agrega, "Destreza o habilidad en un campo en particular", y "Una forma diestra o eficiente de realizar o lograr algo".

El Business Dictionary (s.f.) la define como "Un procedimiento, fórmula o rutina sistemáticos mediante el cual se logra una tarea".

Wikipedia (2018) define la palabra como "un procedimiento para completar una tarea". Y separa a tecnología de técnica pues resume a la tecnología como "el estudio de o una colección de técnicas".

Podríamos continuar con las definiciones de "técnica" pero todas apuntan a lo mismo: "una serie de pasos para completar una tarea" o "una habilidad en algo".

ANÁLISIS

---

[185] Si bien la traducción no es literal, dado que en el sitio se usa la palabra "tecnología" en esta parte, no es correcto definir una palabra con el uso de la palabra en sí. Es decir, no es correcto definir: "Tecnología: Es la tecnología que se usa para..."

Como ha sido evidente en éstas y muchas otras definiciones de "Tecnología" que encontré en diversas fuentes, el término "tecnología" se refiere, particularmente, al **uso de** cualquier tipo de recurso que permita conseguir determinado fin. El recurso puede ser conformado por uno o varios de ellos. No es el recurso como tal, sino **es su uso** el que lo convierte en tecnología. El recurso puede ser tangible (dispositivos, herramientas, artilugios) o intangible (software, conocimientos, destrezas, técnicas). El recurso por sí mismo puede ser algo teórico, algo tangible o intangible, pero mientras no se utilice, pierde, por definición, su categoría de tecnología. Es hasta que se utiliza con un objetivo determinado que se le confiere su carácter de tecnología.

Y todas las definiciones concuerdan en ese punto: El DLE indica "permiten el aprovechamiento práctico...", lo cual es directamente asumido como "utilizar". Si se usa un recurso como un instrumento, es cuando se le confiere su calidad de tecnología (tal como lo define Martin Heidegger), y ello tiene sentido si revisamos en el DLE la definición de instrumento: "1. Objeto fabricado, relativamente, sencillo, con el que se puede realizar una actividad. 2. Cosa o persona de que alguien se sirve para hacer algo o conseguir un fin". Wikipedia establece también la expresión "utilizados en la producción" (es decir, que se usan).

El Profr. Lane también establece "utilizar el conocimiento" como parte neurálgica de la definición de tecnología. El Business Dictionary también se refiere al "uso intencional"; es decir, la utilización con un objetivo en particular. Hasta en la definición poética de Romansyshyn, la "representación de la imaginación humana en el mundo" no sería posible si no se pone en práctica o se ponen manos a la obra para convertir en realidad, o instrumentar o usar, lo que hay en la imaginación. A su vez, todos ellos apuntan a su uso con un determinado objetivo.

Ahora bien, una técnica no es tecnología por sí misma hasta que se la usa. La técnica define una serie de pasos para realizar una determinada tarea. Es una metodología o, incluso, una habilidad. Reitero que, de acuerdo con las definiciones, la única forma en que una técnica puede convertirse en tecnología es cuando **se la usa** para lograr una determinada finalidad.

CONCLUSIÓN

Así, con lo anterior, una técnica o metodología es un recurso y no equivale a tecnología si no se le usa como instrumento. La tecnología puede constar de una o varias técnicas—incluso, puede no incluir técnica alguna—, mientras que una técnica puede no ser tecnología si sólo está plasmada sin utilizarse. Así pues, mi definición original: "Tecnología es todo aquello que permite ampliar los alcances o trascender los límites del quehacer humano" cumple con las definiciones estándar de tecnología al integrar el uso (todo aquello que permite ampliar los alcances o trascender los límites) de algo con un fin en particular (el quehacer humano). Si esta definición se transforma, su esencia no cambia: "Son los instrumentos que permiten ampliar los alcances o trascender los límites del quehacer humano". Así, pues, no sólo se habla de computadoras cuando se trata de tecnología.

A. David Garza Marín

APÉNDICE G

Descargo de responsabilidad y
atribución

Este libro ha sido creado por A. David Garza Marín. Lo que escribe son sus propias opiniones y no representan el posicionamiento, estrategia u opiniones de Advanced Micro Devices, Inc. o la Universidad Nacional Autónoma de México. Se proveen los vínculos a sitios de terceros y a las marcas registradas de terceros únicamente con fines ilustrativos para facilitar su referencia y para conveniencia del lector. A menos que se establezca explícitamente, ni Advanced Micro Devices, Inc., ni la Universidad Nacional Autónoma de México se hacen responsables por los contenidos de este libro, ni de los vínculos, ni tampoco respaldan, apoyan o aprueban a terceros o a cualquiera de sus productos implicados.

La información presentada en este libro es sólo para propósitos informativos y podría contener inexactitudes técnicas, omisiones y errores tipográficos.

La información contenida aquí está sujeta a cambios y podría percibirse inexacta por varias razones, entre las que se incluyen (pero no se limitan) cambios a los productos y a los roadmaps, cambios en la versión de los componentes (hardware y software), nuevos modelos o presentaciones de productos, diferencias de productos entre distintos fabricantes, cambios en el software, actualizaciones de BIOS, actualizaciones de firmware o cosas por el estilo. A. David Garza Marín no asume obligación alguna de actualizar, corregir o revisar esta información. Sin embargo, se reserva el derecho de revisarla y hacer cambios ocasionales al contenido sin obligación de notificar a persona alguna de tales revisiones o modificaciones.

NI A. DAVID GARZA MARÍN NI SUS EMPLEADORES HACEN REPRESENTACIÓN O GARANTÍA RESPECTO A LOS CONTENIDOS DE ESTE TEXTO Y NO ASUME RESPONSABILIDAD ALGUNA POR INEXACTITUDES, ERRORES U OMISIONES QUE PODRÍAN APARECER EN ESTA INFORMACIÓN.

A. DAVID GARZA MARÍN ESPECIFICAMENTE RENUNCIA A CUALQUIER GARANTÍA DE COMERCIALIZACIÓN, LITIGACIÓN O DEMANDA POR CUALQUIER PROPÓSITO PARTICULAR. EN NINGÚN CASO PODRÁ DEMANDARSE A A. DAVID GARZA MARÍN POR PERSONA ALGUNA POR ALGÚN DAÑO DIRECTO, INDIRECTO, ESPECIAL O